国家社科基金重点项目阶段性成果(批准号：22AJY026)

山东社会科学院创新工程重大项目

新时代农业农村现代化
理论·实践·展望

袁红英———主编

人民出版社

目　　录

第一篇　农业高质高效

序:新时代加快农业农村现代化的行动指南

我国是农业大国,农耕文明源远流长,重农固本是安民之基、治国之要。为中国人民谋幸福、为中华民族谋复兴,是中国共产党的初心和使命。必须看到,全面建设社会主义现代化国家,实现中华民族伟大复兴,最艰巨最繁重的任务依然在农村,最广泛最深厚的基础依然在农村。可以说,民族要复兴,乡村必振兴。

党的十八大以来,习近平总书记站在党和国家事业发展全局的战略高度,对"三农"工作以及推动乡村振兴作出一系列重要论述,系统回答了做好新时代"三农"工作的重大理论和实践问题。这是习近平经济思想的重要内容,也是新时代加快农业农村现代化的行动指南。

一、把准新时代"三农"工作的历史脉搏,作出一系列重大判断

农为邦本,本固邦宁。党的十八大以来,以习近平同志为核心的党中央始终坚持把解决好"三农"问题作为全党工作重中之重,坚持农业农村优先发展总方针,实施乡村振兴战略,推动农业农村发展取得历史性成就。习近平总书记运用创新思维、历史思维、辩证思维、系统思维、法治思维,研判"三农"问题、把握"三农"本质、推进"三农"工作,对我国"三农"发展作出一系列重大科学判断,明确了新时代"三农"发展的历史方位和时代坐标。

第一,作出"三农"工作重心发生历史性转移的重大判断,明确了新时

代"三农"工作的历史阶段。党的十八大以来,以习近平同志为核心的党中央把脱贫攻坚作为全面建成小康社会的标志性工程,组织推进人类历史上规模空前、力度最大、惠及人口最多的脱贫攻坚战,实施乡村振兴战略,推动农业农村取得历史性成就、发生历史性变革。经过全党全国各族人民共同努力,我国脱贫攻坚战取得了全面胜利,实现了第一个百年奋斗目标,在中华大地上全面建成了小康社会,历史性地解决了绝对贫困问题,正向着全面建成社会主义现代化强国的第二个百年奋斗目标迈进。

习近平总书记立足中国国情农情和发展阶段特征,作出了"进入实现第二个百年奋斗目标新征程,'三农'工作重心已历史性转向全面推进乡村振兴"的重大判断,要求"坚持农业农村优先发展,加快农业农村现代化",并且基于这一重大判断,对实现巩固拓展脱贫攻坚成果同乡村振兴有效衔接、逐步实现由集中资源支持脱贫攻坚向全面推进乡村振兴平稳过渡等作出部署。这些都为同步推动投入重点的转移以及政策体系、工作体系、制度体系的转型和完善,为促进乡村全面振兴、实现农业农村现代化,提供了重要指引。

第二,作出稳住农业基本盘、守好"三农"基础是应变局、开新局的"压舱石"的重大判断,明确了新时代"三农"工作的历史地位。当前,世界正在经历百年未有之大变局,实现中华民族伟大复兴正处于关键时期,我国面临的风险挑战明显增多,国际冲突、极端天气以及新冠肺炎疫情引发的经济衰退和农业供应链中断等风险相互叠加。

习近平总书记统筹国内国际两个大局,指出:"从世界百年未有之大变局看,稳住农业基本盘、守好'三农'基础是应变局、开新局的'压舱石'。"① 对此,我们需清醒认识到,构建新发展格局,潜力后劲在"三农",应对国内

---

① 习近平:《论把握新发展阶段、贯彻新发展理念、构建新发展格局》,中央文献出版社2021年版,第463页。

外各种风险挑战,基础支撑在"三农"。对我们这样一个拥有14亿多人口的大国来说,农业基础稳固,农村和谐稳定,农民安居乐业,经济社会发展全局就更有保障,开展各项工作也都会比较主动。

第三,作出"我国发展最大的不平衡是城乡发展不平衡,最大的不充分是农村发展不充分"的重大判断,明确了新时代"三农"工作的历史任务。长期以来,城乡发展差距是更好地建设社会主义现代化国家的重要制约因素。多年来,党中央高度重视"三农"工作,不断加大强农惠农富农政策力度,农业基础地位得到显著加强,农村社会事业得到明显改善,统筹城乡发展、城乡关系调整取得重大进展。同时也要看到,由于历史欠账较多、基础相对薄弱,我国城乡发展不平衡不协调的问题依然比较突出。特别是与快速发展的工业化、城镇化相比,农业农村现代化步伐总体上仍然滞后,农业质量效益和竞争力还不强,城乡要素交换尚不平等,基础设施和公共服务差距明显。

习近平总书记从理论逻辑、历史逻辑和现实逻辑出发,作出"我国发展最大的不平衡是城乡发展不平衡,最大的不充分是农村发展不充分"的重大判断,从全局和战略高度来把握和处理工农关系、城乡关系,强调我们全面建设社会主义现代化国家,既要建设繁华的城市,也要建设繁荣的农村,推动形成工农互促、城乡互补、协调发展、共同繁荣的新型工农城乡关系。这些年来,我国朝着逐步实现城乡居民基本权益平等化、城乡公共服务均等化、城乡居民收入均衡化、城乡要素配置合理化、城乡产业发展融合化的目标不断迈进。

二、用大历史观看待"三农"问题,以系统观念谋划"三农"工作

党的十八大以来,以习近平同志为核心的党中央坚持用大历史观来看待农业、农村、农民问题,坚持以系统观念谋划"三农"工作的科学路径。

（一）明确了总目标

没有农业农村现代化，就没有整个国家现代化。习近平总书记明确指出："新时代'三农'工作必须围绕农业农村现代化这个总目标来推进。"①在2020年召开的中央农村工作会议上，习近平总书记进一步丰富了农业农村现代化的内涵，强调"促进农业高质高效、乡村宜居宜业、农民富裕富足"。一是促进农业高质高效。推动新时代的农业现代化，要在开发农业多种功能的基础上坚持提质导向。要深入推进农业供给侧结构性改革，形成稳定的农村一二三产业深度融合格局，使农业和乡村产业高质量发展态势更加明显。二是促进乡村宜居宜业。农村现代化既包括"物"的现代化，也包括"人"的现代化，还包括乡村治理体系和治理能力的现代化。我们要坚持农业现代化和农村现代化一体设计、一并推进，扎实推进乡村建设行动，进一步加强乡村基础设施、公共服务和人居环境建设。特别是要在提升乡村文化软实力和乡村治理凝聚力、倡导乡村绿色生产生活方式等方面下功夫，形成生态为底、文化为魂、宜居宜业宜游的乡村发展格局。三是促进农民富裕富足。既要实现生活富裕，扎实提高农村居民收入水平，不断缩小城乡居民收入和消费水平差距，又要实现精神富足，提升农民精气神，带动农业农村生产生活品质的提升。

（二）明确了总方针

改革开放后，我们党提出进一步摆正农业在国民经济中的位置，要求发展国民经济以农业为基础。进入21世纪，我们党坚持把解决好"三农"问题作为全党工作的重中之重，提出这是推进工业化、城镇化和现代化历史进程中必须长期坚持的一个重大方针。党的十六大以来，我们党制定了"多予少取放活"和工业反哺农业、城市支持农村的基本方针。进入新时代，习近平总书记指出，坚持农业农村优先发展的总方针，就是要始终把解决好

---

① 《习近平谈治国理政》第三卷，外文出版社2020年版，第257页。

"三农"问题作为全党工作重中之重。坚持农业农村优先发展,就要牢固树立农业农村优先发展的政策导向,优先考虑"三农"干部配备,优先满足"三农"发展要素配置,优先保障"三农"资金投入,优先安排农村公共服务,加快补齐农业农村发展短板,不断缩小城乡发展差距,让农业成为有奔头的产业,让农村成为安居乐业的家园,让农民成为有吸引力的职业。

(三)明确了总抓手

习近平总书记强调,乡村振兴战略是党的十九大提出的一项重大战略,是关系全面建设社会主义现代化国家的全局性、历史性任务,是新时代"三农"工作总抓手。顺应广大农民群众对农业农村发展的更高期待和要求,以习近平同志为核心的党中央立足国情农情,提出"产业兴旺、生态宜居、乡风文明、治理有效、生活富裕"的乡村振兴战略总要求。其中,产业兴旺是解决农村一切问题的前提,重点是健全乡村产业体系,提升乡村产业质量效益,提高产业融合发展水平,推动经济高质量发展;生态宜居是乡村振兴的内在要求,重点是提升农村生态文明建设水平,满足广大农民群众对建设美丽宜居家园的需求;乡风文明是乡村振兴的紧迫任务,重点是弘扬社会主义核心价值观,加强农村公共文化建设,改善农民精神风貌,提高乡村社会文明程度;治理有效是乡村振兴的重要保障,重点是健全现代乡村治理体系,让农村既充满活力又和谐有序;生活富裕是乡村振兴的主要目的,重点是鼓励广大农民群众勤劳创新致富,在发展中保障和改善民生。可见,乡村振兴是包括产业振兴、人才振兴、文化振兴、生态振兴、组织振兴的全面振兴,是"五位一体"总体布局、"四个全面"战略布局在"三农"工作中的体现。

三、把改革创新作为"三农"工作的根本动力,构建起完备的框架体系

党的十八大以来,以习近平同志为核心的党中央坚持以满足人民日益

增长的美好生活需要为根本目的,以改革创新为根本动力,以解决城乡差距、收入差距问题为主攻方向,构建了一整套完备的规划体系、组织体系、政策体系、制度体系。

(一)科学制定规划体系

坚持规划先行,是我们开展"三农"工作的重要经验。2018年5月,中共中央政治局会议提出,"要树立城乡融合、一体设计、多规合一理念,抓紧编制乡村振兴地方规划和专项规划或方案"。同年9月,中共中央、国务院印发《乡村振兴战略规划(2018—2022年)》,对实施乡村振兴战略作出阶段性谋划,明确了时间表、任务书和路线图,为分类有序推进乡村振兴提供了重要依据。随后,各地区各部门根据要求,结合地方和工作实际,突出规划的系统性、前瞻性、指导性、约束性,制定了地方规划和专项规划,形成完整的规划体系。实施乡村振兴战略是一项长期而艰巨的任务,必须加强对规划实施的管理,严格执行规划,维护规划的权威性和严肃性,发挥规划的指导作用,保证各项建设目标顺利实现。正如习近平总书记强调的,"要遵循乡村建设规律,着眼长远谋定而后动,坚持科学规划、注重质量、从容建设"①。

(二)系统打造组织体系

党管农村工作是我们党的优良传统,做好新时代的"三农"工作关键在党。要加强党对"三农"工作的全面领导。各级党委要扛起政治责任,落实农业农村优先发展的方针,以更大力度推动乡村振兴。具体来看,我们坚持五级书记抓乡村振兴,健全中央统筹、省负总责、市县乡抓落实的农村工作领导体制,将脱贫攻坚工作中形成的组织推动、要素保障、政策支持、协作帮扶、考核督导等工作机制,根据实际需要运用到推进乡村振兴上,建立健全

---

① 《习近平谈治国理政》第三卷,外文出版社2020年版,第261页。

乡村振兴工作体系;加强党委农村工作领导小组和工作机构建设,充分发挥各级党委农村工作领导小组牵头抓总、统筹协调的作用,设立由党委和政府负责同志领导的专项小组或工作专班,压实工作责任;加强党的农村基层组织建设和乡村治理,充分发挥农村基层党组织领导作用;强化党组织对各类组织的政治引领,健全完善农村集体经济组织、群团组织、社会组织等各类组织,形成完整的"三农"工作组织体系。

(三)持续完善政策体系

党的十八大以来,我国强农惠农富农的政策框架不断完善,主要领域的改革主体框架基本确立。在强农业方面,坚持质量兴农、绿色兴农,以农业供给侧结构性改革为主线,加快构建现代农业产业体系、生产体系、经营体系,提高农业创新力、竞争力和全要素生产率,加快实现由农业大国向农业强国转变。在惠农村方面,大力实施乡村建设行动,坚持把公共基础设施建设的重点放在农村,实施农村人居环境整治提升行动,全面提升农村教育、医疗卫生、社会保障、养老、文化体育等公共服务水平,加快推进城乡基本公共服务均等化,加快补齐农村人居环境和公共服务短板。在富农民方面,加快构建新型农业补贴政策体系,多渠道增加农民财产性收入,实施乡村就业创业促进行动,发展壮大农村集体经济,实现巩固拓展脱贫攻坚成果同乡村振兴有效衔接,让广大农民在农业农村现代化进程中有更多获得感、幸福感、安全感。

(四)不断创新制度体系

新时代加快农业农村现代化,需把制度建设贯穿其中。主要是以完善产权制度和要素市场化配置为重点,激活主体、激活要素、激活市场,着力增强改革的系统性、整体性、协同性。在巩固和完善农村基本经营制度方面,完成土地承包经营权确权登记颁证工作,完善农村承包地"三权"分置制度,实施新型农业经营主体培育工程,发展多种形式的适度规模经营;在深化农村土地制度改革方面,稳步推进农村土地征收、集体经营性建设用地入市、宅基地制度改革,扎实推进房地一体的农村集体建设用地和宅基地使用权确权登记颁证;在深入推进农村集体产权制度改革方面,推动资源变资产、资金变股金、农民变股东,探索农村集体经济新的实现形式和运行机制;等等。

四、不断深化对"三农"工作的规律性认识,为推进农业农村现代化提供理论指引

理论的生命力在于创新。习近平总书记坚持把马克思主义基本原理同中国农业农村改革实践相结合,不断深化对"三农"工作的规律性认识,提出了走城乡融合发展之路,形成了中国特色反贫困理论,丰富了共同富裕的时代内涵。

(一)提出了走城乡融合发展之路

城乡发展不是此消彼长的关系,而是融合发展、共享成果的共生过程。马克思从人类社会发展的历史视野考察了城乡关系的变迁,科学预判城乡关系的未来走向,提出具有科学性和实践性的城乡融合思想。马克思认为,城乡融合结合城市和乡村生活方式的优点而避免两者的偏颇和缺点,是城乡关系发展的必然趋势,生产力高度发展和城乡之间的界限消失是走向城乡融合的理论前提。习近平总书记科学研判我国发展新的历史方位,及时对现阶段城乡政策作出调整,提出重塑城乡关系,走城乡融合发展之路,既要建设繁华的城市,也要建设繁荣的农村,"推动形成工农互促、城乡互补、协调发展、共同繁荣的新型工农城乡关系"[1],有力回答了如何在生产力欠发达的条件下实现城乡协调高质量发展的时代课题,推动了马克思主义城乡融合思想中国化。

---

[1]　习近平:《论把握新发展阶段、贯彻新发展理念、构建新发展格局》,中央文献出版社2021年版,第218页。

21世纪以来,我国城乡发展政策经历了"城乡统筹—城乡一体化—城乡融合"的演进过程,体现了党中央对城乡发展规律的深刻洞察和对我国国情农情的科学精准把握,实现了从城乡统筹向城乡融合发展的转变,开辟了一条具有中国特色的城乡融合发展道路。

(二)形成了中国特色反贫困理论

贫穷不是社会主义。中国共产党自成立以来,就立足中国国情在反贫困的不同阶段努力把握减贫规律,不断探索适合中国的反贫困之路。党的十八大以来,以习近平同志为核心的党中央把脱贫攻坚摆在治国理政的突出位置,长期对贫困演变规律、扶贫开发经验进行深刻思考,提出一系列新思想、新论断、新举措,逐步形成了思想深刻、内涵丰富、逻辑严密、体系完整的中国特色反贫困理论,系统回答了脱贫攻坚的政治保证、价值取向、制度支撑、实践路径、动力源泉、社会基础、组织保障等一系列重大理论和现实问题,是我国脱贫攻坚伟大实践的理论结晶,是马克思主义反贫困理论中国化的最新成果。

我国脱贫攻坚战取得了全面胜利,区域性整体贫困得到解决,完成了消除绝对贫困的艰巨任务,创造了人类有史以来规模最大、持续时间最长、惠及人口最多、让全世界最为惊叹的减贫奇迹。我们党领导人民取得的减贫成就,不仅是中华民族发展史上具有里程碑意义的大事件,也是人类减贫史乃至人类发展史上的大事件。中国特色反贫困理论是经过长期实践探索、因地制宜地吸收国际反贫困经验逐步形成的,并创造性地提出构建一个"没有贫困、共同发展的人类命运共同体"。中国特色反贫困理论能够为广大发展中国家解决贫困问题提供中国样本,为世界反贫困实践给出中国方案、贡献中国智慧、注入中国力量。

(三)丰富了共同富裕的时代内涵

实现共同富裕是社会主义的本质要求。党的十八大以来,以习近平同志为核心的党中央以高度的历史责任感和使命感推进全体人民共同富裕,把共同富裕作为百年大党接续奋斗的重大使命,从历史和现实、理论和实践、国际和国内的结合上,深刻阐明了新时代新征程促进共同富裕的重要意义、科学内涵、坚实基础、目标任务和总体思路等一系列根本性、方向性问题,作出我国现在"已经到了扎实推动共同富裕的历史阶段"的重大判断,明确指出"共同富裕是全体人民共同富裕,是人民群众物质生活和精神生活都富裕,不是少数人的富裕,也不是整齐划一的平均主义"①,科学回答了什么是共同富裕、如何实现共同富裕等重大问题。

习近平总书记高度重视农民农村共同富裕问题,强调促进共同富裕,最艰巨最繁重的任务仍然在农村,要求在全面推进乡村振兴中缩小城乡差距、促进农民农村共同富裕,要全面推进乡村振兴,加快农业产业化,盘活农村资产,增加农民财产性收入,使更多农村居民勤劳致富,要加强农村基础设施和公共服务体系建设,改善农村人居环境。习近平总书记对如何推动农民农村共同富裕提出的一系列重要论述,具有很强的思想性、理论性、现实性、指导性,为我们在"十四五"时期乃至更长一个时期扎实推动农民农村共同富裕指明了方向、提供了根本遵循。

综上所述,习近平总书记的一系列重要论述,把准了新时代"三农"工作的历史方位和时代坐标,揭示了新时代"三农"工作的内在逻辑和历史规律,阐明了新时代"三农"工作的改革方向和重点任务,是马克思主义中国化的重要理论创新成果,为新时代推进农业农村现代化提供了全方位的理论指导和行动指南。

(本文发表于 2021 年 12 月 8 日《经济日报》理论版头条,并获得"习近平经济思想研究征文优秀奖")

---

① 习近平:《扎实推动共同富裕》,《求是》2021 年第 20 期。

总论：全力做好我国农业农村 高质量发展的时代答卷

农业农村农民问题是关系国计民生的根本性问题,农业强不强、农村美不美、农民富不富,决定着亿万农民的获得感和幸福感,决定着我国全面小康社会的成色和社会主义现代化的质量。党的十八大以来,习近平总书记从党和国家事业全局出发,着眼于实现"两个一百年"奋斗目标,顺应亿万农民对美好生活的向往,把解决好"三农"问题作为全党工作的重中之重,不断推进"三农"工作理论创新、实践创新、制度创新,推动农业农村发展取得历史性成就。

一、习近平总书记关于"三农"工作重要论述为我国农业农村高质量发展提供了根本遵循

党的十八大以来,习近平总书记围绕"三农"工作发表的一系列重要论述,立意高远,内涵丰富,思想深刻,指导性强,为我国做好"三农"工作提供了根本遵循,指明了前进方向。

(一)关于深化农业供给侧结构性改革重要论述

深化农业供给侧结构性改革是指从提高农业供给质量的角度出发,用深化改革的办法促进结构调整,优化要素配置,扩大有效供给,提高农业供给结构对农业需求变化的适应性,提高农业全要素生产率,更好地满足广大

农民群众对农业产品的需求,促进农业农村实现高质量发展。农业结构往哪个方向调? 习近平总书记指出,市场需求是导航灯,资源禀赋是定位器。要根据市场供求变化和区域比较优势,向市场紧缺产品调,向优质特色产品调,向种养加销全产业链调,拓展农业多功能和增值增效空间。习近平总书记在参加十二届全国人大四次会议湖南代表团审议时指出,新形势下,农业主要矛盾已经由总量不足转变为结构性矛盾,主要表现为阶段性的供过于求和供给不足并存。推进农业供给侧结构性改革,提高农业综合效益和竞争力,是当前和今后一个时期我国农业政策改革和完善的主要方向。① 习近平总书记强调,当前,老百姓对农产品供给的最大关切是吃得安全、吃得放心,农业供给侧结构性改革要围绕这个问题多做文章。② 推进农业供给侧结构性改革,要坚持质量兴农、绿色兴农,农业政策要由增产导向转向提质导向。习近平总书记关于深化农业供给侧结构性改革的重要论述,为我国新时期农业发展指明了方向,为实现农业高质量发展提供了根本保障。

(二)关于确保国家粮食安全重要论述

悠悠万事,吃饭为大。只要粮食不出大问题,中国的事就稳得住。③ 习近平总书记多次强调粮食安全是"国之大者",他在看望参加全国政协十三届五次会议的农业界、社会福利和社会保障界委员并参加联组会时,重点讲了保障粮食安全问题,指出,"手中有粮、心中不慌","如果我们端不稳自己的饭碗,就会受制于人","粮食安全是战略问题"。习近平总书记在2014年中央经济工作会议上讲话时指出:"洪范八政,食为首政。"我国是人口众多的大国,解决好吃饭问题,始终是治国理政的头等大事。虽然我国粮食生

---

① 参见《习近平李克强张德江俞正声刘云山王岐山张高丽分别参加全国人大会议一些代表团审议》,《人民日报》2016年3月9日。

② 习近平:《论坚持全面深化改革》,中央文献出版社2018年版,第304页。

③ 中共中央文献研究室编:《十八大以来重要文献选编》(上),中央文献出版社2014年版,第659页。

产连年丰收，但这就是一个紧平衡，而且紧平衡很可能是我国粮食安全的长期态势。保障粮食安全是一个永恒课题，任何时候这根弦都不能松。随着人口增加、城镇化推进、人民生活水平提高，粮食需要量将呈现刚性增长趋势。习近平总书记强调："在粮食问题上不能侥幸、不能折腾，一旦出了大问题，多少年都会被动……我们的饭碗必须牢牢端在自己手里，粮食安全的主动权必须牢牢掌握在自己手中……我们的饭碗应该主要装中国粮……如果口粮依赖进口，我们就会被别人牵着鼻子走。"① 如何保障粮食安全，习近平总书记指出，"关键是要保粮食生产能力，确保需要时能产得出、供得上。这就要求我们守住耕地红线，把高标准农田建设好，把农田水利搞上去，把现代种业、农业机械等技术装备水平提上来，把粮食生产功能区划好建设好，真正把藏粮于地、藏粮于技战略落到实处"②。习近平总书记不仅将确保粮食安全的重要性提升到了前所未有的高度，而且为确保粮食安全指明了方向和道路，这对确保第二个百年奋斗目标顺利实现将发挥至关重要的作用。

（三）关于巩固和完善农村基本经营制度重要论述

农村基本经营制度是党的农村政策的基石，是做好农村工作的重要抓手，其核心内容是农村土地集体所有制、家庭经营的基础性地位和土地承包关系。习近平总书记指出，完善农村基本经营制度，需要在理论上回答一个重大问题，就是农民土地承包权和土地经营权分离问题。深化农村改革，完善农村基本经营制度，要好好研究农村土地所有权、承包权、经营权三者之间的关系。实现承包权和经营权分置并行，这是我国改革的又一次重大创

---

① 中共中央文献研究室编：《十八大以来重要文献选编》（上），中央文献出版社 2014 年版，第 661 页。

② 中共中央党史和文献研究院编：《十九大以来重要文献选编》（上），中央文献出版社 2019 年版，第 146 页。

新。① 农村土地制度改革是个大事,涉及的主体、包含的利益关系十分复杂,必须审慎稳妥推进。不管怎么改,不能把农村土地集体所有制改垮了,不能把耕地改少了,不能把粮食产量改下去了,不能把农民利益损害了。② 现阶段深化农村土地制度改革,要更多考虑推进中国农业现代化问题,既要解决好农业问题,也要解决好农民问题,走出一条中国特色农业现代化道路。我们要在坚持农村土地集体所有的前提下,促使承包权和经营权分离,形成所有权、承包权、经营权三权分置、经营权流转的格局。③ 习近平总书记强调,农村基本经营制度是乡村振兴的制度基础,要坚持农村土地集体所有,坚持家庭经营基础性地位,坚持稳定土地承包关系,完善农村产权制度,健全农村要素市场化配置机制,实现小农户和现代农业发展有机衔接。④ 习近平总书记关于巩固和完善农村基本经营制度重要论述,为我国深化农村改革,激发农村发展活力提供了根本遵循。

（四）关于千方百计增加农民收入重要论述

农民收入是衡量农村发展最直接、最重要的指标之一。习近平总书记曾多次强调,说一千、道一万,增加农民收入是关键。2013 年 11 月 27 日,习近平总书记在山东省农科院同有关方面代表座谈时指出,促进农民收入持续较快增长,要综合发力,广辟途径,建立促进农民增收的长效机制。一是要提高农业生产效益,促进家庭经营收入稳定增长,使经营农业有钱赚。二是要引导农村劳动力转移就业,促进农民打工有钱挣。三是要加大对农业的补贴力度,国家力所能及地给农民一些钱。四是要稳步推进农村改革,创造条件赋予农民更多财产权利。增加农民收入是我国"三农"工作的中

---

① 习近平:《论坚持全面深化改革》,中央文献出版社 2018 年版,第 72—73 页。
② 习近平:《论坚持全面深化改革》,中央文献出版社 2018 年版,第 74 页。
③ 参见《严把改革方案质量关督察关　确保改革改有所进改有所成》,《人民日报》2014 年 9 月 30 日。
④ 习近平:《论坚持全面深化改革》,中央文献出版社 2018 年版,第 397 页。

心任务,农民小康不小康,关键看收入。习近平总书记曾指出,检验农村工作实效的一个重要尺度,就是看农民的钱袋子鼓起来没有。要构建促进农民持续较快增收的长效政策机制,通过发展农村经济、组织农民外出务工经商、增加农民财产性收入等多途径增加农民收入,不断缩小城乡居民收入差距,让广大农民尽快富裕起来。① 农民的钱袋子鼓起来了没有,是检验农业供给侧结构性改革的重要尺度,要广辟农民增收致富门路,防止农民增收势头出现逆转。要通过发展现代农业、提升农村经济、增强农民工务工技能、强化农业支持政策、拓展基本公共服务、提高农民进入市场的组织化程度,多途径增加农民收入。② 习近平总书记关于支持和鼓励农民就业创业、拓宽增收渠道重要论述,充分体现了总书记以人民为中心的发展理念,是我们做好一切农业农村工作的出发点和着力点。

(五)关于实施乡村振兴战略重要论述

实施乡村振兴战略是党的十九大作出的重大战略部署,是新时代"三农"工作的总抓手。实施乡村振兴战略,农业农村农民问题是关系国计民生的根本性问题,必须始终把解决好"三农"问题作为全党工作重中之重。要坚持农业农村优先发展,按照产业兴旺、生态宜居、乡风文明、治理有效、生活富裕的总要求,建立健全城乡融合发展体制机制和政策体系,加快推进农业农村现代化。③ 习近平总书记指出,党的十九大报告提出要实施乡村振兴战略,这是党中央从党和国家事业全局出发、着眼于实现"两个一百年"奋斗目标、顺应亿万农民对美好生活的向往作出的重大决策。这是中国特色社会主义进入新时代做好"三农"工作的总抓手。各地区各部门要

---

① 习近平:《论坚持全面深化改革》,中央文献出版社 2018 年版,第 262 页。

② 参见习近平:《扎扎实实做好改革发展稳定各项工作为党的十九大胜利召开营造良好环境》,《人民日报》2017 年 6 月 24 日。

③ 参见习近平:《决胜全面建成小康社会 夺取新时代中国特色社会主义伟大胜利——在中国共产党第十九次全国代表大会上的报告》,人民出版社 2017 年版,第 32 页。

充分把握实施乡村振兴战略的重大意义,把实施乡村振兴战略摆在优先位置,坚持五级书记抓乡村振兴,让乡村振兴成为全党全社会的共识。① 在我们这样一个拥有 14 亿多人口的大国,实现乡村振兴是前无古人、后无来者的伟大创举,没有现成的、可照抄照搬的经验。我国乡村振兴道路怎么走,只能靠我们自己去探索。在实施乡村振兴战略中要注意处理好以下四个关系:一是长期目标和短期目标的关系,二是顶层设计和基层探索的关系,三是充分发挥市场决定性作用和更好发挥政府作用的关系,四是增强群众获得感和适应发展阶段的关系。② 习近平总书记关于实施乡村振兴战略的重要论述,为我国乡村振兴指明了路线图、时间表和任务书,为我国做好新时代"三农"工作提供了根本遵循和关键保障。

(六)关于打赢脱贫攻坚战重要论述

反贫困是古今中外治国理政的一件大事。消除贫困、改善民生、逐步实现共同富裕,是中国特色社会主义本质要求,是我们党的重要使命。习近平总书记曾指出,全面建成小康社会,最艰巨最繁重的任务在农村、特别是贫困地区。没有农村的小康,特别是没有贫困地区的小康,就没有全面建成小康社会。因此,要提高对做好扶贫开发工作重要性的认识,增强做好扶贫开发工作的责任感和使命感。③ 脱贫攻坚要取得实实在在的效果,关键是要找准路子、构建好的体制机制,抓重点、解难点、把握着力点。空喊口号、好大喜功、胸中无数、盲目蛮干不行,搞大水漫灌、走马观花、大而化之、手榴弹炸跳蚤也不行,必须在精准施策上出实招、在精准推进上下实功、在精准落

---

① 参见《把实施乡村振兴战略摆在优先位置　让乡村振兴成为全党全社会的共同行动》,《人民日报》2018 年 7 月 6 日。
② 参见《习近平谈治国理政》第三卷,外文出版社 2020 年版,第 259、261—262 页。
③ 参见习近平:《做焦裕禄式的县委书记》,中央文献出版社 2015 年版,第 16 页。

地上见实效。① 坚决打赢脱贫攻坚战，让贫困人口和贫困地区同全国一道进入全面小康社会是我们党的庄严承诺。要动员全党全国全社会力量，坚持精准扶贫、精准脱贫，坚持中央统筹、省负总责、市县抓落实的工作机制，强化党政一把手负总责的责任制，坚持大扶贫格局，注重扶贫同扶志、扶智相结合，深入实施东西部扶贫协作，重点攻克深度贫困地区脱贫任务，确保到 2020 年我国现行标准下农村贫困人口实现脱贫，贫困县全部摘帽，解决区域性整体贫困，做到脱真贫、真脱贫。② 行百里者半九十，越到紧要关头，越要坚定必胜信念，越要有一鼓作气攻城拔寨的决心。只要各地区各部门切实担起责任、真抓实干，只要贫困地区广大干部群众继续奋发进取、埋头苦干，只要全党全国各族人民万众一心、咬定目标加油干，就一定能如期打赢脱贫攻坚这场硬仗。③ 事实表明，习近平总书记关于打赢脱贫攻坚战的重要论述是我国取得脱贫攻坚战全面胜利的重要法宝。

二、党的十八大以来我国农业农村发展取得了历史性成就、实现了历史性变革

党的十八大以来，以习近平同志为核心的党中央，将"三农"问题摆在重要位置，持续加大对农村地区的倾斜支持力度，不断增进农民福祉，我国农业农村发展取得历史性成就，为如期实现第一个百年奋斗目标，全面建成小康社会奠定了坚实基础。

（一）农业综合生产能力跃上新台阶

习近平总书记指出要"把提高农业综合生产能力放在更加突出的位

① 参见中共中央党史和文献研究院编：《十八大以来重要文献选编》（下），中央文献出版社 2018 年版，第 38 页。
② 参见习近平：《决胜全面建成小康社会 夺取新时代中国特色社会主义伟大胜利——在中国共产党第十九次全国代表大会上的报告》，人民出版社 2017 年版，第 47—48 页。
③ 参见《咬定目标加油干 如期打赢脱贫攻坚战》，《人民日报》2018 年 10 月 18 日。

置"。党的十八大以来,我国在农业再生产过程中形成的农业生产各要素相对稳定的综合产出水平显著提升,主要表现在三个方面。一是粮食产量和重要农产品供给充足。我国粮食产量从 2012 年的 11791 亿斤增长到 2021 年的 13657 亿斤,增长了 15.83%,连续七年稳定在 1.3 万亿斤以上。2021 年我国人均粮食占有量达到 483 公斤,远超世界平均水平,口粮自给率达到 100%。此外,我国重要农产品供应充足、种类丰富,肉蛋菜果鱼等产量稳居世界第一位。二是农林牧渔业总产值大幅提高。农林牧渔总产值作为以货币形式表现的一定时期农业生产的总成果,是表征农业综合生产能力的重要指标。2012 年我国农林牧渔业总产值为 86342.2 亿元,2021 年则达到 147013.4 亿元,名义增幅为 70.27%。2020 年山东省农林牧渔业总产值在全国率先突破万亿元大关,2021 年继续保持快速增长。三是农业生产力水平显著提升。2012 年我国科技进步对农业增长的贡献率为 54.5%,2021 年已达到 60.7%,提升了 6.2 个百分点;2012 年我国农作物耕种收综合机械化率达到 57%,2021 年则超过 72%,提升了 15 个百分点;2012 年我国良种覆盖率为 96%,2021 年主要农作物良种基本实现全覆盖。

(二)美丽宜居乡村建设有序推进

良好的生态环境是乡村发展的重要优势与宝贵资源,持续改善乡村人居环境,建设美丽宜居乡村对于提升农民获得感和幸福感具有重要意义。党的十八大以来,我国以绿水青山就是金山银山为思想指引,持续开展美丽乡村建设与农村人居环境整治工作,环境优美、村容整洁、生态宜居的乡村画卷徐徐展开。一是农村人居环境整治取得积极成效。2021 年年底,全国农村卫生厕所普及率超过 70%,农村生活垃圾进行收运处理的自然村比例稳定保持在 90% 以上,农村生活污水治理率达到 28%。2021 年已有 95% 以上的村庄开展了清洁行动,村容村貌显著改善。二是农业绿色生产成绩斐然。化肥农药使用量零增长行动实现目标,2015 年以来我国持续开展化肥农药使用量零增长行动,化肥农药使用量显著减少。持续推广农业生产绿色防控,2021 年我国绿色防控推广应用面积近 11.2 亿亩,主要农作物病虫害绿色防控覆盖率达到 46%,比 2015 年提高了 23 个百分点。农业面源污染得到有效治理,2021 年全国秸秆综合利用率超过 87%,畜禽粪污综合利用率超过 76%,地膜覆盖面积和使用量实现了负增长,农膜回收率稳定在80%,农业绿色生产格局逐步形成。

(三)农民农村共同富裕迈出坚实步伐

共同富裕是社会主义的本质要求,补齐"三农"发展短板,推动农民农村共同富裕是实现全体居民共同富裕的关键环节。党的十八大以来,我国始终坚持推进农业农村优先发展,农民农村共同富裕取得积极成效。一是城乡居民收入差距持续缩小。2013 年我国农村居民人均可支配收入为9429.6 元,2021 年增长为 18931 元,名义增长了 100.76 个百分点,同期我国城镇居民人均可支配收入从 26467 元增长为 47412 元,名义增长了 79.14个百分点,2013 年至 2021 年我国农村居民人均可支配收入增幅高于同期城镇居民人均可支配增幅 24.87 个百分点,高于全国居民人均可支配收入8.92 个百分点。城乡居民收入差距从 2013 年的 2.81∶1 缩小到 2021 年的2.5∶1。二是城乡基本公共服务一体化持续推进。共同富裕不仅指物质生活的富裕,也包括精神生活层面上的富裕。近年来,我国积极推进城乡基本公共服务均等化发展,并取得长足进步。在义务教育方面,我国持续增加义务教育阶段的经费投入,改善农村学校办学条件,探索"互联网+"、远程教育协作等模式,促进城乡优质教育资源共建共享,2021 年年底全国 31 个省(区、市)和新疆生产建设兵团的 2895 个县均实现县域义务教育基本均衡发展。在公共文化建设方面,持续扩大基层惠民文化工程覆盖面,逐步建立覆盖城乡的公共文化体系。目前全国已建成村、社区综合性文化服务中心超过57 万个,基本实现全覆盖。2022 年全国各地共举办"村晚"示范展示活动 1.2

万余场,线上线下参与人数约 1.8 亿人,极大地丰富了农民的精神生活。在社会保障方面,目前我国农村地区居民基本医保参保率已达到 97.6%,城乡基本医疗保障一体化改革、城乡社会救助一体化建设持续推进。

(四)农村全面深化改革取得重要进展

党的十八大以来,我国对农业农村重点领域和关键环节持续深化改革,从提高农村改革的系统性、整体性、协同性出发,制定了《深化农村改革综合性实施方案》,对关键领域采取重大举措,取得积极成效。一是农村土地制度改革取得重要突破。全国农村承包地确权登记颁证工作从 2014 年开始整省试点并逐步全面推开,历时 5 年基本完成,目前全国农村承包地颁证率已超过 96%。明确第二轮土地承包到期后再延长三十年,给全国 2 亿承包户吃了“定心丸”。农村土地征收、集体经营性建设用地入市、宅基地制度改革试点逐步推进。二是稳步推进农村集体产权制度改革。从 2017 年起,我国历时 3 年,于 2019 年年底基本完成全国农村集体资产清产核资工作,基本摸清了全国农村集体经济资产家底,全国共有集体土地总面积65.5 亿亩,账面资产 6.5 万亿元。全国 31 个省份基本完成农村经营性资产股份合作制改革,确认村集体成员 9 亿多人。三是新型农业经营体系建设日益完善。土地经营权规范有序流转,制定出台了《农村土地经营权流转管理办法》,2021 年全国已有 1239 个县(市、区)、18731 个乡镇建立农村土地经营权流转市场或服务中心,全国家庭承包耕地流转面积超过 5.55 亿亩。农民专业合作社规范化建设持续推进,截至 2021 年 11 月底,全国依法登记的农民合作社达到 221.9 万家,促进了农业增效农民增收。四是农业支持保护制度逐步健全。党的十八大以来,我国持续把农业农村作为财政支出优先保障领域,建立了农业农村投入稳定增长机制。此外,我国农产品价格形成机制和农产品市场调控制度亦日益完善。在农业补贴方面,我国农业补贴支持强度逐渐加大,惠及范围不断扩大,政策效果持续显现。五是农村社会治理效能显著提升。2019 年我国印发了《中国共产党农村基层组织工作条例》,进一步加强了党对农村工作的全面领导。目前,我国农村自治、法治、德治融合发展的治理体系已初步建立,多元共建共治共享的农村基层治理格局正逐步形成。

(五)脱贫攻坚取得举世瞩目成就

消除贫困,是全面建成小康社会的底线任务和基本要求。党的十八大以来,以习近平同志为核心的党中央把消除贫困摆在治国理政更加突出的位置,实施精准扶贫方略,开展脱贫攻坚战,汇聚全党全社会之力投入扶贫工作之中,取得了举世瞩目的减贫成效。一是贫困人口收入和福利水平显著提高。2013 年我国贫困地区农村居民人均可支配收入为 6079 元,2020 年增长到 12588 元,年均增长 11.6 个百分点;2020 年贫困县九年义务教育巩固率达到 94.8%,贫困人口参加基本医疗保险的覆盖率达到 99.9% 以上,贫困地区自来水普及率提高到 83%。脱贫攻坚以来,790 万户贫困群众的危房得到改造。二是贫困地区基础设施和公共服务大幅完善。新改建农村公路 110 万公里,大电网覆盖范围内贫困村通动力电比例达到 100%,贫困村通光纤和 4G 比例均超过 98%。贫困地区教育、医疗、文化、社会保障等基本公共服务水平显著提升,贫困人口实现学有所教、病有所医、老有所养、弱有所扶。三是开展减贫工作的溢出效果显著。一方面表现在贫困地区基层治理能力显著提升。2013 年以来,全国累计选派 300 多万名第一书记和 25.5 万个驻村工作队,同近 200 万名乡镇干部和数百万名村干部奋战在扶贫一线,提升了农村治理效能,党群关系、干群关系得到极大巩固和发展。另一方面表现在为世界减贫事业作出了重大贡献,我国提前 10 年实现《联合国 2030 年可持续发展议程》减贫目标。2021 年 2 月 25 日,习近平总书记在全国脱贫攻坚总结表彰大会上庄严宣告,我国脱贫攻坚战取得了全面胜利,现行标准下 9899 万农村贫困人口全部脱贫,832 个贫困县全部摘帽,12.8万个贫困村全部出列,区域性整体贫困得到解决,完成了消除绝对贫困的艰巨任务。

三、党的十八大以来我国农业农村高质量发展的经验与启示

党的十八大以来,我国农业农村发展取得历史性成就、实现历史性变革,离不开习近平新时代中国特色社会主义思想的科学指导,离不开党的坚强领导,离不开亿万农民群众的艰苦奋斗,深刻总结提炼这些宝贵经验,对于做好新时代"三农"工作,加快推进农业农村现代化进程,实现农民农村共同富裕具有十分重要的现实意义。

(一)必须加强和改善党对"三农"工作的领导

坚持党的领导,既是我们党百年奋斗积累的一条宝贵历史经验,也是在新的赶考之路上接续奋斗,实现第二个百年奋斗目标、实现中华民族伟大复兴中国梦的根本保证。习近平总书记多次强调,要加强党对"三农"工作的全面领导。党的十八大以来,我国构建起中央统筹、省负总责、市县乡抓落实的农村工作领导体制,建立了党委统一领导、政府负责、党委农村工作综合部门统筹协调的农村工作推进机制,健全了五级书记抓乡村振兴的考核机制、激励机制和制度保障体系,充分发挥了基层党组织的战斗堡垒作用和党员先锋模范作用、带领群众投身乡村振兴伟大事业。事实表明,不断加强党的领导、强化党组织的引领作用,是我国农业农村发展取得历史成就的关键所在和根本保障。做好新时代"三农"工作,必须进一步加强党的领导,从组织体系、制度体系、工作机制、能力建设等方面持续发力,确保党始终总揽全局、协调各方,提高党领导"三农"工作把方向、谋大局、定政策、促改革的能力和定力。

(二)必须坚持以人民为中心的发展思想

中国共产党根基在人民、血脉在人民、力量在人民。一百年来,我们党

始终坚守初心使命，践行全心全意为人民服务的根本宗旨，赢得了人民群众的衷心拥护和支持。进入新时代，我们党提出以人民为中心的发展思想，这是党的性质宗旨的时代表达，是坚守初心使命的集中体现。党的十八大以来，以习近平同志为核心的党中央坚持以人民为中心的发展思想，把解决农村民生事业放到更加突出的位置。从加强对农民的就业创业培训指导，帮助农民提高就业技能、增强就业本领，到加强对农民工权益保护，保障农民工工资按时足额发放。从完善农村教育、公共卫生、养老等基本公共服务，提升农村生活便利化水平，到加强农村社会保障体系建设，解除农民的后顾之忧。从全面打赢脱贫攻坚战，到巩固拓展脱贫攻坚成果同乡村振兴有效衔接。这些都体现了我党以人民为中心的发展思想，体现了习近平总书记的为民情怀。做好新时代"三农"工作，必须要更加注重农村民生事业建设，在幼有所育、学有所教、劳有所得、病有所医、老有所养、住有所居、弱有所扶上持续用力，不断提升农民群众的获得感和幸福感。

（三）必须树立城乡融合发展理念

习近平总书记指出，在现代化进程中，要走城乡融合发展之路。城乡发展不是此消彼长的零和博弈，而是融合发展、共享成果的共生过程。党的十八大以来，我国顺应城镇化大趋势，坚持农业农村优先发展，牢牢把握城乡融合发展正确方向，树立城乡一盘棋理念，以缩小城乡发展差距和居民生活水平差距为目标，以完善产权制度和要素市场化配置为重点，促进城乡要素自由流动、平等交换和公共资源合理配置，初步形成了工农互促、城乡互补、全面融合、共同繁荣的新型工农城乡关系，初步构建起促进城乡规划布局、要素配置、产业发展、基础设施、公共服务、生态保护等相互融合和协同发展的体制机制。做好新时代"三农"工作，必须牢固树立城乡融合发展理念，坚持系统思维，跳出农业看农业，跳出农村看农村，明确乡村发展的功能定位，进一步破除妨碍城乡要素自由流动和平等交换的体制机制壁垒，促进各类要素更多向乡村流动,在乡村形成人才、土地、资金、产业、信息汇聚的良性循环,为乡村振兴注入新动能,持续增强城乡区域的有机联动,构筑起相互依存、相互融合、互促互荣的城乡发展共同体。

(四)必须用好深化改革关键招数

实践证明,改革是决定当代中国命运的关键一招,是坚持和发展中国特色社会主义的必由之路。党的十八大以来,以习近平同志为核心的党中央高度重视农村改革,我国"三农"领域改革取得显著成效。农村土地制度改革取得重大成果,以家庭承包经营为基础、统分结合的双层经营体制不断完善,实行农村承包地所有权、承包权、经营权"三权"分置改革,进一步明确了农村土地承包关系保持稳定并长久不变。农村集体产权制度改革稳步推进,农村集体资产清产核资全面完成,农村集体经济不断发展壮大,归属清晰、权能完整、流转顺畅、保护严格的中国特色社会主义集体产权制度逐步形成。农业支持保护制度改革扎实有序推进,坚持工业反哺农业、城市支持农村和多予少取放活方针,完善农产品价格形成机制和收储制度,中国特色农业支持保护制度逐步形成。全面深化供销合作社综合改革,深入推进集体林权、水利设施产权等领域改革,稳步推进农村改革试验区等工作。做好新时代"三农"工作,必须继续用好改革这一法宝,按照中央提出的"扩面、提速、集成"总要求,坚决破除体制机制弊端,突破利益固化藩篱,让农村资源要素活化起来,让广大农民积极性和创造性迸发出来,让全社会支农助农兴农力量汇聚起来。

(五)必须持续强化科技支撑

科技是第一生产力,我国农业农村发展取得历史性成就离不开科技进步和创新。习近平总书记曾指出,农业出路在现代化,农业现代化关键在科技进步。我们必须比以往任何时候都更加重视和依靠农业科技进步,走内涵式发展道路。党的十八大以来,我国大力实施创新驱动发展战略,先后印发了《农业部关于深入贯彻落实中央 1 号文件加快农业科技创新与推广的实施意见》《中共中央　国务院关于深化农业科技体制机制改革加快实施创新驱动发展战略的意见》《农业部关于促进企业开展农业科技创新的意见》等一系列政策文件，农业科技创新步伐明显加快，成果转化和推广不断加强，主要农作物良种基本实现全覆盖，畜禽品种良种化、国产化比例逐年提升，农业科技在保障粮食生产安全和农产品有效供给、农业增效农民增收等方面作出了重要的贡献。做好新时代"三农"工作，必须继续强化科技支撑作用，加强科技与农业融合，加快农业科技创新，努力抢占世界农业科技竞争制高点，牢牢掌握我国农业科技发展主动权，走出一条集约、高效、安全、持续的现代农业高质量发展之路。

（六）必须坚持尊重农民首创精神

习近平总书记指出，人民是历史的创造者，是决定党和国家前途命运的根本力量。要尊重群众首创精神，把加强顶层设计和坚持问计于民统一起来，从生动鲜活的基层实践中汲取智慧。在我国这样一个农业大国进行改革，没有现成的经验可以借鉴，没有固定的模式可以效仿。农村情况千差万别，采取什么样的方式发展生产，当地农民最清楚、最有发言权。我国农业农村发展改革的实践证明，农民群众中蕴藏着无限的创造力，只有尊重农民的创造与选择，才能调动农民的积极性，才能把改革推向前进。农村改革的每一步推进，都是来自农民的创造。从包干到户到家庭农场，从农业产业化到农业股份合作社，从农村土地流转到土地托管服务，无一不是在党的领导下亿万农民的实践创造。做好新时代"三农"工作，必须要充分激发亿万农民的首创精神，发挥亿万农民的主体作用，汇聚起推动乡村发展的磅礴力量。

四、我国农业农村高质量发展未来展望

当前，我国已经全面建成小康社会，正在开启实现第二个百年奋斗目标新征程。站在新的历史起点上,谋划新时代的农业农村工作,必须科学分析发展形势,善于把握发展大势,将农业农村发展纳入国家发展大局,通盘考虑,系统推进。

(一)新发展格局下的农业农村高质量发展

当今世界正经历百年未有之大变局,保护主义、单边主义上升,世界经济低迷,全球产业链、供应链面临冲击,世界正进入动荡变革期。习近平总书记指出,要"加快构建以国内大循环为主体,国内国际双循环相互促进的新发展格局"。这意味着未来一个时期,我国将形成"双循环"新发展格局,而且是以"内循环"为主体。农业农村农民问题是关系国计民生的根本性问题,做好"三农"工作、稳定"三农"这个基本盘,对于保持平稳健康的经济环境、国泰民安的社会环境具有特殊重要意义。在新发展格局下,谋划农业农村发展,必须从党和国家事业发展全局战略高度出发,从积极服务和融入新发展格局出发,立足国内大循环,兼顾国际大循环,进一步发挥好农业"压舱石"、农村"蓄水池"作用。

(二)城乡深度融合下的农业农村高质量发展

城市与乡村,是人类生产生活的两大空间载体。在现代化进程中,如何处理好工农关系、城乡关系,在一定程度上决定着现代化的成败。习近平总书记曾指出,我们只有跳出"三农"抓"三农",用统筹城乡发展的思路和理念,才能切实打破农业增效、农民增收、农村发展的体制性制约,从根本上破解"三农"难题,进一步解放和发展农村生产力,加快农业农村现代化建设。未来一个时期,随着新型城镇化与乡村振兴两大战略的深入实施,城乡融合发展仍是大势所趋,而且融合发展的深度和广度都将持续增加,在这样的大背景下推进农业农村发展,要树立城乡融合发展的系统思维,破除城乡二元结构刚性约束,推动人才、土地、资金等要素在城乡之间均衡合理配置,要着力构建城市要素入乡机制,改变城乡要素单一流动趋势,激发城乡更大发展活力,构筑起相互依存、相互融合、互促互荣的城乡发展共同体。

(三)"大食物观"下的农业农村高质量发展

悠悠万事,吃饭为大。习近平总书记多次强调粮食安全是"国之大者",在粮食安全这个问题上"不能有丝毫麻痹大意","不能认为进入工业化,吃饭问题就可有可无,也不要指望依靠国际市场来解决"。要树立大食物观,从更好满足人民美好生活需要出发,掌握人民群众食物结构变化趋势,在确保粮食供给的同时,保障肉类、蔬菜、水果、水产品等各类食物有效供给。在"大食物观"下谋划农业农村发展,首先要确保粮食绝对安全,正像习近平总书记所说的"中国人的饭碗任何时候都要牢牢端在自己手上","饭碗主要装中国粮",这就要求守好守牢 18 亿亩耕地红线,落实最严格的耕地保护制度,坚决遏制耕地"非农化"、基本农田"非粮化"。同时,要从根本上解决种业"卡脖子"问题,实现种业科技自立自强、种源自主可控。此外,还要树立大农业观,顺应人民群众食物结构变化趋势,深入推动农业供给侧结构性改革,更好满足人们对食物的需要,为人们创造更高品质生活。

(四)农村老龄化加剧下的农业农村高质量发展

第七次全国人口普查结果显示,我国 60 岁及以上人口已超过 2.6 亿,占全国人口比重 18.70%,其中农村 60 岁、65 岁及以上老人的比重分别为23.81%和17.72%,比城镇分别高出了 7.99 个、6.61 个百分点。而 10 年前,这个差距分别为 3.19 个、2.26 个百分点,这说明农村人口老龄化比城镇更快、程度更深。据《中国农村互助养老研究报告》预测,2020—2050 年,我国农村人口老龄化程度将一直高于城镇,到 2035 年,我国农村 60 岁及以上老年人口在农村人口中占比将达 37.7%,老龄化"城乡倒置"现象将进一步加剧,农村人口老龄化水平将高出城镇 13 个百分点。在农村老龄化加剧的背景下,谋划农业农村发展,必须处理好"老龄化"与农业生产的关系,解决好"谁来种地""谁来种好地"的根本问题,要大力发展农业社会化服务组织,要依靠农业科技进步。同时,还要把农村养老问题摆在更加突出位置,加快健全农村社会保障体系、养老服务体系、健康支撑体系,让农村老年人共享改革发展成果,安享幸福晚年。

第 一 篇

农业高质高效

第一章　构建现代农业产业体系

　　由于人多地少的基本国情和生产力长期落后的社会现实,在新中国成立以来的很长一段历史时期内,我国十分重视农业在保障食品和原料供给、增加就业和收入等方面的经济功能,而相对忽视其在保护生态、传承文化、提供观光休闲产品等方面的生态、社会与文化功能。由此,我国农业形成了以初级产品供给为主的产品结构,和农林牧渔业生产与加工、制造、流通、服务不协调的产业结构,农业产业的内涵深化、外延拓展稍显迟滞。21世纪以来,我国城乡居民消费结构升级趋势明显,在对优化农业产业体系发出强烈信号的同时,也为优化农业产业体系提供了机会窗口。党中央应时而动,顺势而为,提出构建现代农业产业体系的政策主张,力图为新时代农业高质高效发展奠定基础。构建现代农业产业体系,就是要适应城乡居民消费需求,通过纵向延伸产业链条、横向拓展农业功能、多向挖掘乡村价值,进一步向农业的广度和深度进军,重点发展农产品加工、乡村休闲旅游、农村电商等产业,打造农业全产业链,优化产品产业结构,推进农业提质增效。根据2021年中央一号文件和《"十四五"推进农业农村现代化规划》提出的我国农业农村现代化发展目标,到2025年要基本形成特色鲜明、类型丰富、协同发展的现代乡村产业体系,确定了现代农业产业体系建设的时间表、任务书。

第一节 现代农业产业体系建设的理论分析

一、现代农业产业体系的内涵界定

现代农业产业体系不是一个可以简单用几句话就能界定清晰的概念。目前,政策制定者没有明确给出其内涵,学术界对此也只是进行了初步探讨①。主流的观点认为现代农业产业体系,是一个经济系统或者产业系统(曹利群,2007;刘成林,2007;张克俊,2011;曹慧等,2017)②。首先,这个系统是由农业生产、加工、销售等构成的纵向产业链延伸和由生产、经营、市场、科技、教育等组成的横向多部门拓展为支撑架构的有机整体,涵盖了农林牧渔业,以及产品为农林牧渔业所用、直接使用农林牧渔业产品和依托农林牧渔业资源所衍生出来的二三产业;其次,这个系统中的各类主体为了满足特定市场需求和实现最大产业价值,通过利益联结机制相互作用、相互衔接、相互支撑;最后,这个系统建立在拓展农业功能、挖掘乡村价值的基础上,融合农文旅,培育新业态,实现农村一二三产业深度融合。因此,构建现代农业产业体系的方向是明确的:大力拓展与农业相关的二三产业。这些二三产业具有鲜明的特点:产品为农业生产所用、直接使用农产品或者是依

① 陈锡文(2018)认为,关于现代农业产业体系、生产体系、经营体系的研究还是不足的,应当花大力气去研究。参见陈锡文:《实施乡村振兴战略,推进农业农村现代化》,《中国农业大学学报(社会科学版)》2018 年第 1 期。

② 曹利群:《现代农业产业体系的内涵与特征》,《宏观经济管理》2007 年第 9 期;刘成林:《现代农业产业体系特征及构建途径》,《农业现代化研究》2007 年第 4 期;张克俊:《现代农业产业体系的主要特征、根本动力与构建思路》,《华中农业大学学报(社会科学版)》2011 年第 5 期;曹慧、郭永田、刘景景、谭智心:《现代农业产业体系建设路径研究》,《华中农业大学学报(社会科学版)》2017 年第 2 期。也有学者认为现代农业产业体系应该从农业产业结构和农业资源有效利用的角度去理解和阐释。参见陈锡文:《实施乡村振兴战略,推进农业农村现代化》,《中国农业大学学报(社会科学版)》2018 年第 1 期。

托农业资源所衍生出来的产业。同时,构建现代农业产业体系的方法、路径也是明确的:纵向延伸产业链条、横向拓展农业功能、多向挖掘乡村价值。

二、构建现代农业产业体系的必要性

从经济社会发展的规律看,构建现代农业产业体系,是完善和提升农业功能的必然要求。经济越发展、社会越进步,对拓展农业功能的需求越迫切。改革开放初期,社会各界不会对农业的休闲观光、生态保护、文化传承等功能给予太多关注,产业体系建设自然很少涉及这些方面的内容,而是十分注重巩固提升其经济功能。为了改善和提高农业的食品保障、原料供给等经济功能,党和国家主要从加强农业产业化经营的角度推动农业产业体系建设。这是由当时的现实情况决定的:一方面,缺少统一经营组织帮助的个体小农,难以把握较为全面的市场信息,对市场价格反应滞后,在市场交易中常常处于劣势地位,农民频繁遭遇"买难卖难"的问题;而另一方面,农产品加工企业离开了计划经济体制的流通渠道,难以获得稳定的原料供应。农业产业体系不健全,特别是生产、加工、销售等环节脱节,影响我国农业食品保障、原料供给等经济功能的发挥。为了解决农业小生产与大市场的矛盾,从 20 世纪 90 年代中后期开始,国家以推动农业产业化经营为抓手,密切了农业产加销链条之间的联系,推动农业产业体系建设。经过改革开放40 多年的不懈奋斗,我国社会生产力有了长足发展,经济实力、综合国力和人民生活水平跃上了新的大台阶。原来形成的以提高食品保障、原料供给等经济功能为目标的农业产业体系已经不能有效满足经济社会发展和城乡居民消费结构升级的需要,突出表现为农业供给的产品结构、品质结构出现失衡。因此,必须从更好发挥农业多功能性的角度出发拓展农业产业广度和深度,并以此指导构建现代农业产业体系的公共政策实践。

从高质量发展的内在要求看,构建现代农业产业体系,是更好满足人民日益增长的美好生活需要的题中应有之义。推动高质量发展和发展不平衡不充分，都是党的十八大以来党中央对经济社会发展提出的重大理论和理念。党的十九大，党中央立足新的历史方位和发展阶段，作出我国社会主要矛盾已经转化为人民日益增长的美好生活需要和不平衡不充分的发展之间的矛盾的科学判断。同时，基于我国社会主要矛盾发生转化的事实，以及新发展理念的要求，党中央提出我国经济已由高速增长阶段转向高质量发展阶段。高质量发展，就是能够很好满足人民日益增长的美好生活需要的发展。农业是国民经济的基础，是构建以国内大循环为主体、国内国际双循环相互促进的新发展格局的重要着力点。我国要实现高质量发展，农业首先要实现高质量发展。这就对农业不断满足人民群众个性化、多样化、需求不断升级的能力提出了更高要求。进而言之，在新发展阶段，要用现代产业体系、现代发展理念、现代经营形式、现代物质条件、现代科学技术提升改造农业。要提高农业生产组织方式的网络化、智能化水平，进一步增强产业发展的创新力、需求捕捉力、品牌影响力、核心竞争力，从而提升农业相关产品和服务的供给质量。在利用需求引领农业供给体系和结构变化的同时，还要通过供给变革不断催生新的需求。

三、现代农业产业体系的基本特征

相较于传统农业产业体系，现代农业产业体系具有组织体系完善、市场运作高效、产业布局合理、产业功能多元等鲜明特征。

（一）组织体系完善

完善的产业组织体系是农业高质量发展的组织保障。传统农业的劳动分工程度不高，不可能像制造业那样，每个生产环节都可以由固定的人员负责，进而在完全分工的基础上合作完成产品生产。亚当·斯密（Adam Smith）根据近代初期各国资本主义发展的经验，得出结论：农业不可能采用完全的分工制度,也许是导致农业劳动生产力总是不能与制造业劳动生产力同步提高的原因(亚当·斯密,2011)。的确如亚当·斯密所分析的那样,传统农业几乎把所有的生产环节都内部化在以农户家庭为基本生产单位的组织体系中。农户家庭经营可能在规模大小、雇工多少等方面存在一定差别,但农业的生产组织方式却没有本质的不同:基本生产单位之间没有形成明显的分工合作的经济关系。现代农业虽然没有实现完全的劳动分工,但是其分工专业化程度已经有了长足发展。比较显著的分工出现在以耕、种、播、收为代表的需要农机作业的生产环节。当众多农户在这些生产环节的服务外包需求产生聚合效应,也就扩大了专业化农机服务的市场容量(罗必良,2017)。[①] 由此,专业化的农机服务组织得以生产和发展,并在此基础上带动了生产、加工、销售、服务等其他环节的分工。因此,现代农业形成了一个由许多专业化、社会化主体按照一定的分工和联系共同构建起来的系统。各种类型的农业经营主体、服务主体专门从事现代农业发展中的某一环节的工作,有利于发挥专业优势;通过分工合作建立横向功能产业体系与纵向产业链体系,有利于节约交易成本,获得更多的经济效益。

(二)市场运作高效

高效解决市场供需是现代农业面临的重要课题。在计划经济体制下,各类农业经营主体之间的分工与合作,都遵从国家的计划指令进行,计划指令替代了市场交易。农业生产经营的决策者是各级政府,农民和企业只是决策的执行者,市场机制在农业领域几乎无用武之地。改革开放以后,原来的计划经济机制不再发挥作用,而各类市场参与主体却还没有完全适应新的经济运行机制。随着我国市场经济体制逐步确立,农业的市场化改革渐趋深入。经过市场经济多年洗礼,各类农业经营主体对市场规律越来越熟

---

① 罗必良:《论服务规模经营——从纵向分工到横向分工及连片专业化》,《中国农村经济》2017 年第 11 期。

悉,通过预测市场走势、感知价格信号来安排生产经营的自觉性、主动性不断提高。与此同时,我国也产生了一批具有影响力的农业企业品牌、农产品品牌,农业的市场化运作越来越成熟。随着经济社会的发展,城乡居民日益彰显的个性化、多样化消费需求,对现代农业进一步提升及时对市场需求作出反应的能力提出了更高要求;而信息化、数字化技术在农业发展中的广泛应用,又为现代农业提升需求捕捉力提供了基础条件。因此,及时对市场需求作出反应,提供符合消费者需要的各类产品,既是现代农业产业体系必须应对的基本任务,也是其必须具备的基本能力。

(三)产业布局合理

合理的产业布局有助于推动农业高质量发展。传统农业虽然自发形成了一些优势产区,但长期以来,我国农业"大而全、小而全"生产格局突出,产业布局分散,农产品辗转于加工、集散、运销各环节之间不仅会发生许多无谓的损耗,而且需要花费大量成本。世界上主要的农业发达国家大都形成了鲜明的产业布局。美国农业主管部门从20世纪30年代开始对农业产业进行定位布局,形成了大豆带、玉米带、棉花带、花生带等8个著名的农业产业带(张楠楠、刘妮雅,2014);①日本农业虽然没有形成特定的区域布局,但通过大力发展"一村一品",许多村庄发展起市场潜力大、区域特色明显、附加值高的主导产品和产业(秦富等,2009)。② 我国十分注重优化农产品区域布局,出台了一系列推动大宗作物和特色农产品区域布局的政策,显著提升了优势产业带(区)规模化、专业化、市场化水平。充分发挥各地比较优势,合理开发利用农业资源,有效提高专业化生产水平,逐步建立以区域资源禀赋为基础、以市场需求为导向、各具特色的优势产区,形成专业化的

---

① 张楠楠、刘妮雅:《美国农业产业集群发展浅析》,《世界农业》2014年第3期。
② 秦富、钟钰、张敏、王茜:《我国"一村一品"发展的若干思考》,《农业经济问题》2009年第8期。

农业产业布局,是国内外现代农业发展的一条重要经验,也是现代农业产业体系的一条重要特征。

(四)产业功能多元

从分工专业化的角度看,如果社会缺乏对农业食品保障功能以外的其他各种功能的有效需求,农业其他功能的衍生产品即便存在一定的供需空间也不可能形成足够大的市场容量,依赖于农业其他功能的新产业新业态的产生和发展也就无从谈起。因而,传统农业的产业内核是生产型的,缺少向农林牧渔业产品生产及其初加工以外的领域延伸扩展的基本动力,造成传统农业的产业链条细短、产业体系单薄。经过改革开放以来的快速发展,我国农业产业体系已经发生很大改观:农产品加工业有了长足进步,休闲观光农业、乡村旅游等新产业新业态实现从无到有、从小到大的发展,产业链条被拉长,产业内涵更加丰富。加快构筑现代农业产业体系,一方面应该充分发挥农业开发得较为完善的功能,另一方面更要重视农业以后将要日益凸显的功能(李炳坤,2007)。[①] 通过把农业自身内在的多功能潜质转变为现实的产品和服务,充分提升农业的增值空间(曹慧等,2017)。[②]

第二节 构建现代农业产业体系的政策演进

习近平总书记十分重视从完善和优化产业体系的角度谋划现代农业发展,就构建现代农业产业体系作出了一系列重要论述。学习这些重要论述和历年中央一号文件,党中央、国务院以及国家部委相关文件等文献资料,有助于认识和理解党在不同历史时期特别是党的十八大以来关于构建现代

[①] 李炳坤:《加快构筑现代农业产业体系》,《农业经济问题》2007 年第 12 期。

[②] 曹慧、郭永田、刘景景、谭智心:《现代农业产业体系建设路径研究》,《华中农业大学学报(社会科学版)》2017 年第 2 期。

农业产业体系政策演进的基本脉络,有助于把握党和国家在优化产业结构和拓展农业产业链价值链方面的目标和方向。

一、多管齐下,多措并举,夯实保障国家粮食安全的制度基础

优化农业产业结构必须以保障国家粮食安全为底线。习近平总书记强调,一个国家只有立足粮食基本自给,才能掌握粮食安全主动权,进而才能掌握经济社会发展这个大局。[①] 党的十八大以来,以习近平同志为核心的党中央,把确保粮食安全作为治国理政的头等大事,着力加强顶层设计,不断完善国家粮食安全保障体系。1994 年中央农村工作会议提出中国粮食必须立足自给、供求必须大体平衡的原则以来,坚持立足国内实现粮食基本自给就成为保障国家粮食安全的基本方针。在此基础上,2013 年中央经济工作会议综合考虑国内资源环境、粮食供求格局、国际市场贸易条件,提出了"以我为主、立足国内、确保产能、适度进口、科技支撑"的国家粮食安全战略。进入新发展阶段,从保障初级产品供给的视角,粮食安全问题被纳入一个更宏观的重大理论和实践问题框架下统筹谋划。

保障国家粮食安全,关键在于落实藏粮于地、藏粮于技战略,特别是解决好种子和耕地问题,夯实巩固和提升粮食产能的两个最基础的条件。藏粮于地、藏粮于技战略,最早见诸《中共中央关于制定国民经济和社会发展第十三个五年规划的建议》,而 2016 年的中央一号文件则对此作出了较为系统的部署。藏粮于地,不仅要保障耕地的数量和质量,而且要遏制耕地"非农化"、防止"非粮化"。在保障耕地数量方面,要落实"长牙齿"的耕地保护硬措施,实行耕地保护党政同责,严守 18 亿亩耕地红线;在提高耕地质

---

① 习近平总书记曾经在 2013 年 5 月 14 日至 15 日在天津考察时和 2013 年 12 月 23 日至 24 日中央农村工作会议上两次提出这一重要论断。该论断对完善国家粮食安全战略具有重要指导作用。

量方面,要开展高标准农田建设工程,推行耕地轮作休耕,加强农业面源污染治理,保护黑土地,改造盐碱地;在遏制耕地"非农化"、防止"非粮化"方面,要加强耕地用途管制,严格落实耕地利用优先序①,规范占补平衡,强化土地流转用途监管。实现藏粮于地的主要措施包括实行基本农田保护制度②和永久基本农田特殊保护制度,高标准农田建设,农田水利建设,耕地质量保护与提升,耕地轮作休耕,农业面源污染治理,划定粮食生产功能区、重要农产品生产保护区、特色农产品优势区等。藏粮于技,就是通过科技创新解决当前粮食生产中的难题,让科技力量为提高粮食综合生产能力提供支撑。具体的政策措施包括积极推动育种、农机、农艺、病虫害防治等有利于提高粮食生产能力的科技创新,以及有利于减少粮食储存、加工、运输等方面的浪费、损耗和提高粮食利用效率的科技创新。种业科技创新是藏粮于技的重要内容。为了确保种源安全,我国全面实施种业振兴行动,大力推进种源等农业关键核心技术攻关,加快推进农业种质资源普查收集,加强种业领域国家重大创新平台建设。2022 年全国"两会"期间,习近平总书记在看望参加全国政协十三届五次会议的农业界、社会福利和社会保障界委员时,强调实施乡村振兴战略,必须把确保重要农产品特别是粮食供给作为首要任务,把提高农业综合生产能力放在更加突出的位置,把"藏粮于地、藏粮于技"真正落实到位。

保障国家粮食安全,必须调动种粮农民和粮食主产区的积极性。习近平总书记 2016 年 4 月 25 日在安徽省凤阳县小岗村农村改革座谈会上强调,在

---

①　2022 年中央一号文件要求,分类明确耕地用途,严格落实耕地利用优先序,耕地主要用于粮食和棉、油、糖、蔬菜等农产品及饲草饲料生产,永久基本农田重点用于粮食生产,高标准农田原则上全部用于粮食生产。

②　国务院 1998 年 12 月 24 日通过了新制定的《中华人民共和国农业法基本农田保护条例》。新制定的《条例》自 1999 年 1 月 1 日起施行,1994 年 8 月 18 日发布的《中华人民共和国农业法基本农田保护条例》同时废止。2011 年 1 月 8 日《国务院关于废止和修改部分行政法规的决定》对其中部分条款进行修正。

政策上，要考虑如何提高粮食生产效益、增加农民种粮收入，实现农民生产粮食和增加收入齐头并进，不让种粮农民在经济上吃亏，不让种粮大县在财政上吃亏。调动农民种粮积极性，就是要落实好种粮农民补贴、最低收购价、完全成本和收入保险等政策；调动粮食主产区积极性，就是要支持粮食主产区粮食产能建设、完善粮食主产区利益补偿机制、建设国家粮食安全产业带。

保障国家粮食安全，需要法律和制度保障。在法律保障方面，近年来中央一号文件都提出推进粮食安全保障立法的要求，制定粮食安全保障法已列入十三届全国人大常委会立法规划，粮食安全保障法草案已经编制完成，并已征求中央和国务院有关部门、地方人民政府和重点企业意见。在制度保障方面，2020年中央农村工作会议作出新规定，要求各地切实扛起粮食安全的政治责任，实行党政同责。

二、优化目标，突出重点，构建农业区域化布局的政策框架

习近平总书记在浙江工作期间，就曾把形成一批区域化布局、产业化经营、品牌化产品的特色农业块状经济，作为加快建设农村现代产业体系的重要内容。2022年全国"两会"期间，在看望参加全国政协十三届五次会议的农业界、社会福利和社会保障界委员时，他进一步强调现代农业生产结构和区域布局，要同市场需求相适应、同资源环境承载力相匹配。党的十八大以来，我国优化农业产业布局的政策目标，主要包括推动农业区域布局，合理安排农产品市场和加工布局。

推动农业区域布局，包括推动优势农产品和特色农产品区域布局两个方面的内容。推动优势农产品区域布局，对形成大宗作物产业带具有重要作用；而推动特色农产品区域布局，是发挥资源比较优势、形成优质特色农产品产区的重要抓手。在优势农产品区域布局方面，2008年，原农业部在总结《优势农产品区域布局规划（2003—2007年）》实施情况、深入研究新

时期优势农产品区域布局工作思路和重点的基础上,印发了新一轮《全国优势农产品区域布局规划(2008—2015年)》。新一轮规划提出,到2015年,重点培育16个优势农产品,形成一批优势农产品产业带,建设一批现代农业产业示范区和优势农产品生产重点县。在特色农产品区域布局方面,2014年,修编后的《特色农产品区域布局规划(2013—2020年)》充实调整特色农产品品种范围和优势区布局,提出重点发展10类144种特色农产品,规划了一批特色农产品的优势区,并细化到县。《乡村振兴战略规划(2018—2022年)》则提出,围绕保障国家粮食安全和重要农产品供给,重点建设以"七区二十三带"为主体的农产品主产区;落实农业功能区制度,科学合理划定粮食生产功能区、重要农产品生产保护区和特色农产品优势区。

农产品市场和加工布局,必须与农业区域布局相适应。在农产品市场体系建设方面,国家政策重点支持重要农产品集散地、优势农产品产地市场、农产品期货市场建设,同时注重加强农产品仓储物流设施建设,健全冷链物流体系,培育现代流通方式和新型流通业态,发展农产品网上交易、连锁分销和农民网店。主要的政策措施包括建设公益性农产品市场和农产品流通骨干网络、推动"互联网+"农产品出村进城、整县推进农产品产地仓储保鲜冷链物流设施建设、推动冷链物流服务网络向农村延伸、开展县域流通服务网络建设提升行动等。在农产品加工方面,发展方向是把产业链主体留在县城,建成一批农产品加工强县,改变农村卖原料、城市搞加工的格局。主要措施是立足县域布局特色农产品产地初加工和精深加工,建设农业产业强镇、优势特色产业集群、现代农业产业园;支持发展适合家庭农场和农民合作社经营的农产品初加工。

三、一以贯之,持续发力,明确农业社会化服务体系的建设路径

农业生产性服务业在现代农业产业体系中占据重要位置,是一项战略

性产业。从发达国家农业现代化发展经验看,农业服务能力不仅决定农业的生产水平,而且决定农业产业的发展水平(樊祥成,2022)。[1] 早在改革开放初期,农业产前产后的社会化服务就已经成为农业生产者的迫切需要。习近平总书记在深入分析我国国情农情的基础上,深刻指出我国"人均一亩三分地、户均不过十亩田"的资源禀赋,决定了多数地区不能像欧美那样搞大规模农业、大机械作业,而是要通过健全农业社会化服务体系,实现小规模农户和现代农业发展有机衔接。2005年以来,农业社会化服务与管理体系作为加强农业发展的七大综合配套体系之一,备受社会各界重视。2008年,党的十七届三中全会审议通过的《中共中央关于推进农村改革发展若干重大问题的决定》,提出要建设新型农业社会化服务体系,并以此作为发展现代农业、提高农业综合生产能力的重要举措,农业社会化服务体系建设由此被摆在重要的位置。从2013年起,党和国家把新型农业服务主体与新型农业经营主体并列作为建设现代农业的骨干力量,要求构建农业社会化服务新机制,重点是培育专业化市场化服务组织、推动社会化服务覆盖农业生产的全程,实现发展"一站式"农业生产性服务业的目标。

健全社会化服务体系,主要包括两方面的内容:一是强化农业公益性服务体系,二是培育农业经营性服务组织。其中,农业公益性服务体系包括乡镇或区域性农业技术推广、动植物疫病防控、农产品质量监管等公共服务机构,高等学校、职业院校、科研院所建设的新农村发展研究院、农业综合服务示范基地,乡镇或小流域水利、基层林业公共服务机构和抗旱服务组织、防汛机动抢险队伍,供销合作社以及农村气象信息服务和人工影响天气工作体系等。农业经营性服务组织包括农民合作社、专业服务公司、专业技术协会、农民用水合作组织、农民经纪人、涉农企业等组织,科技特派员,会计审

---

① 樊祥成:《农业生产性服务供给研究——以山东省为例》,《乡村论丛》2022年第2期。

计、资产评估、政策法律咨询等涉农中介服务组织。2017 年,原农业部等三部委联合发布的《关于加快发展农业生产性服务业的指导意见》指出,发展农业生产性服务业,满足普通农户和新型经营主体的生产经营需要是出发点,服务产前、产中、产后全过程是立足点,充分发挥公益性服务机构的引领带动作用是关键,发展农业经营性服务是重点。其中,农业经营性服务发展的重点领域包括 7 个方面:①农业市场信息服务;②农资供应服务;③农业绿色生产技术服务;④农业废弃物资源化利用服务;⑤农机作业及维修服务;⑥农产品初加工服务;⑦农产品营销服务。2020 年,农业农村部印发的《新型农业经营主体和服务主体高质量发展规划(2020—2022 年)》,明确指出了农村集体经济组织、农民合作社、龙头企业、专业服务公司等不同服务主体的发展方向、联合融合发展方式、农业生产托管重点、行业管理措施等内容。

四、系统谋划,统筹推进,增强农产品加工业的发展动力

习近平总书记 1984 年在思考河北正定的战略定位和制定经济发展规划时,就提出要树立社会主义大农业的思想,并把大力发展农村工业,包括搞好农副产品深加工,作为发展"半城郊型"经济的重要内容。① 习近平总书记进一步指出,农业和农村经济健康发展必须走农林牧副渔全面发展和农工商综合经营的道路。无论是种植业、养殖业,还是林业、牧业,还要与副业、加工业、商业流通的发展联系起来,其经济效益将以成倍、成十倍的幅度增长。乡村工业和商业将在农村经济孕育中迅速发展起来,使农业生产资料供应—农业生产—农产品加工、贮藏、运输、销售联成一体,形成中国式的农工商一体化。② 此后,他在福建、浙江工作期间根据当地发展实际,也曾

---

① 参见习近平:《知之深　爱之切》,河北人民出版社 2015 年版,第 123、124 页。
② 参见习近平:《知之深　爱之切》,河北人民出版社 2015 年版,第 141、142 页。

指出要搞好农副产品精深加工,拉长农业产业链,实现多次增值。

积极发展农产品就地加工和综合利用,是提高产品利用率和经济价值,减少产品在运销、贮存过程中损耗浪费的重要途径。1983 年中央一号文件就曾明确提出"今后新增加的农产品加工能力,都要尽可能接近原料产地"的设想和要求。① 通过发展农产品的就地加工和综合利用,拉长产业链、提升价值链,一直都是我国农业发展政策框架中的重要内容。在政策设计上,基层供销社曾被作为农业供销、加工、贮藏、运输、技术等的综合服务中心,农民合作社也承载着国家对其兴办农产品加工业的期盼,农业龙头企业则被视为引导农民发展现代农业的重要带动力量,获得国家持续而强有力的支持。

党的十八大以来,关于支持农产品加工业的政策,在前期着重实施支持主产区进行粮食转化和加工、完善农产品加工增值税政策、支持农民合作社兴办农产品加工等措施的基础上,从两个方面继续深化:一是从完善农产品加工业空间布局、谋划现代食品产业发展等方面作出了关于加强农产品加工业发展的顶层设计,二是细化了农产品加工业在用地、用电、产地初加工补助、技术集成、设备改造、统计核算等方面的政策措施,强力推动农产品加工业的发展。特别是 2016 年、2017 年的中央一号文件都用较大篇幅来系统部署农产品加工业转型升级、现代食品产业发展工作。2018 年,农业农村部等 15 部门发布了《关于促进农产品精深加工高质量发展若干政策措施的通知》,对农产品精深加工业的结构优化、布局调整、企业培育、技术装备提升、"人地钱"等要素支持作出了系统谋划。《国务院关于促进乡村产业振兴的指导意见》和《"十四五"推进农业农村现代化规划》把农产品加工流通业作为乡村产业体系的重要组成部分,对当前农产品加工业的支持政策

---

① 这一设想和要求是超前的,也是科学合理的。目前的政策导向仍然是引导加工企业向主产区、优势产区、产业园区集中,在优势农产品产地打造食品加工产业集群。

进行了一定程度的集成和优化。

五、明确路径,健全机制,优化农村一二三产业融合的发展环境

推进农村产业融合发展,是构建现代农业产业体系、拓展农民增收空间的重要举措。提高农村产业融合发展水平,有利于开发农业功能、挖掘乡村价值,有利于把依托农业农村资源衍生的二三产业的产业链尽量留在农村、把产业链的增值收益和就业岗位尽量留给农民。2015 年中央一号文件明确提出推进农村一二三产业融合发展以来,《国务院办公厅关于推进农村一二三产业融合发展的指导意见》提出,持续推进农村一二三产业融合发展的 5 条措施:发展多类型农村产业融合方式、培育多元化农村产业融合主体、建立多形式利益联结机制、完善多渠道农村产业融合服务、健全农村产业融合推进机制。《国务院关于促进乡村产业振兴的指导意见》把农村一二三产业融合发展作为乡村产业振兴的基本路径,提出要突出优势特色,培育壮大 6 种乡村产业:①现代种养业;②乡土特色产业;③农产品加工流通业;④乡村休闲旅游业;⑤乡村新型服务业;⑥乡村信息产业。为了保障农村一二三产业融合发展用地需求,自然资源部等三部委发布了《关于保障和规范农村一二三产业融合发展用地的通知》,从明确用地范围、引导农村产业统筹布局、拓展集体建设用地使用途径等 7 个方面,为农村产业发展壮大留出用地空间。2022 年中央一号文件要求把农产品加工、乡村休闲旅游、农村电商等产业作为持续推进农村一二三产业融合发展的重点产业。

拓展农业多种功能、挖掘乡村多元价值,是实现农村一二三产业融合发展的重要途径。2007 年和 2008 年连续两年的中央一号文件都提出要重视农业多种功能,特别是 2007 年的中央一号文件明确把开发农业的多种功能,向农业的广度和深度进军,作为建设现代农业的方向。随后几年的中央一号文件虽然没有直接提及拓展农业多功能性,但分别从挖掘农业内部就

业潜力,拓展农村非农就业空间,发展休闲农业、乡村旅游等方面作出安排。2015 年以来,党和国家对挖掘农业多种功能越来越重视,2021 年中央一号文件把发挥农业多功能性写入了"十四五"加快农业农村现代化的指导思想。2021 年 11 月,国务院发布的《"十四五"推进农业农村现代化规划》深刻分析了开发农业功能、挖掘乡村价值对"十四五"时期加快农业农村现代化发展的重要意义,并将其作为坚持农业全产业链开发战略导向的基础支撑。

六、创新思路,强化举措,理顺农业全产业链开发的底层逻辑

推进农业全产业链开发,体现了我国推动农业发展的最新思路。打造农业全产业链,必须立足我国农业产业链和价值链仍处于低端的现实,顺应产业发展规律,在充分发挥农业开发得较为完善的食品保障等经济功能的基础上,加强开发农业的生态涵养、休闲体验、文化传承等多种功能;在发掘乡村生产价值的同时,加强提升生活、生态等方面价值,推动农业从种养向加工、制造、流通、服务等二三产业延伸,健全产业链、打造供应链、提升价值链,提高农业综合效益。2020 年的中央一号文件提出"支持各地立足资源优势打造各具特色的农业全产业链"的要求。2021 年,农业农村部发布的《关于加快农业全产业链培育发展的指导意见》提出构建农业全产业链 8个方面的要点:聚焦规模化主导产业、建设标准化原料基地、发展精细化综合加工、搭建体系化物流网络、开展品牌化市场营销、推进社会化全程服务、推广绿色化发展模式、促进数字化转型升级,涵盖了农业生产、经营、服务等各方面全过程。具体措施包括以实行农业全产业链"链长"制、遴选和培育"链主"企业、开展全国农业全产业链重点链和全国农业全产业链典型县建设为抓手,以农产品加工园区为聚合信息、科技、土地等要素的平台,以优势特色产业集群、现代农业产业园、"一村一品"示范村、农业产业强镇等为载

体,创新主体联合、要素整合机制,加强创新链、供应链、价值链、金融链方面的支撑。

第三节　我国现代农业产业体系发展成效

近年来,我国农业供给侧结构性改革深入推进,粮食综合生产能力不断夯实,农村一二三产业融合水平显著提高,农产品加工业发展较快,农村新产业新业态方兴未艾,农业产业体系现代化水平不断提高。

一、国家粮食安全保障能力不断增强

党的十八大以来,各地各部门认真贯彻落实藏粮于地、藏粮于技战略,努力夯实保障粮食安全的基础,推动我国粮食综合生产能力在高基点上实现新突破。一是高标准农田建设快速推进。2011 年以来,我国以平均每年不低于 8000 万亩的速度推动高标准农田建设。截至 2021 年年底,全国共建成高标准农田 9.06 亿亩。[①] 据测算,与非高标准农田项目区相比,高标准农田项目区亩均粮食产能增加约 10%,机械化水平高 15—20 个百分点。二是"两区"划定全面完成。全面完成粮食生产功能区和重要农产品生产保护区划定工作,共划定"两区"地块 10.88 亿亩。其中,粮食生产功能区 9 亿亩,重要农产品生产保护区 2.38 亿亩(含重合面积)。[②] 三是现代种业发展成效明显。以海南、甘肃、四川 3 个国家级育制种基地为核心、52 个国家级制种大县和 100 个区域性良种繁育基地为骨干的良种繁育体系,保障了

---

① 在 2021 年 9 月 16 日举行的国务院政策例行吹风会上,农业农村部农田建设管理司司长郭永田介绍,到 2020 年年底,全国已经建成了 8 亿亩高标准农田;而在 2022 年 1 月 20 日国务院新闻办公室举行的新闻发布会上,郭永田司长发布了 2021 年全国建成 10551 万亩高标准农田的信息。据此,截至 2021 年年底,我国共建成高标准农田约 9.06 亿亩。

② 数据来源:《乡村振兴战略规划(2018—2022 年)》实施期中评估报告。

70%以上主要作物生产用种。2021年9月,收藏各类珍贵的农作物种子等品种资源150万份、贮藏寿命最长可达50年的国家农作物种质资源库新库在中国农业科学院建成,成为全球单体量最大、保存能力最强的国家级种质库。2021年,我国农作物良种覆盖率超过96%,良种对粮食增产的贡献率达45%、对畜牧业发展的贡献率达40%,为我国粮食连年丰收和重要农产品稳产保供提供了重要支撑。2012年全国粮食产量首次突破1.2万亿斤大关,2015年粮食产量再上新台阶,突破1.3万亿斤,2020年全国粮食总产量13390亿斤,2021年达到13657亿斤,连续7年保持在1.3万亿斤以上,粮食生产实现"十八连丰",人均粮食占有量超过470公斤,超过国际公认的400公斤安全线。

二、产业布局更趋合理

优势农产品区域集中度稳步提高,特色农产品生产的区域化、规模化、专业化水平显著提升,为优化农业生产力布局奠定了良好的基础。一是优势农产品区域化布局更趋完善。粮食作物区域化生产格局已经形成,东北平原、黄淮海平原、长江中下游平原在保障国家粮食安全上发挥重要作用。经济作物优势区域在全国地位为上升,其中棉花生产域布局更加向新疆集中,苹果生产重心呈现"西移南进"态势,由渤海湾优势区向黄土高原优势区迁移(张强强,2021)。[①] 牛羊肉产业形成了中原、东北、西北和西南4个优势产区的布局;奶牛养殖以北方地区为主,全国62.6%的奶牛存栏集中在河北、内蒙古、宁夏、山东、黑龙江5个省(区)(农业农村部畜牧兽医局,2022)。[②] 水产

[①] 张强强:《中国苹果生产布局演变与优势评价研究》,西北农林科技大学博士学位论文,2021年。

[②] 农业农村部畜牧兽医局:《2021年奶业发展形势及2022年展望》,《中国畜牧业》2022年第3期。

品生产形成了"两带一区"的布局:"两带",即东南沿海优势出口水产品养殖带、黄渤海优势出口水产品养殖带;"一区",即长江中下游优质河蟹养殖区。二是特色农业区域化布局日渐显现。从 2017 年开展特色农产品优势区建设以来,全国已认定浙江省安吉县安吉白茶、重庆市涪陵区涪陵青菜头、山东省东阿县东阿黑毛驴、山东省金乡县金乡大蒜等 308 个中国特色农产品优势区,各省(区、市)创建了 667 个省级特色农产品优势区,有力带动了特色产业做大做强,增强了我国绿色优质中高端特色农产品供给能力。

三、农业生产性服务业战略地位日益凸显

随着工业化、城镇化的深入推进,农业生产性服务业在我国现代农业发展过程中越来越具有战略地位。具体体现在以下三个方面:一是有利于解决"谁来种地"难题,促进农业稳定发展。目前,全国农业社会化服务组织超过 90 万个,其中从事农业生产托管的社会化服务组织达到 44 万个,托管面积超过 15 亿亩次,覆盖农户 6000 万户(郁静娴,2022)。① 发挥服务的规模效应,既节本又增效。据统计,托管后亩均增产 10%—20%,农户亩均节本增效 350—390 元(郁静娴,2021)②,真正让小农户分享到现代农业发展带来的实实在在的好处,有助于破解土地流转造成的土地租金高企、耕地"非粮化"等问题。二是汇聚产业链优质资源,提供增值服务。龙头企业、专业服务公司大型农业社会化服务组织,有能力汇聚全国乃至全球产业链优质资源,与国内外大型食品、饲料加工企业建立战略合作关系,打通生产到销售、田间到市场的壁垒,为小农户提供种植结构调整、订单农业、品牌农产品销售等增值服务。三是积累数字资源,推动数字农业发展。农业生产性企业积累在服务过程中获得的数据资源,是精准农业、数字农业发展的重

---

① 郁静娴:《乡村产业兴　增收路更宽》,《人民日报》2022 年 1 月 7 日。
② 郁静娴:《有了"田保姆" 种地更划算》,《人民日报》2021 年 2 月 8 日。

要资产。目前,该领域的头部企业,正在抓住当前农业农村数字化革命浪潮的机遇,发展平台经济,助力全国农业的精细化、智慧化发展。

四、农产品加工业加速发展

农产品加工业,构建起连接农业、农村、农民和工业、城市、市民的桥梁,是"粮头食尾""农头工尾",是拓展农业增值空间、增加农民收入的关键产业。党的十八大以来,我国农产品加工业加快转型升级,成为乡村产业振兴的新引擎。一是农产品加工业体量规模不断扩大。据新华社报道,2020年,我国农产品加工业营业收入超过 23.2 万亿元,农产品加工转化率达到67.5%。[1] 2021 年全国规模以上农产品加工业营业收入增速超 10%,保持了较快增长(乔金亮,2022)。[2] 另据中国轻工业联合会发布的《2021 年轻工行业发展统计公报》,我国农副食品加工行业营业收入 5.4 万亿元、食品制造行业营业收入 2.1 万亿元、造纸及纸制品行业营业收入 1.5 万亿元、皮革及羽绒行业营业收入 1.1 万亿元;酿酒、农副食品加工、食品制造等农产品加工行业的利润总额均超过 1000 亿元。[3] 二是农产品加工业结构布局不断优化。产地初加工覆盖面不断扩大,"十三五"期间,全国新增 1.4 万座农产品初加工设施,新增初加工能力 700 万吨;精深加工中心下沉,加工企业在粮食生产功能区、重要农产品生产保护区、特色农产品优势区的中心镇和物流节点布局;副产物综合利用水平不断提升,秸秆、畜禽皮毛骨血等被变废为宝、化害为利;产业集群正在形成,河南省以粮食精深加工为特点的农产品加工业异军突起,成为全国第一粮食加工大省、第一肉制品大省;

---

[1] 《2020 年我国农产品加工业营业收入超过 23.2 万亿元》,新华社,2021 年 3 月 24 日。
[2] 乔金亮:《稳住农业基本盘》,《经济日报》2022 年 2 月 3 日。
[3] 中国轻工业联合会:《2021 年轻工行业发展统计公报》,中国轻工业信息网,2022 年 2 月 17 日。

新产业新业态不断涌现,农商直供、预制菜肴、餐饮外卖、冷链配送等业态顺应消费需求,发展迅速,比如,预制菜 2021 年市场规模已达到 3000 亿元以上,有望成为下一个万亿级消费市场(杨雪莹、张鹏,2022)。①

五、农村一二三产业融合发展水平明显提升

农村一二三产业融合发展的理念已经成为各地推动乡村产业发展的重要指导,对提升产业发展质量和效益发挥了重要作用。一是农业新产业新业态蓬勃发展。通过开展休闲农业和乡村旅游示范创建,引导各地挖掘地方特色农产品、传统农耕文化、独特优势,发展农村文旅产业。2020 年,农业农村部向社会推介 1216 个功能完备、特色突出的美丽休闲乡村,在全国树立一批标杆,引领产业发展。根据不同时节主题,分别在北京顺义、山西阳城和广西马山举办乡村休闲旅游精品景点线路推介活动,推介精品景点线路 1000 多条。随着"互联网+"农产品出村进城、电子商务进农村综合示范、电商扶贫等工作深入推进,我国农产品上行规模不断扩大,2020 年,全国县域农产品网络零售额达到 3507.6 亿元,同比增长 29%。② 二是产业融合平台建设梯度推进。自 2017 年首批国家农村产业融合发展示范园创建认定工作启动以来,国家发展改革委会同有关部门已认定三批共 300 个示范园。各地示范园立足本地农业农村特点,在培育农村产业融合发展模式、创新农民分享增值收益有效形式等方面,探索出不少可推广、可复制的经验。山东省颁布了《保障和规范农村一二三产业融合发展用地实施细则》,提出 17 项政策措施,革新了农村建设用地腾退利用等政策措施,将每年不少于盘活乡村建设用地指标的 10%,以及处置相应批而未供和闲置土地形

---

① 杨雪莹、张鹏:《山东预制菜如何端上全国餐桌》,《大众日报》2022 年 3 月 30 日。

② 参见农业农村部信息中心、中国国际电子商务中心:《2021 年全国县域数字农业农村电子商务发展报告》,中国政府网,2021 年 9 月。

成的"增存挂钩"新增指标的5%,优先保障农村产业用地。

六、农业全产业链建设迈出新步伐

党的十八大以来,一些地区通过完善联农带农利益联结机制,在建链、延链、补链、壮链、优链上下功夫,推动产业上中下游协同发展和全产业链转型升级,主导产业发展优势不断增强,有效实现了把产业链主体留在县域、让农民更多分享全产业链增值收益的目标。2021年,农业农村部围绕重要农产品和优势特色农产品组织开展了全国农业全产业链重点链和典型县建设工作,有北京市设施蔬菜全产业链重点链等31个全产业链重点链和天津市宝坻区水稻全产业链典型县等63个全产业链典型县进入支持名单。这些农业全产业链重点链和典型县承担着引领和驱动本产业和本区域农业全产业链建设,探索促进乡村产业高质量发展路径的重要任务。一些省份通过各种措施推进本地区全产业链开发工作。山东省"十四五"乡村产业发展规划提出了建设农业全产业链示范省的目标,第十二次党代会报告进一步明确了培育烟台苹果、寿光蔬菜、半岛渔业、沿黄肉牛等百亿级、千亿级优势特色产业集群的发展重点。山西省在《关于做好2022年全面推进乡村振兴重点工作的实施意见》中提出重点培育一批"链主"企业,选择20个县作为全产业链重点链建设试点,构建高粱、谷子、中药材等20类特色优势农业全产业链,重点培育1—2条百亿级产业链。

第四节　构建现代农业产业体系未来展望

现代农业产业体系建设是一项复杂的系统工程。当前,我国农业产业结构、区域布局有待进一步优化调整,保障国家粮食安全这条底线要牢牢守住。农村产业融合发展多而不优的问题依然存在,农业产业体系与社会需求的适应性还有差距。"十四五"及未来一个时期,构建现代农业产业体系,应加强顶层设计和政策集成,强化县域统筹,以带动农民就业增收为导向,以保障粮食等重要农产品在数量、质量和多样性上的有效供给为根本遵循,建好粮食生产功能区、重要农产品生产保护区、特色农产品优势区,建强现代农业产业园区和农业现代化示范区,加快农村产业融合发展,把产业链主体留在县域,把就业机会和产业链增值收益留给农民。

一、以"三区"建设为抓手,巩固提升粮食等重要农产品供给保障水平

在稳定粮食播种面积、加强耕地保护与质量建设的基础上,以粮食生产功能区、重要农产品生产保护区、特色农产品优势区"三区"建设为抓手,进一步巩固提升粮食等重要农产品供给保障水平。

(一)加强粮食生产功能区建设

以主体功能区规划和优势农产品布局规划为依托,强化政策支持力度,加强以东北平原、长江流域、东南沿海地区为重点的水稻生产功能区建设,以黄淮海地区、长江中下游、西北及西南地区为重点的小麦生产功能区建设,以东北平原、黄淮海地区以及汾河和渭河流域为重点的玉米生产功能区建设。以产粮大县集中、基础条件良好的区域为重点,突破耕地和种子两大瓶颈,推动粮食精深加工和高效养殖,建设粮食运输走廊,连接国家粮食储备库和加工基地,形成产得出、调得快、供得上的高效供应链,打造生产基础稳固、产业链条完善、集聚集群融合、绿色优质高效的国家粮食安全产业带。

(二)加强重要农产品生产保护区建设

围绕保核心产能、保产业安全,充分调动各方面积极性,推动大豆、棉花、油菜籽、糖料蔗、天然橡胶生产保护区建设。大力实施大豆和油料产能提升工程,在黄淮海、西北、西南地区推广玉米大豆带状复合种植,在东北地区开展粮豆轮作,在黑龙江省部分地下水超采区、寒地井灌稻区推进水改旱、稻改豆试点,开展盐碱地种植大豆示范;在长江流域开发冬闲田扩种油菜,积极发展黄淮海地区花生生产,稳定提升长江中下游地区油茶生产,推进西北地区油葵、芝麻、胡麻等油料作物发展,形成以东北地区为重点、黄淮海地区为补充的大豆生产保护区和以长江流域为重点的油菜生产保护区,提升大豆和油菜等油料作物综合生产能力。以新疆为重点、长江和黄河流域的沿海沿江环湖地区为补充,建设棉花生产保护区,稳定棉花种植面积,调整优化品种结构,推广集中成熟轻简高效栽培技术模式,大力提升棉花品质,提高机械化采收水平和质量。稳定糖料蔗生产规模,做强蔗糖精深加工,巩固提升广西、云南糖料蔗生产保护区产能。支持主产区开展天然橡胶收入保险试点,探索生态胶园建设模式,加强海南、云南、广东天然橡胶生产保护区胶园建设。

(三)加强特色农产品优势区建设

支持各地立足产业基础和比较优势,发掘特色农业资源,建设一批产业链条相对完整、市场主体利益共享、抗市场风险能力强的特色农产品优势区,完善特色农产品产业体系、标准体系、制度体系、社会化服务体系及质量控制体系。围绕特色粮经作物、园艺产品、畜产品、水产品、林特产品,强化科技支撑、质量控制、品牌建设和市场营销,加强标准化生产、加工和仓储物流基地建设,培育一批特色农产品产业带。

二、以县域统筹为重点,优化完善乡村产业布局

把县域作为乡村全面振兴的战略支点,统筹城乡产业发展,合理规划乡村产业布局,推动形成县城、中心镇(乡)、中心村层级分工明显、功能有机衔接的发展格局。

（一）发展乡村新产业新业态

在积极发展现代种养业、乡村特色产业的基础上,持续拓展农业多种功能、挖掘乡村多元价值,大力发展乡村休闲旅游、农村电商等新产业新业态。加强休闲农业重点县、休闲农业精品园区和乡村旅游重点村镇建设,依托田园风光、绿水青山、村落建筑、乡土文化、民俗风情等资源优势,发展田园养生、研学科普、农耕体验、休闲垂钓、民宿康养等休闲农业新业态,促进农业与旅游、教育、康养等产业融合。扩大电子商务进农村覆盖面,加快培育农村电子商务主体,改造升级农村电商基础设施,引导电商、物流、商贸、金融、供销、邮政、快递等市场主体到乡村布局,打造农产品网络品牌,推进"互联网+"农产品出村进城。积极承接大中城市产业疏解,大力发展粮油加工、食品制造等县域富民产业。聚焦"一县一业",培育壮大乡村新型服务业、乡村信息产业等比较优势明显、带动农业农村能力强、就业容量大的产业,形成特色鲜明、类型丰富、协同发展的乡村产业体系。在发展乡村新型服务业方面,要积极发展仓储物流、设施租赁、市场营销、信息咨询等生产性服务业,引导市场主体将服务网点向乡村延伸;拓展餐饮住宿、商超零售、电器维修、再生资源回收和养老护幼、卫生保洁、文化演出等生活性服务业,发展线上线下相结合的服务网点,推动便利化、精细化、品质化发展,满足农村居民消费升级需要,吸引城市居民下乡消费。

（二）推动县镇村联动发展

完善县城产业服务功能,推进农产品加工等相关产业向主产区县域、镇域集聚,具有一定规模的农产品加工要向县城或有条件的乡镇城镇开发边界内集聚,农产品加工流通企业要在有条件镇(乡)所在地建设加工园区和物流节点,直接服务种植养殖业的农产品加工、电子商务、仓储保鲜冷链、产地低温直销配送等产业,原则上应集中在行政村村庄建设边界内,实现加工在乡镇、基地在村、增收在户。

三、以园区化融合化为方向，推动乡村产业高质量发展

现代农业产业园区是探索现代农业发展的重要载体，农村一二三产业融合发展是乡村产业振兴的基本路径。"十四五"及未来一个时期，要以园区化融合化为方向，示范引领农业现代化发展，推动乡村产业高质量发展。

（一）建设现代农业产业园区和农业现代化示范区

完善以园区化推动现代农业发展的格局，支持有条件的县（市、区）建设现代农业产业园，构建国家、省、市、县四级联动体系。发挥园区政策集成、要素集聚、企业集中、功能集合的优势，加强园区产业带动能力建设，推动科技研发、加工物流、营销服务等市场主体向园区集中，资本、科技、人才等要素向园区集聚。综合考虑各地农业资源禀赋、基础设施条件、特色产业发展等因素，围绕粮食产业、优势特色产业、都市农业、智慧农业、高效旱作农业等发展，以县（市、区）为单位创建一批农业现代化示范区，形成梯次推进农业现代化的发展。支持有条件的示范区建设"一村一品"示范村镇、农业产业强镇、现代农业产业园，培育优势特色产业集群。

（二）提升农村产业融合发展水平

推广农业全产业链"链长制"，开展农业全产业链重点链、典型县建设，支持市场主体建设区域性农业全产业链综合服务中心，加快农业全产业链培育发展。完善龙头企业与家庭农场、农民合作社及农户之间的利益联结机制，发挥农业龙头企业引领作用、农民合作社纽带作用、家庭农场基础作用，吸引广大小农户参与，促进农业产业化联合体发展，形成产业融合、功能拓展、技术渗透的多元融合发展路径。鼓励农业龙头企业在主产区和大中城市郊区布局中央厨房、主食加工、休闲食品、方便食品、净菜加工等业态，满足消费者多样化个性化需求。实施农产品仓储保鲜冷链物流设施建设工程，加快建设产地贮藏、预冷保鲜、分级包装、冷链物流、城市配送等设施，推

进田头小型仓储保鲜冷链设施、产地低温直销配送中心、国家骨干冷链物流基地建设,构建仓储保鲜冷链物流网络。

四、以创业创新为支撑,增强乡村产业发展活力

近年来,各地大力推进农村创新创业,为乡村产业振兴注入了强大动力。"十四五"及未来一个时期,各地要强化创新引领,优化营商环境,为创新创业提供高效优质"一站式"服务,引导农民工、大中专毕业生、退役军人、科技人员和工商业主等返乡入乡创业,鼓励乡村能人在乡创业,吸引城市各类人才投身乡村产业发展。依托各类园区、企业、知名村镇等,建设农村创业创新园区、返乡创业园,打造众创空间、星创天地等创业创新孵化载体,创新管理方式、完善服务功能,为创新创业人才提供政策咨询、项目遴选、技术指导等服务。发挥专家学者、企业家和农村创业创新带头人等农村创业创新导师队伍指导帮扶作用,探索"平台+导师+创客"服务模式,提供"一带一""一带多""师带徒"指导。发挥普通高等院校、职业院校和相关培训机构作用,加强创业创新人员培训;分区域、差异化制定创业创新扶持政策,从创业补贴、创业贷款等方面加大农村"双创"支持力度。

第二章　构建现代农业生产体系

构建现代农业生产体系,就是要转变农业要素投入方式,用现代物质装备武装农业,用现代科学技术服务农业,用现代生产方式改造农业,提高农业良种化、机械化、科技化、信息化、标准化水平。把握党的十八大以来的现代农业生产体系理论内涵和政策演进路径,梳理和总结现代农业生产体系取得的成效以及在新形势下所面临的问题,在此基础上和新发展格局下展望现代农业生产体系对于推进农业农村现代化、保障国内粮食安全具有重要理论和实现意义。

第一节　现代农业生产体系建设的理论分析

一、现代农业

现代农业是指广泛运用现代农业科学技术、现代工业的产品和现代科学的管理方法对农业进行生产、加工、销售的农业生产模式。与传统农业相比,现代农业是一种以市场为导向的农业模式。现代农业有以下几方面的特点:一是现代农业的要素生产效率相对较高;二是现代农业主要是通过市场进行配置要素资源,同时现代农业还以市场为导向,以利润最大化为目标;三是现代农业运用工业提供的生产资料进行生产;四是现代农业是建立在高端农业机械装备基础上,先进农业科学技术广泛运用的农业;五是现代农业采用先进的管理技术手段和组织方式,农业趋向于规模经营;六是现代农业经营者是以高素质农民为基础的职业农民;七是与传统农业相比,现代农业最重要的特点是现代农业以规模化、专业化和区域化经营为主;八是现代农业是建立在农业现代化和国家宏观调控基础上的农业。

二、现代农业生产体系

现代农业生产体系是以提高农业综合生产能力为目标的农业生产模式,农业经营者以推进农业生产装备的机械化、农业生产的专业化、农产品生产的标准化、农业生产管理的系统化和农业设施装备的智能化为路径建立的现代农业生产体系。现代农业生产体系一方面通过推进农业机械化、生产标准化和补齐农业农村基础设施短板等提高农业综合生产能力;另一方面是现代农业经营者通过优化耕地资源、劳动力资源和农业机械资源的配置来提高农业综合生产能力,最终实现低成本、高质量的农业生产。

现代农业生产技术体系决定农业生产制度,同时农业生产制度又与农业生产技术体系相适应。适应的农业生产制度会促进农业高质量发展;不相适应的农业生产制度会抑制农业高质量发展。现代农业生产技术体系是将农业科学技术成果运用到农业生产过程中着重提高农业生产力、完善农业生产关系,进而不断为现代农业发展增加新动能。现代农业生产技术体系包含了种植业技术体系、畜牧业技术体系、渔业技术体系、林业技术体系以及农业生产加工技术体系,这些农业技术体系相互竞争、相互促进,共同构成了现代农业生产技术体系。

三、基于"两型社会"的现代农业生产体系

党的十六届五中全会提出加快建设资源节约型和环境友好型社会(以

下简称"两型社会")。资源节约型社会的农业生产模式是运用先进的生产技术,不断提高农业生产、分配、流通和消费领域的要素配置效率,进而用最小的农业要素投入来实现最大的农业产出的农业生产方式;环境友好型社会的农业生产模式是指从社会环境角度出发,在农业生产的各个环节都遵循自然规律,以最小的自然资源投入来获得最大的经济社会利益的农业生产方式。而"两型社会"农业生产、加工和消费不仅要符合资源节约型社会的要求,而且还要符合环境友好型社会的要求。"两型社会"的现代农业生产体系是指农业生产存在于资源节约型社会和环境友好型社会中,"两型社会"的现代农业生产体系是以农业生产体系与制度体系为核心内涵的生产体系。从"两型社会"的现代农业生产体系具体内容来看,主要有生态农业体系、循环农业体系和绿色农业体系;从农业部门结构来看,"两型社会"的现代农业生产体系包含了"两型社会"的种植业体系、"两型社会"的畜牧业生产体系、"两型社会"的林业生产体系。

第二节　构建现代农业生产体系的政策演进

中央一号文件是党中央每年发布的第一份文件,通常在年初发布。中央一号文件不仅是对过去一年农业农村工作的高度总结,而且还是对未来一年农业农村工作的具体部署。自 1982 年至 1986 年连续五年发布以农业、农村和农民为主题的中央一号文件,对农村改革和农业发展作出具体部署;2004 年至 2022 年又连续十九年发布以"三农"(农业、农村、农民)为主题的中央一号文件,凸显了"三农"问题在我国社会主义现代化时期"重中之重"的地位,几乎已经成为党中央、国务院重视"三农"工作的专有名词。梳理党的十八大以来现代农业生产体系的政策及其演进脉络无法绕开历年中央一号文件,本节拟通过对 2004 年以来历年的中央一号文件的深入研读,收集厘清党中央就"现代农业生产体系"关注点的历史变迁,这对我国现代农业生产体系的构建研究具有重要意义。

首先,本节采用文本分析法,梳理 2004 年至 2022 年中央一号文件中关于现代农业生产体系的变化,在具体操作上,由于文本资料相对有限,因此利用人工标准方法逐篇对文本进行筛选,对与现代农业生产体系有关的词进行统计。

其次,对选定的关键词进行词频统计,对不同词频但表述相似的关键词进行了合并;对现代农业生产体系所涵盖的内容进行总结。中央一号文件在不同阶段对现代农业生产体系的表述,从某种程度上反映出国家对现代农业生产体系的支持方式。表 2-1 是不同阶段中央一号文件对现代农业生产体系支持方式的统计结果。

最后,通过对涉及现代农业生产体系的关键词进行合并与整合,分析发现现代农业生产体系的演进路径可以分为以下四个阶段,分别是传统农业生产经营阶段(2004 年及以前)、农业生产经营调整阶段(2005—2010 年)、现代农业生产体系构建阶段(2010—2017 年)、现代农业生产体系完善阶段(2017—2022 年)。传统农业生产经营阶段,推进农业生产的主要动力是增加对农业要素的投入,例如 2004 年及其以前年份提出的"加强农业和农村基础设施建设""增加农业投入""强化对农业支持保护""增加对粮食主产区的投入"。农业生产经营调整阶段,推进农业生产的主要动力是完善农业生产投入结构,优化农业产品供给,例如 2005 年提出的"调整农业和农村经济结构",2007 年提出的"用现代物质条件装备农业",2010 年提出的"大力建设高标准农田""提高农业科技创新和推广能力"。现代农业生产体系构建阶段,推动农业生产的主要动力则转变为依靠农业科技和提升农业投入要素质量等方式推动农业生产,例如 2012 年提出的"完善农业科技创新机制",2013 年提出的"提高农产品流通效率",2015 年提出的"加快构建新型农业经营体系",2016 年提出的"加快培育新型职业农民"。现代农业生产体系完善阶段,推动农业生产的主要动力则转变为在国际国内两个市场条件下依靠补齐农业基础设施短板的方式推进农业高质量发展,例如 2018 年提出的"促进小农户和现代农业发展有机衔接",2019 年提出的"加快突破农业关键核心技术",2021 年提出的"强化现代农业科技和物质装备支撑",2022 年提出的"大力推进种源等农业关键核心技术攻关"。

表 2-1　历年中央一号文件对构建现代农业生产体系的论述

年份	构建现代农业生产体系的角度
2004	调整农业结构、加快科技进步、深化农村改革、增加农业投入、强化对农业支持保护
2005	调整农业和农村经济结构、加强农业基础设施建设、加快农业科技进步、提高农业综合生产能力
2006	大力提高农业科技创新和转化能力、加强农村现代流通体系建设、积极推进农业结构调整、发展农业产业化经营、加快发展循环农业
2007	用现代物质条件装备农业、用现代科学技术改造农业、用现代产业体系提升农业、用现代经营形式推进农业、用现代发展理念引领农业、用培养新型农民发展农业
2008	构建强化农业基础的长效机制、加强农业标准化工作、支持农业产业化发展、加强和改善农产品市场调控、抓好农业基础设施建设、加快推进农业机械化
2009	加快农业科技创新步伐、加快高标准农田建设、加强水利基础设施建设、加快推进农业机械化、推进生态重点工程建设、加强农产品市场体系建设
2010	大力建设高标准农田、提高农业科技创新和推广能力、健全农产品市场体系、构筑牢固的生态安全屏障
2011	大兴农田水利建设、支持农民兴建小微型水利设施
2012	明确农业科技创新方向、加大农业投入和补贴力度、完善农业科技创新机制、强化基层公益性农技推广服务、坚持不懈加强农田水利建设
2013	强化农业物质技术装备、提高农产品流通效率、加大农业补贴力度、大力支持发展多种形式的新型农民合作组织、加强农村基础设施建设
2014	完善农业补贴政策、完善农田水利建设管护机制、推进农业科技创新、加快发展现代种业和农业机械化、促进生态友好型农业发展、加大生态保护建设力度、构建新型农业经营体系

续表

年份	构建现代农业生产体系的角度
2015	加快构建新型农业经营体系、提高农业补贴政策效能、深入推进农业结构调整、强化农业科技创新驱动作用、提高统筹利用国际国内两个市场两种资源的能力
2016	大规模推进高标准农田建设、大规模推进农田水利建设、强化现代农业科技创新推广体系建设、发挥多种形式农业适度规模经营引领作用、加快培育新型职业农民、优化农业生产结构和区域布局、统筹用好国际国内两个市场两种资源、加强农业资源保护和高效利用、推动农产品加工业转型升级、完善农业产业链与农民的利益联结机制、加快农村基础设施建设
2017	优化产品产业结构、做大做强优势特色产业、积极发展适度规模经营、推进农业清洁生产、大规模实施农业节水工程、加强农业科技研发、强化农业科技推广、持续加强农田基本建设
2018	夯实农业生产能力基础、构建农村一二三产业融合发展体系、促进小农户和现代农业发展有机衔接、增加农业生态产品和服务供给、完善农业支持保护制度、大力培育新型职业农民
2019	完成高标准农田建设任务、调整优化农业结构、加快突破农业关键核心技术、实施村庄基础设施建设工程、发展乡村新型服务业、完善农业支持保护制度
2020	加强现代农业设施建设、推动人才下乡、强化科技支撑作用
2021	提升粮食和重要农产品供给保障能力、打好种业翻身仗、强化现代农业科技和物质装备支撑、构建现代乡村产业体系、推进农业绿色发展、推进现代农业经营体系建设
2022	大力实施大豆和油料产能提升工程、落实"长牙齿"的耕地保护硬措施、全面完成高标准农田建设阶段性任务、大力推进种源等农业关键核心技术攻关、提升农机装备研发应用水平、推进农业农村绿色发展

资料来源:笔者根据历年中央一号文件内容整理而成。

第三节　我国现代农业生产体系发展成效

一、农业机械化水平不断提升

(一)农机发展环境不断优化

把农机装备制造应用纳入新旧动能转换十强产业,农业机械化和农机装备产业转型升级配套政策措施逐步完善,农机购置补贴政策覆盖农业生产急需的关键环节所有农业机械。据统计,从 2004 年实施以来,累计支持 3500 多万个农户,购置各类农机具超过 4500 万台(套),受益农户 182.8 万户,拉动社会投入近 0.5 万亿元。在全国范围内逐步建立起首台(套)农业机械保险补偿机制,全国 22 个农机产品购买首台(套)保险,落实财政保费补贴 1045 万元。2021 年,农业农村部办公厅、财政部办公厅印发《2021—2023 年农机购置补贴实施指导意见》,将补贴范围扩大到 15 类 44 个小类 172 个品目机具种类,围绕粮食生产薄弱环节等急需机具,可将部分产品补贴额测算比例从 30% 提高到 35%。2019 年,财政部将农业大灾保险试点范围扩大至全国 500 个产粮大县,中央财政补贴比例为 47.5%。探索开展农机报废更新补贴试点,全国共有 19 个省(区、市)先后开展了农机报废更新补贴试点工作,自 2012 年启动农机报废更新补贴试点以来,累计报废更新农机具近 13 万台(套),完成报废更新补贴资金额度超过 12 亿元,受益农户近 10 万户,有力推动了农机装备结构优化,促进了农机化绿色高质量发展。

(二)农机科研创新能力持续增强

从 2015 年开始,连续七年实施农机装备研发创新计划,重点加强特色经济作物、丘陵山区和饲养加工业等急需装备设施研发创新。建立健全农机产学研推用融合机制,成立国家农机装备创新中心,传统农业装备正在向智能化和数字化转变,在业机械发展向多功能、大型化、信息化、智能化、环保化等方向靠拢。特色经济作物是我国农业的重要产业,长期以来,受技术瓶颈制约,特色经济作物主要依赖人工,有关方面集中进行技术攻关,山东省突破了大蒜正芽播种装备等世界性技术难题,多项研发成果处于国际领先地位;贵州省锦屏县突破了油菜的收割技术,有力地提升了生产效率,促进经济作物机械化生产,显著提高了农机装备科技和农机服务供给水平。针对玉米生产机械化水平低问题,加强装备技术攻关,目前,全国玉米机收率由 2004 年的 7% 提升至 95.83%,玉米耕种收综合机械化率达到 96.47%,

"十三五"期间玉米率先实现收获机械化。

（三）农机社会化服务水平明显提升

农机社会化服务水平提升是保障重要农产品有效供给的重要举措。通过农机社会化服务主体统一开展规模化机械作业，引进和集成应用先进技术，开展标准化生产，提高了农业生产效率、提升了农产品品质和产量，实现了优质优价。一是坚持标准引领，提升农机服务规范化水平。全国各地编制修订《花生机械化播种作业技术规范》《机械深松作业技术规程》等农机化地方标准近 100 项，为确保农机作业服务质量提供有效遵循。二是培育农机服务组织，提升农机服务社会化水平。在全国范围内推广农机合作社"五有"（有完善的基础设施、有良好的运行机制、有健全的财务制度、有较大的服务规模、有显著的综合效益）建设标准。加强农机服务创新，推行"互联网+农机作业"、订单作业、生产托管、"全程机械化+综合农事"服务模式。截至 2021 年年底，全国农机服务组织达到 19.5 万个，农机专业合作社 7.5 万个以上，农机户 3995.44 万个 4751.78 万人，30%以上开展了农业生产托管，60%以上开展了全程机械化服务，农机合作社服务农户近千万户。三是壮大农机人才队伍，提升农机服务专业化水平。实施农机化实用技术免费培训，推进农机人才培育纳入公费农科生培育计划，引导农机产销企业开展免费技术指导服务。截至 2020 年，全国乡镇农机从业人员 4966.1 万人，每年培训农机人员约 700 万人次。四是坚持依法监管，提升农机管理法治化水平。加强法治农机建设，制定《农业机械试验鉴定办法》《农业行政处罚程序规定》，依法查处农机质量违法行为。2020 年上半年，各级农业综合行政执法机构加大农业行政执法力度，共查办案件 3 万余件，出动执法人员近 100 万人次。农机安全关系群众的切身利益，近年来，连续开展"平安农机"示范创建，推动农机安全生产形势持续向好。2020 年评选了 10 个全国"平安农机"示范市和 49 个"平安农机"示范县。

(四)农机推广应用取得良好成效

农业机械化是转变农业发展方式、提高农村生产力的重要基础。近年来,全国紧紧围绕推进农机推广应用、助力产业发展的目标任务,加大政策项目倾斜力度,实施农机购置补贴、农机深松整地作业补助、农机化技术试验示范等政策项目,加快推进农村地区农机推广,助力农业高质量发展取得积极成效。一是推进主要农作物生产全程机械化,增强粮食安全保障能力。深入开展全程机械化示范创建,每年推广应用机械深松、免耕播种等先进适用新机具新技术面积达 3 亿亩次,农业农村部(原农业部)自 2015 年组织开展全程机械化示范县创建活动以来,全国累计创建全程机械化示范县 758 个,全国大型农业机械保有量持续较快增长,农机装备水平不断提高。目前,粮食耕、种、管、收全程机械化水平超过 96%,其中小麦达到 99%,节约良种 20% 左右,提高土壤肥力,亩均增产 10% 左右,减少粮食损耗 3%—5%,确保粮食总产连续 6 年稳定千亿斤以上。二是推进农业生产全面机械化,提高农业综合生产能力。加快推进农机化向经济作物延伸,向林牧渔业拓展,向丘陵山区进军。2020 年全国农作物耕种收综合机械化率达 71.25%,较 2019 年提高 1.23 个百分点,较"十二五"时期末提高 7.43 个百分点;2020 年年底全国畜牧养殖、水产养殖、农产品初加工、设施农业等产业机械化率分别达到 35.79%、31.66%、39.19%、40.53%,常规生产环节机械化取得重要进展,关键生产环节机械化加快突破,整体机械化水平加速提升。三是加快转变农业生产方式,促进农业绿色发展。通过机械化推动农业投入品减量化、生产清洁化、废弃物资源化、产业模式生态化。目前,农业农村部正在全国范围内大力推广机械深施、种肥同播、水肥一体化等先进节肥技术,建设 300 个化肥减量增效、233 个有机肥替代化肥重点县,示范带动有机肥施用 5.5 亿亩次、机械施肥 7 亿亩次、水肥一体化 1.4 亿亩次;全国种植业生产上农药使用量由"十二五"期间的年均 29.98 万吨下降到"十三五"期间的年均27.03万吨,降幅9.84%;畜禽粪污综合利用率达到80%以上,秸秆综合利用率稳定在86%以上,农膜回收率达到85%以上,农药包装废弃物回收率达到80%以上,有效改善了农村人居环境。四是解放和发展农村生产力,拓宽农民增收渠道。农业机械化既是吸纳农村劳动力就地就近就业的重要途径,也为农民进城务工、转移就业创造了有利条件。据不完全统计,全国农机服务组织19.5万个,其中农机专业合作社7.5万个以上;农机户3995.44万个4751.78万人,每年参加农机跨区作业的达25万人。比如,山东省高密市向群农机合作社,作为该市第一家由村党支部领办的农机合作社,自2016年成立以来,共发展社员139户,拥有各类作业机械135台(套),累计经营收入达200多万元,固定资产增加600多万元,社员人均增收5000元以上。

二、农田水利现代化水平不断提升

水资源是农业发展的基础,特别是对华北地区而言,春秋季降水不足。保证春季农业用水对于华北地区农业高质量发展具有重要的现实意义,因此农田水利现代化也是我国现代农业生产体系中的一个重要因素。为充分发挥农田水利基础设施的作用,我国正在建立农业供水、蓄水、引水和排水为一体的农田水利基础设施,这也标志着我国农业水利现代化程度不断提升。党的十八大以来,我国通过加强工程配套、节水灌溉、农田水利小型化等农业农村水利工程,提升了农田水利现代化水平。"十三五"期间通过实施大型灌区续建配套与节水改造项目续建配套节水改造渠首326处,续建配套节水改造骨干渠道长度17万公里,续建配套节水改造骨干渠系建筑物34万座,改造排水沟8.2万公里。改善农业生产条件,为提高农田水利现代化水平打下工程基础。全力深化小型水利工程体制改革工作,实现了小型水利工程管护网络"全覆盖"。

（一）大力推进农业生产节水

"十三五"期间,全国因水制宜,分区推进,优化调整作物种植结构,大力发展节水灌溉,提高农业节水水平和用水效益。在水资源严重短缺的地区,一方面适度压减高耗水作物,加快推进旱作农业,建立节水型农业种植模式;另一方面推广低耗水、高效益作物,选育耐旱农作物新品种,发展节水渔业、牧业,推进稻渔综合种养,适时适地推行特色生态农业。"十三五"期间,积极在大中型灌区续建配套和现代化改造,建设了节水灌溉骨干工程,提高了灌区节水水平。在推行农田水利现代化改造过程中结合高标准农田建设,逐步推行规模化节水灌溉,田间节水设施建设水平不断提升。"十三五"期间,积极推广喷灌、微灌、低压管道输水灌溉、集雨补灌、水肥一体化等技术,推行农机农艺和生物节水等非工程节水措施,农业用水管理逐步趋向精细化,农业用水损失不断降低。

（二）农业水利基础设施建设不断取得新进展

积极实施各类节水工程、全力推进小型水利工程管护,全力推进农田水利建设,农田水利现代化水平显著提升。"十四五"开局之年逐步实施农业节水工程,逐步实现了高效配水到田间,目前华北部分地区已经具备了农业用水计量收费条件。"十三五"期间,农田水利相关部门积极推进大型灌区续建配套与现代化改造,中型灌区续建配套与节水改造,实现农田水利设施建设与高标准农田建设等项目衔接,打造了一批节水高效、生态良好的现代化灌区。通过实施引黄涵闸改建工程,农业引水能力不断恢复和提升。为推进农田水利灌溉体系现代化改造,截至 2021 年年底沿黄 9 市共完成投资 200 余亿元,累计建设计量设施 2 万余座,农业节水增效持续推进,2021 年新增高效节水灌溉 2825 万亩;水利部启动两批 89 处大型灌区续建配套与现代化改造,完成总投资 71.95 亿元;中央财政安排水利发展资金 15 亿元,统筹推进农业水价综合改革,探索建立农业节水精准补贴和节水奖励机制。

截至 2021 年年底,全国累计实施农业水价综合改革面积突破 5 亿亩,农业用水实现高效配置。通过大型农业灌区的现代化改造、中型灌区续建配套与节水改造等农田水利现代化工程,"十三五"期间灌溉面积超过 3 亿亩,新增或恢复灌溉面积超过 5000 万亩,改善灌溉面积近 2 亿亩;新增节水能力近 350 亿立方米,新增供水能力约 200 亿立方米,新增粮食综合生产能力约 500 亿公斤。

(三)积极推进农村水系综合整治

立足乡村河流特点和保护治理,围绕乡村宜居宜业,突出尊重自然、问题导向、系统治理,以县域为单元、以河流水系为脉络、以村庄为节点,通过水系连通、河道清障、清淤疏浚、防污控污、岸坡整治、保护和打造人文景观等措施,以实现灌溉、供水、排涝、抗洪、养殖及美化环境等功能相统一,最终实现水域岸线并治。2019 年 10 月,水利部、财政部联合启动水系连通及农村水系综合整治试点工作,55 个县入选第一批水系连通及农村水系综合整治试点县名单;2022 年开展第二批水系连通及水美乡村建设试点县,其中有 42 个县(市、区)纳入中央财政支持的 2022 年水系连通及水美乡村建设试点县名单。水系连通及水美乡村建设试点县打造了一批各具特色的县域综合治水样板,农村人居环境和河流生态健康状况不断改善,提高了水资源调控水平,增强了抗御水旱灾害能力,改善了水生态环境。

三、农业标准化生产成效显著

(一)积极推进农产品质量安全省建设

以质量提升、品牌引领为重点,加强质量品牌建设。2021 年农业农村部印发了《农业生产"三品一标"提升行动实施方案》,推进品种培优、品质提升、品牌打造和标准化生产,抓住农产品质量安全这个关键环节,开展农产品质量安全监测工作。"十三五"期间,全国主要农产品监测合格率常年稳定在 97%以上,为进一步提高农产品质量安全水平,切实保障食品安全和消费安全,2019 年全国有 11 个市被确定为"国家农产品质量安全市"、200 个县被确定为"国家农产品质量安全县"。全国坚持食用农产品达标合格证制度,强化产地准出与市场准入相衔接,推动制度落实落地,目前已经在全国范围内建立覆盖全过程的农产品质量安全监管制度,夯实农产品质量安全监管基础,整体提升了全国农产品质量安全水平,确保广大人民群众"舌尖上的安全"。

(二)持续加大农产品品牌培育力度

推进绿色食品、有机农产品和地理标志农产品的认证,坚持安全绿色优质农产品生产。2020 年年底,全国绿色有机地标农产品获证单位超过 2.3 万家,产品总数超过 5 万个,每年向社会提供产品总量超过 2 亿吨;绿色食品标准达 141 项,制定绿色食品生产操作规程 212 项,有机农产品生产操作规程 7 项;全国绿色食品原料标准化生产基地、有机农产品生产基地总数达到 808 个,面积超过 2 亿亩;2020 年绿色食品销售额超过 5000 亿元,出口额超过 36 亿美元。2009—2018 年,绿色食品生产比常规生产氮肥使用和化学农药使用分别减少 39%和 60%,10 年累计减少氮肥使用 670 万吨、化学农药使用 54.2 万吨,减少二氧化碳排放 3003 万吨,累积创造生态系统服务价值 6.3 万亿元。绿色食品、有机农产品和地理标志农产品范围涵盖了粮、油和果等多个门类。以高品质农产品为基础,实施农产品品牌建设,与 2019 年相比,2020 年我国获得认证的有机作物种植面积和有机产品国内销售额都保持了较快增长,其中前者增长了 10.6%,后者则大幅增长了18.6%。在这种情况下,推动农业绿色发展已经成为省域塑强农业发展优势的重要选择。

(三)持续推动农业标准体系建设

为推动农业标准化生产,国家市场监管总局和农业农村部于 2019 年出台了《关于加强农业农村标准化工作的指导意见》,据统计现行有效的农业行业标准达到 5342 项,从国家制度层面健全了农业农村标准化工作体制机制,提高农业农村标准化发展水平。国家在完善农业标准体系建设的同时各地也不断完善本地区的农业标准化生产体系,例如山东省农业地方标准和技术规程达 2600 多项,"十三五"期间,山东省级农业标准化生产基地达 1309 家。为持续推动农业标准化生产,1996 年原国家技术监督局(国家质检总局前身之一)开始在全国开展大规模农业标准化示范区建设,全国累计共创建农业标准化示范区(县、场)1800 多个、"三园两场"近 1.8 万个。2020 年第十批国家农业标准化示范区项目公布,全国共有 107 个项目入选,通过农业标准化示范创建,全国规模种养主体标准化生产意识和质量控制能力明显提高。部分农业标准化示范区也开展先行先试,例如"十三五"期间,山东省开发上线的"一乡一业"标准体系库涵盖了 1100 多个乡镇,生产者可对标准实时查询,实现农业标准与生产需求的紧密衔接。

四、农业规模化生产初显

习近平总书记指出,"深入推进农业供给侧结构性改革,因地制宜培育壮大优势特色产业,推动农村一二三产业融合发展",这为"三农"工作指引了方向。近年来,全国各地农业龙头企业,通过带动新型农业经营主体生产,优化农产品供给结构,在推动农业高质量发展和农民增收方面发挥了重要作用,助推了农业农村现代化,使我国农业大国的地位进一步得到巩固。

(一)农业龙头企业不断壮大

农业龙头企业一头连着农业和农民,一头连着工业和市民,在农村一二三产业融合发展中不仅处于前延后展的便利位置,还具有推广农业生产技术的内生动力。全国农业龙头企业迅速发展,涉及粮食、肉食、果品和蔬菜等各行业,其中北京市、河南省和山东省农业龙头企业相对较多。农业产业化省级重点龙头企业总数逐年增加,增速也呈现加快的趋势。山东省第六批农业产业化国家级重点龙头企业数量达到 107 家;2019 年山东省 98 家农业企业入围农业龙头企业 500 强。广西壮族自治区 2021 年新增国家级农业龙头企业 11 家。

(二)农民专业合作社不断发展

全国农民专业合作社数量一直保持快速增长。截至 2021 年 11 月底,全国累计成立了 221.9 万家农民专业合作社,其中 31.3 万家农民合作社面向小农户提供专业化社会化服务,9.3 万家农民专业合作社创办公司实体发展加工、流通、销售,10.8 万家农民专业合作社取得注册商标打造品牌,5.5 万家农民专业合作社通过农产品质量认证。农户入社率达到 50%以上,农民专业合作社为农户成员提供的经营服务总值超过 8800 亿元,成员人均享受合作社统购统销服务额 1.4 万元。特别是山东省逐步形成了党支部领办型、能人牵头型、企业带动型和农技部门牵头型的合作社,其中山东省探索的党支部领办合作社模式成为乡村产业发展的新动能。

(三)农业生产新形式不断完善

全国初步形成了以北大荒集团和苏垦农发集团等为龙头企业的粮食生产链;以新希望集团、牧原集团和大北农集团等为龙头企业的肉食生产链;以百果园集团、洪九果品集团等为龙头企业的水果生产加工链;以蔬菜产业为主的潍坊蔬菜生产加工链……农产品生产加工方式不断创新,推进了全国一二三产业的深度融合,实现了农业各环节的利润均衡共享,提高了农业生产的利润。例如烟台市通过建设苹果示范园和苗木基地及配套企业,村集体经济由小变大、从无到有,农民人均年收入达到了 1.3 万元。

(四)以市场化和数字化为导向的农业生产方式逐步形成

以农业技术推广和农业生产方式转型为突破,加快推进农业生产方式转型升级。四川省南充市依托国家、省级现代农业园区,持续推进农业生产、经营、管理、服务数字化建设,现代农业园区内农业综合信息化水平达60%,建成了以数字化为主导的农业生产方式;山东省开展农业全产业链重点链、典型县建设工作,山东省栖霞市、诸城市、乐陵市分别依托苹果种植、生猪养殖、玉米种植建设全国农业全产业链典型县;广东省化州市打造了"一桌菜"全产业链联盟,启动了东盟与华南地区合作的第一个果菜预制"菜篮子",建成了以市场为主导的农业生产方式。健强农业全产业链的同时,全国各地积极开展省级农产品加工业示范县、示范园区、示范企业创建,2020年国家发展改革委印发了《关于做好2020年国家骨干冷链物流基地建设工作的通知》,在北京平谷、山西晋中等17个地区建设国家骨干冷链物流基地。计划到2025年,在全国布局建设100个左右国家骨干冷链物流基地,基本建成以国家骨干冷链物流基地为核心、产销冷链集配中心和两端冷链物流设施为支撑的三级冷链物流节点设施网络,提升冷链物流规模化、集约化、组织化、网络化运行水平,推动农产品产运销一体化运作,有效发挥冷链物流在支撑农产品规模化生产、调节跨季节供需、减少流通环节损耗浪费、平抑市场价格波动、扩大优质供给等方面的重要作用。

五、粮食安全底线不断筑牢

(一)粮食提质增效,优产优购显绩效

通过实施优质粮食工程,粮食产量持续增长。2021年全国粮食总产量13657亿斤,比2020年增加267亿斤,增长2.0%,全年粮食产量再创新高,连续7年保持在1.3万亿斤以上,粮食生产喜获十八连丰。2021年,全国各地坚决落实最严格的耕地保护制度,坚决遏制耕地"非农化"、防止"非粮化",进一步加大粮食生产扶持力度,支持复垦撂荒地,开发冬闲田,提高农民种粮积极性。2021年全国粮食播种面积17.64亿亩,比2020年增加1295万亩,增长0.7%;2021年全国粮食作物单产387公斤每亩,每亩产量

比 2020 年增加 4.8 公斤;粮食播种面积、单产、总产实现"三增"。优质粮油供给显著增加,品种结构不断调整优化,国家粮食和物资储备局以"优质粮食工程"为抓手,从粮食产后服务体系、粮食质量安全检验监测体系建设和"中国好粮油"三方面展开行动,目前全国产粮大县优质粮食已实现增加4700 万吨的预期目标,实现粮食安、产业强、农民富。

(二)粮油科技创新,优粮优加有突破

粮油生产聚焦前沿技术研发,实现优势产业与先进技术精准对接,推进科研成果落地。全国各级粮食部门均在"减"上下功夫,在"质"上做文章,以农田有效灌溉面积占比、农业科技进步贡献率、主要农作物耕种收综合机械化率等现代农业生产技术为支撑,不断提升粮油生产效率。储粮成为保障粮食安全的第一道防线,也是保障粮食安全的"压舱石""稳定器"。而确保储备粮食储存安全,最大潜力在科技,根本途径也在科技。中裕集团与河南工业大学联合研发"粮头食尾"全生命周期高值化关键技术创新及应用项目,获得中国粮油学会科学技术奖一等奖。

(三)产后服务升级,节粮减损显成效

在山东省开展了首批农户科学储粮试点省份,截至 2021 年年底山东省累计发放农户科学储粮仓 98.8 万个,年均助农减损约 4.9 万吨,增收约 1.27 亿元;建成的 280 家粮食产后服务中心持续为农户提供粮食产后所需的"五代"服务,打通农民售粮"最后一公里",实现产后服务功能在产粮大县全覆盖。山东省新增烘干能力 3.3 万吨/天、清理能力 2.6 万吨/小时,粮食产后降低损失 4 个百分点。夏收期间全省清理烘干粮食 54 亿斤,节粮减损 2 亿斤以上。

(四)质检体系完善,"舌尖安全"有保障

以实施优质粮食工程为抓手,着力打造"国家站+省级站+市级站+县级站"的省市县三级联动工作机制,基本满足了粮食质量安全检验监测需求。自 2017 年实施"粮食质量安全检验监测体系建设"项目以来,我国的粮食

质量监测体系逐步完善,目前已经基本建立起由国家、省、市、县四级粮食质检机构组成的粮食质检体系,进一步扩大粮食质量监管覆盖面,粮油检验检测能力明显提升。

第四节 构建现代农业生产体系未来展望

我国现代农业生产体系还处于起步阶段,农业生产缺乏规模优势和市场竞争优势。部分地区虽然初步形成了农业生产体系,但仍未摆脱布局散和规模小的问题,与农业现代化的要求还存在着差距,主要包括农业机械化不平衡、不充分,农业基础设施有待进一步完善,农业生产方式存在进一步优化的空间,农业生产方式运行机制不健全等。

构建现代农业生产体系是农业现代化的重要标志。农业生产体系决定了农业发展水平,实现乡村振兴、保障国家粮食安全,维护国家经济安全,必须加快补齐农业生产体系的短板弱项,进一步构建"全程全面、高质高效"的农业生产体系。

一、提升农机装备供给水平,夯实农业机械化基础

加大先进适用农机装备研发力度,集中力量突破制约农机产业发展的核心技术、关键零部件。鼓励支持生产急需、制约短板机械的应用性创新攻关,不断满足农业多种形式适度规模经营和特色作物生产、特产养殖农机装备需求。加强农机科研创新成果转化,支持建设中试转化和示范推广基地,促进农机化新技术新装备试验示范和普及应用。加大农机化配套基础设施建设投入力度,改善农机通行和作业条件。加快推进农业机械化信息网络建设,建立农机指挥调度和管理服务平台,强化农机指挥调度、应急救援、安全监督技术支撑。强化农机人才支撑,重点加强基层农机推广应用专业人

才队伍建设,探索建立农机人才共享平台,优化农机及关联领域人才资源配置。加强农机维修服务网络和农机维修能力建设,提升农机服务保障水平。

二、加快完善农村"新基建",提升农业生产数字化水平

提高农业生产数字化、降低农业生产劳动强度,是构建现代农业生产体系的关键所在。一是加快农业"机器换人"步伐,着力提升农机装备水平和作业水平,提高农业新机械、新技术的宣传推广力度,将国家农机购置补贴资金向农民专业合作社、新型农业经营主体和农机服务组织等现代农业经营主体倾斜,引导农业规模经营户购买农业机械;二是大力推进物联网在农业生产中的应用,探索在农业生产过程中应用物联网、大数据、智能控制、卫星导航定位等信息化手段,建立农业生产智慧化体系,推进农业生产数字化,从而提高农业劳动生产效率和土地产出水平。

三、推进农业龙头企业做大做强,提高农业生产带动能力

构建现代农业生产体系的关键在于农业龙头企业,应积极促进农业龙头企业的发展:一是进一步发挥制造业大国和农业大国的优势,实施"现代农业强县"培育计划,重点支持农业龙头企业向智能化和现代农业生产方向发展,引导农业龙头企业向消费终端延伸,让农业龙头企业的产品更接近于市场;二是支持县区依托优势特色产业,种(养)农业新业态,打造一批小众类、中高端、精致化的乡村特色农业生产基地;三是精准招商引资壮大农业龙头企业,引导农业龙头企业牵头办好农业生产联合体,构建现代农业生产体系新动能。

四、推进农业生产规模化,向农业生产要附加值

锚定提升农业产品附加值,在深入推进农业供给侧结构性改革的基础上,推进农业生产规模化。一是立足乡镇特色农业资源,以农产品加工基地

为依托,加快推进农业生产规模化,构建农产品生产、加工和销售的现代农业产业体系,实现农产品加工在镇、农业生产在村、农民增收在户。二是以现代农业产业园等为载体,实施农业龙头企业和农民专业合作社培育计划,着力打造优势农业生产主体,实现农产品生产主体集聚,提升农产品的综合竞争力。三是借助农产品加工智慧化和智能化,引导农业生产向高端化转型,改良农产品的品质,拓展销售渠道,提高农产品附加值。

五、积极融入国内国际双循环格局,推进农业生产体系市场化

农业的市场化运作是构建现代农业生产体系的难关。一是细分农产品市场,把握不同市场农产品的特点及需求。按照现有市场格局和区位优势,优化农产品布局,华北地区农业生产重点对接国内的京津冀农产品市场,对接国际的俄罗斯农产品市场;华南地区农业生产重点对接国内的粤港澳农产品市场,对接国际的澳洲市场和东南亚市场;沿海地区农业生产重点对接美洲农产品市场;西南地区农业生产重点对接国内的成渝农产品市场,对接国外的东盟、欧洲和印度洋周边的地区,尽快建立能够满足不同市场需求的农产品生产基地。二是推进农业生产与消费市场有机衔接,让农业生产更接近消费者、更接近市场,打造以消费者(终端用户)为核心的农业生产新模式,实现农产品供给方式的升级。

六、突出保障粮食生产供给,切实提高农民积极性

落实各项惠农补贴政策,稳定粮食播种面积,强化农业防灾减灾体系建设,从农民投入角度不断降低农业生产成本。优化农业生产结构,适度扩大大豆、花生生产,稳定畜禽水产和蔬菜水果等"菜篮子"产品有效供给。稳定提高粮食价格,不断提高粮食生产收购价格,不断增加农民农业收入,提高农民生产积极性。

第三章　构建现代农业经营体系

构建现代农业经营体系是对农村基本经营制度的完善,是进一步深化农村改革的一项重要任务。把握具有中国特色的现代农业经营体系的内涵特征和政策演进重点,梳理和总结现代农业经营体系的成效及宝贵经验,面临的新的问题和挑战,展望其未来的发展演变趋势,对于农业供给侧结构性改革和加快推进农业农村现代化发展具有重大意义。

第一节　现代农业经营体系建设的理论分析

现代农业经营体系是相对于传统农业经营体系而言的,研究现代农业经营体系的前提是明确现代农业经营体系的基本内涵和基本特征,并在明确现代农业经营体系内涵和基本特征的基础上,建立现代农业经营体系的系统理论框架。本节基于现代农业经营体系的基本内涵和特征,进一步论述现代农业经营体系的理论基础,从而为梳理现代农业经营体系的政策演进历程奠定基础。

一、现代农业经营体系的内涵与特征

关于现代农业经营体系的研究学术界主要集中在其内涵的界定和基本特征的阐释两个方面。现代农业经营体系所涵盖的是一个统一的有机的整

体。现代农业经营体系包含集约化、专业化、组织化和社会化四个方面的基本特征。

（一）现代农业经营体系的内涵

将"现代农业经营体系"进行分解，首先，"现代"是相对于已存在的、传统的农业经营体系而言的，但它并不是对已有的传统小农户家庭经营模式的否定和摒弃，而是在已有的体系的基础上的完善和发展。其次，"农业经营"一般包括农业生产过程的各环节，又包括与之密切相关的各种类型的服务，是农产品产销整个过程和各类活动的总称；[①]"体系"本意是按照一定规律组合而成的整体，在此处就是包含了农业经营主体及其相互联系的总和。

在党的十八大报告提出"新型农业经营体系"这一名词之前，"农业经营体系"在学术界并不是一个完整的被研究对象，一般是从农业经营主体、组织架构和经营方式等方面开展研究。关于现代农业经营体系的内涵，习近平总书记在 2013 年中央农村工作会议上已经进行了比较全面系统的阐释，即"要不断探索农村土地集体所有制的有效实现形式，落实集体所有权、稳定农户承包权、放活土地经营权，加快构建以农户家庭经营为基础、合作与联合为纽带、社会化服务为支撑的立体式复合型现代农业经营体系"[②]。这是对以农业家庭经营为基础、统分结合的传统农业经营体制的完善和发展，为"十四五"时期加快构建现代农业经营体系指明了方向。

（二）现代农业经营体系的基本特征

党的十八大报告概括了现代农业经营体系主要有四个基本特征，也就是集约化、专业化、组织化和社会化，现代农业经营体系的这四个基本特征

---

① 黄迈、董志勇：《复合型现代农业经营体系的内涵变迁及其构建策略》，《改革》2014 年第 1 期。

② 习近平：《论坚持全面深化改革》，中央文献出版社 2018 年版，第 71 页。

是紧密联系、相互促进、互为条件的一个系统,这四个基本特征为今后加快构建现代农业经营体系指明了方向。

现代农业经营体系集约化就是将一定数量的劳动力和先进科学技术、现代机械设备集中到一定边界的土地上,集中进行农业生产。目的是在有限的土地资源上通过"大投入"实现"大产出",从而提高农地生产效率,并在此过程中实现农业生产过程的标准化和农产品质量安全的提高。

现代农业经营体系专业化实质就是推进农业生产向产业集中化方向发展。现代农业发展是不断提升农业竞争力的过程,而农业生产专业化就是竞争力提升的核心支撑。要推进农业产业的高度集中化,农业经营涉及农业产销整个过程的多个环节,不同的农业经营主体在农业生产过程的不同环节有各自特有的优势,因此应引导不同的农业经营主体以自身的比较优势为出发点,选择农业生产中的优势产业和环节。

现代农业经营体系组织化实质上是通过经济社会制度和组织形式让分散的农户组织起来,通过建立有规模、有组织、有科学管理的组织协作形态,从而解决农业产销各个环节的利益衔接问题,把农民集中组织起来进行科学管理和协调,使得各个农业经营主体之间的合作效率有效提升,改变农户过去在市场竞争中的不利地位,从而提高其抵御风险的能力。

现代农业经营体系社会化的实质就是形成服务主体专业和服务方式多样的社会化服务体系,改变传统的农民家庭生产模式,向各经营主体协同合作的生产模式发展。解决的是农业生产经营中"服务"不足的问题,能够为提高农业生产经营绩效提供支撑。

二、构建现代农业经营体系的理论基础

产权理论是构建现代农业经营体系共同的理论基础,为新时期现代农业经营体系的不断完善和创新提供了重要的理论指导。我国土地制度改革

的理论渊源是马克思主义土地产权理论。马克思首先对土地产权的权能进行了说明。他认为土地产权的核心点在于土地的所有权,其他权利比如占有、使用和收益等都是由土地所有权延伸出来的。他从土地私有和公有角度分析了土地所有权分离。同时深入论述了土地产权在市场上进行合理有效配置的机制。我国当前实施的"三权"分置的土地制度,通过引导农村土地经营权有序流转,从而实现土地资源的合理配置,提高农业生产效率。马克思关于土地产权的思想一直是指导我国土地制度改革的重要思想基础,在此基础上,党和国家领导人在不同的历史阶段融合时代特征和具体实践形成了一系列中国特色的理论成果,这为新时代深化农村土地制度改革提供了理论借鉴和经验参考。

第二节　构建现代农业经营体系的政策演进

梳理党的十八大以来农业经营体制改革的政策演进脉络,把握政策演变的规律,有利于为新时期农业经营体制的改革指明方向,对落实农业农村优先发展,实现乡村全面振兴和农业现代化有重要意义。党的十八大以来,我国农业经营体系改革创新主要围绕两条主线进行,一是推进"三权"分置制度改革,"三权"分置制度创新是现代农业经营体系框架构建的前提;二是构建现代农业经营体系,以支持多元化新型农业经营主体发展,发展多样化适度规模经营模式和构建社会化服务体系为重点,呈现出集约化、专业化、组织化和社会化的发展取向。

一、推进"三权"分置改革

现代农业经营体系的架构过程与土地制度的变迁密切相关。新形势下深化农村改革,主线仍然是处理好农民和土地的关系。习近平总书记指出:

"我国农村改革是从调整农民和土地的关系开启的。新形势下深化农村改革,主线仍然是处理好农民和土地的关系。最大的政策就是必须坚持和完善农村基本经营制度。"①党的十八大以来,习近平总书记围绕完善承包地"三权"分置制度展开的诸多论述具有重要的理论价值和现实指导意义。②党的十八大以来关于承包地"三权"分置制度的表述如表3-1所示。

表3-1 党的十八大以来"三权"分置关键性政策、法律汇总

时间	政策文件或法律	主要内容
2012年12月	《中共中央 国务院关于加快发展现代农业进一步增强农村发展活力的若干意见》	土地承包经营权主体同经营权主体分离,要不断探索农村土地集体所有制的有效实现形式
2014年1月	《关于全面深化农村改革 加快推进农业现代化的若干意见》	稳定农村土地承包关系长久不变。在落实农村土地集体所有权基础上,稳定农户承包权,放活土地经营权,允许承包土地的经营权向金融机构抵押融资
2015年11月	《深化农村改革综合性实施方案》	坚持和完善农村基本经营制度。现有农村土地承包关系保持稳定并长久不变,落实集体所有权、稳定土地承包权、放活土地经营权,实行"三权"分置
2016年10月	《关于完善农村土地所有权承包权经营权分置办法的意见》	将农村土地产权中的土地承包经营权进一步划分为承包权和经营权,实行所有权、承包权、经营权分置并行
2017年10月	《决胜全面建成小康社会 夺取新时代中国特色社会主义伟大胜利》	巩固和完善农村基本经营制度,深化农村土地制度改革,完善承包地"三权"分置制度,保持土地承包关系稳定并长久不变,第二轮土地承包到期后再延长30年
2018年12月	《中华人民共和国农村土地承包法》第二次修订	将"三权"分置制度法制化
2020年5月	《中华人民共和国民法典》	将"三权"分置写入民法典

资料来源:笔者整理。

---

① 中共中央党史和文献研究院编:《习近平新时代中国特色社会主义思想学习论丛》第五辑,中央文献出版社2019年版,第7页。
② 慎海雄:《习近平改革开放思想研究》,人民出版社2018年版,第143页。

（一）关于坚持集体所有权

坚持和落实农村集体土地所有权，一是要坚持土地由农民集体所有，推进承包地"三权"分置改革，二是要对农地所有权的主体人进行清晰界定。习近平总书记指出，"坚持农村土地农民集体所有，这是坚持农村基本经营制度的'魂'"[1]。无论是理论逻辑还是具体实践都证明了农民集体所有制的正当性，承包地"三权"分置改革坚持和落实土地集体所有，是马克思主义土地公有制思想在我国新一轮土地制度改革中的最新实践。

（二）关于稳定农户承包权

一方面，要始终坚持家庭经营的基础性地位。习近平总书记强调在"三权"分置改革中，要"坚持家庭经营在农业中的基础性地位，推进家庭经营、集体经营、合作经营、企业经营等共同发展的农业经营方式创新"[2]。这一论述充分说明了农业家庭经营在现代农业经营体系构建过程中的基础性地位是无法撼动的。习近平总书记鼓励积极构建立体复合型的经营体系，立体复合型主要是指农业经营主体可以多元化、利益联结机制可以多样化，社会化服务可以多形式、多渠道。这种立体复合型的经营体系也是以坚持家庭经营的基础性地位为前提的，是对畅通农业经营体制的延续和创新。

另一方面，要坚持承包关系稳定并长久不变。农地承包权的稳定性直接关系到农民与土地之间的关系。只有稳定长久的土地承包关系，土地经营权流转渠道才会畅通，农民才能增加参与土地收益分配的机会。党和政府十分重视土地承包期限问题，不止一次地延长土地的承包期限。党的十九大报告明确指出，第二轮土地承包到期后再延长 30 年，说明了党和政府

---

[1]　中共中央宣传部编：《习近平总书记系列重要讲话读本（2016 年版）》，学习出版社、人民出版社 2016 年版，第 158 页。

[2]　人民日报社理论部编：《深入领会习近平总书记重要讲话精神》（上），人民出版社 2014 年版，第 351 页。

对于稳定土地承包关系的决心。同时为了使现有的土地承包关系更加稳固,党和政府采取了土地承包经营权确权登记制度。习近平总书记指出"要抓紧抓实土地承包经营权登记制度工作,真正让农民吃上'定心丸'"[1],为有序开展土地流转提供制度保障。

(三)关于放活土地经营权

在双层经营体制下,土地经营权并不是独立存在的。随着承包地"三权"分置改革以来,土地经营权逐渐在土地流转的过程中被分离出来,成为了一项独立的权利。[2] 2013 年中央农村工作会议将土地承包经营权一分为二是放活土地承包经营权的开端。放活土地经营权,对于解决家庭经营带来的农地分散化和规模小的问题具有重要作用,为农业适度规模经营提供了制度条件。承包地"三权"分置的目标是促进农业现代化发展,要引导土地经营权向新型农业经营主体转移。家庭农场、农民合作社、农业龙头企业等新型农业经营主体与传统小农经营相比,拥有更为先进的技术和知识、更为科学的管理方式,无论是在集约化、规模化还是专业化上都远远高于传统农户。因此,引导土地经营权流向新型农业经营主体,能够极大地激活农业生产活力,让土地经营权发挥更大的价值。

二、构建现代新型农业经营体系

伴随着我国市场化改革的持续进行和加快推进,以及 21 世纪以来农村税费改革的全面施行,农村集体经济组织为农服务、"统一经营"的功能并没有得到有效发挥。一方面,农业生产性社会化服务供给严重不足、小农户

---

① 《加大推进新形势下农村改革力度　促进农业基础稳固农民安居乐业》,《人民日报》2016 年 4 月 29 日。

② 郑淋议、罗箭飞、洪甘霖:《新中国成立 70 年农村基本经营制度的历史演进与发展取向——基于农村土地制度和农业经营制度的改革联动视角》,《中国土地科学》2019 年第 12 期。

与农业现代化发展存在部分脱节;另一方面,农村劳动力流动速度加快、农业生产"老龄化"现象突出,农户对农业生产性社会化服务的需求日益增加,促使我国在以家庭承包经营为基础,统分结合的农业双层经营体制的基础上演化出多种新的农业经营方式。除了各种农民合作社以外,农业龙头企业等经营组织也逐步参与到农业生产过程中,另外部分专业种养大户、家庭农场等也在开始为小农户提供多样化的农业社会化服务。因而,在完善和发展双层经营体制中的统一经营方面,村集体经济组织也逐渐和其他社会化主体相互联合,形成了类型多样、合作形式多样、共同存在的农业经营方式。这些现象的出现并不是对传统农业双层经营体制的颠覆,而是对农业双层经营体制的完善和创新。党和政府始终高度重视完善和创新现代农业经营制度,并将构建集约化、专业化、组织化和社会化的新型农业经营体系作为下一步深化农村制度改革的主要政策目标。相应的政策也在不断变化,根据经济社会发展需要灵活调整施力点和施策路径(见表3-2)。

表3-2　关于现代农业经营体系的政策汇总

时间	政策文件或报告	主要内容
2012 年 11 月	《坚定不移沿着中国特色社会主义道路前进　为全面建成小康社会而奋斗》	首次提出新型农业经营体系概念
2012 年 12 月	《中共中央　国务院关于加快发展现代农业进一步增强农村发展活力的若干意见》	围绕现代农业建设,充分发挥农业基本经营制度的优越性,着力构建集约化、专业化、组织化、社会化相结合的新型农业经营体系
2014 年 1 月	《中共中央　国务院关于全面深化农村改革加快推进农业现代化的若干意见》	构建新型农业经营体系,发展多种形式规模经营,扶持发展新型农业经营主体,健全农业社会化服务体系,加快供销合作社改革发展
2014 年 11 月	《关于引导农村土地经营权有序流转发展农业适度规模经营的意见》	要在坚持农村土地集体所有的前提下,促使承包权和经营权分离,形成所有权、承包权、经营权"三权"分置、经营权流转的格局

续表

时间	政策文件或报告	主要内容
2014 年 12 月	《中央经济工作会议:加快转变农业发展方式》	要加快创新农业经营体系,解决"谁来种地"问题,发展适度规模经营
2015 年 1 月	《中共中央 国务院关于加大改革创新力度加快农业现代化建设的若干意见》	加快构建新型农业经营体系。坚持和完善农村基本经营制度,坚持农民家庭经营主体地位,引导土地经营权规范有序流转,创新土地流转和规模经营方式,积极发展多种形式适度规模经营,提高农民组织化程度
2017 年 10 月	《决胜全面建成小康社会 夺取新时代中国特色社会主义伟大胜利》	巩固和完善农村基本经营制度,深化农村土地制度改革,完善承包地"三权"分置制度,保持土地承包关系稳定并长久不变
2019 年 1 月	《中共中央 国务院关于坚持农业农村优先发展做好"三农"工作的若干意见》	巩固和完善农村基本经营制度,完善农村承包地"三权"分置办法,发展多种形式农业适度规模经营,突出抓好家庭农场和农民合作社两类农业经营主体发展,支持小农户和现代农业发展有机衔接
2020 年 1 月	《中共中央 国务院关于抓好"三农"领域重点工作确保如期实现全面小康的意见》	重点培育家庭农场、农民合作社等新型农业经营主体,培育农业产业化联合体,通过订单农业、入股分红、托管服务等方式,将小农户融入农业产业链
2021 年 1 月	《中共中央 国务院关于全面推进乡村振兴加快农业农村现代化的意见》	推进现代农业经营体系建设。突出抓好家庭农场和农民合作社两类经营主体,鼓励发展多种形式适度规模经营
2021 年 11 月	《"十四五"推进农业农村现代化规划》	要求"健全现代农业经营体系",提出"围绕提高农业产业体系、生产体系、经营体系现代化水平,建立指标体系,加强资源整合和政策集成,示范引领农业现代化发展,探索建立农业现代化发展模式、政策体系、工作机制,形成梯次推进农业现代化的格局"

这一时期农业基本经营制度的政策重点主要有以下有几个方面:

第一,主要目标是解决地怎么种的问题。梳理回顾我国农业经营制度的历史变迁过程,会发现不同历史时期农业经营体制的变化,最终要解决的是地怎么才能种好,怎样保证粮食安全的问题。当前农村人口减少,农地老龄化等问题突出,如何吸引多种类型的农业经营主体进入到农业生产活动中是为今后一个时期农村工作的重点,在具体工作中,帮助农民群众把地种好并保证粮食安全是政策制定和工作推进的重要依据。

第二,坚持"家庭经营+多元经营"制度联动。习近平总书记指出:"要加快创新农业经营体系,解决谁来种地问题,发展适度规模经营。农民的地农民种是必须坚持的基本取向,要鼓励发展种养大户、家庭农场、农民合作社。家庭经营在相当时期内仍是农业生产的基本力量,要通过周到便利的社会化服务把农户经营引入现代农业发展轨道。"①这一时期,我国政策重点是探索农业经营的有效实现形式,充分发挥新型农业经营主体的联合纽带和合作平台的作用,完全支持各类农业经营主体以各种经营方式共同发展,多元新型农业经营主体不断丰富。

第三,创新经营模式,发展"社会化服务"。在构建现代农业经营体系的过程中,习近平总书记多次重点强调要发展社会化服务,社会化服务能够为农业生产经营活动提供服务保障。对于不愿流转土地经营权,但又不具有先进生产资料进行现代化农业生产的农户,引导其寻求社会化服务,进行农业生产托管是实现小农户与现代农业有效衔接的重要措施安排。

第三节　我国现代农业经营体系发展成效

党的十八大以来,党和政府正确引导农村土地承包经营权的流转,就农业产业化龙头企业、家庭农场、农民合作社等新型农业经营主体培育,小农户与现代农业有机衔接,建立现代农业经营体系等方面作出了一系列重大

---

① 中共中央党史和文献研究院编:《习近平关于"三农"工作论述摘编》,中央文献出版社2019年版,第92页。

战略部署和政策支持,我国现代农业经营体系构建取得了积极成效,有效促进了农业现代化发展。

一、土地流转速度和规模加快

党的十八大以来,党和政府高度重视农村承包地的全面确权登记颁证工作。2015—2020 年,农业农村部指导全国 2838 个县(市、区)、3.4 万个乡镇、55 万个村,将 15 亿亩耕地确权给 2 亿农户,全面完成了土地承包经营权确权登记颁证,为农村承包地"三权"分置制度的建设奠定了制度基础。建立健全各级综合性交易平台,完善土地经营权流转市场管理办法,规范引导农村土地经营权的有序流转,截至 2020 年年底,全国已经有乡镇土地流转中心 2.2 万个。省、市、县三级土地经营权流转市场有 1589 个,其中省级的有 13 个,市级的有 102 个,县级的有 1474 个。发展多种形式的适度规模经营。引导农户采取多种方式方法流转承包地;鼓励村集体采取土地整村入股、统一经营等方式,壮大集体经济;支持各类社会化服务组织开展全程托管、土地托管、劳务托管和订单托管等服务。运用农村土地确权登记颁证成果,探索股份合作、委托流转等流转方式,提高土地适度规模经营率(见图 3-1、图 3-2)。

农业农村部数据显示,2020 年家庭承包耕地流转面积为 53218.92 万亩,比 2019 年增加了 4.3%,但是有部分省份流转面积出现了减少,主要是受到了新冠肺炎疫情和种植效益降低等因素的影响。流转出去的土地中,出租(转包)仍然是土地经营权流转的主要形式,2020 年出租(转包)面积为 47497.23 万亩,占总流转面积的 89.25%,其中转租给本乡镇以外的人口或单位的面积约为 5385.28 万亩,比 2019 年增加了 6.5%;入股面积为 2926.61 万亩,占总流转面积的 5.5%,比 2019 年减少了 11.5%;其他形式流转面积为 2795.08 万亩,占总流转面积的 5.25%,比 2019 年减少了

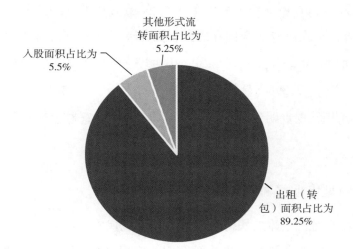

图 3-1 2020 年农村土地经营权流转面积占比情况

资料来源:《2020 年农村政策与改革统计年报》。

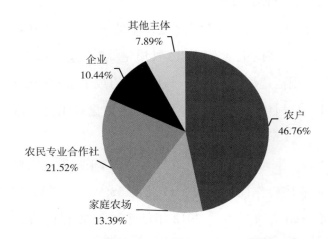

图 3-2 2020 年农村土地经营权流转去向占比情况

资料来源:《2020 年农村政策与改革统计年报》。

10.0%,具体情况如图 3-1 所示。主要原因在于各地区出台政策措施鼓励大力发展培育家庭农场并加强社会化服务,使得部分农民放弃入股合作社,转而创办家庭农场。2020 年农村土地经营权流转至农户的面积为

24882.76 万亩,占 46.76%;流转至家庭农场的面积为 7124.26 万亩,占 13.39%;流转至农民专业合作社的面积为 11453.01 万亩,占 21.52%;流转至企业的面积为 5558.54 万亩,占 10.44%;流转至其他主体的面积为 4200.35 万亩,占 7.89%,具体情况如图 3-2 所示。整体而言,已经基本形成了"权属清晰、权责明确、体系健全、流转规范"的农村土地承包经营权流转机制。

二、新型农业经营主体建设不断加强

新型农业经营主体的扶持和培育是建设现代农业经营体系的一项重要工作任务和内容。在培育和扶持新型职业农民、家庭农场和农民合作社的过程中,农业农村经济社会得到不断的发展和进步。

(一)农民合作社逐渐壮大

农民合作社是现代农业经营体系建设中的重要经营主体之一。党的十八大以来,党和政府高度重视农民合作社质量提升工作,采取多项政策措施加强农民合作社规范建设。农民合作社绝对的数量呈不断增加趋势,质量也在不断提升,农民合作社发展已经从单纯的数量扩张转向量质并重发展的阶段。

一是带动能力显著提升。截至 2021 年 4 月,根据农业农村部的统计数据,依法登记的农民合作社已经从 2012 年的 68.9 万家增加到 2021 年 4 月的 225.9 万家,2021 年 4 月约是 2012 年年底的 3.28 倍(见图 3-3)。农民合作社相对于普通农户来讲,在集中大规模种植养殖和发展乡村特色产业方面有明显的联合优势。农民合作社充分发挥了示范带动作用,一般吸纳周围的普通农户、贫困户等自愿通过土地经营权入股、知识产权入股等形式加入农民合作社进行农业生产经营,并与小农户形成紧密的利益联结,既增强了小农户农业生产经营的抗风险能力,也使得合作社成员共享发展收益。

（单位：万个）

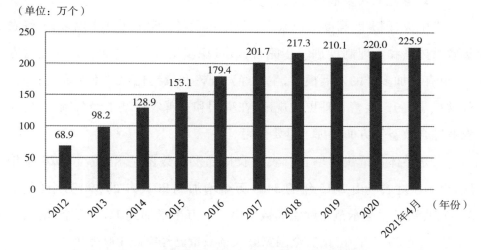

图3-3　2012—2021年全国农民合作社数量统计

资料来源：农业农村部官网，经作者整理所得。

二是服务能力和水平不断提升。2019年以来党和政府发起了农民合作社规范提升行动，并逐步推进农民合作社质量提升整县推进试点和全覆盖，针对的是农民合作社管理运行不规范等问题。通过农民合作社质量提升行动，农民合作社的章程制度更加完善，组织架构更加健全，财务管理更加规范有序，收益分配和登记管理也更加合理。农民合作社通过产品质量认证、区域特色品牌营销推介等方式，延伸了农业产业链条，促使农业产加销向一体化和纵深化方向发展。

三是利益联结更加紧密。党和政府在推进农民合作社内部质量提升的同时，也着力推进农民合作社在区域层面、产业层面等进行强强联合。鼓励农民合作社成员组建区域性的、特色产业的联合社，从而为当地特色主导产业提供服务和奠定经营组织基础。一方面，使得农民合作社之间人才、信息交流更加畅通，提高了单个农民合作社的市场竞争力和抗风险能力；另一方面，也有利于新型经营主体之间和产业之间的融合发展。

(二)家庭农场发展速度较快

党中央、国务院高度重视家庭农场培育发展。党的十八大以来,家庭农场政策体系和管理制度进一步完善,数量稳步增长,有更加多元的经营方式,也有更加多样的发展模式,生产经营规模和集约化程度不断提高,经营效益稳步提升,经营管理更加规范,在巩固和完善农村基本经营制度、提高农业综合效益等方面发挥了重要作用。

一是整体数量快速增长。农业农村部发布数据显示,截至 2020 年年底,全国家庭农场由 2015 年的 34.3 万个增加到 2021 年的 390 万个(见图 3-4);县级及以上示范家庭农场数量由 3.9 万个增加到 11.7 万个,增长了 2 倍。截至 2020 年 6 月底,全国家庭农场数量已经突破 100 万个。

二是适度规模经营稳步发展。当前,全国家庭农场经营土地面积由 0.52 亿亩增长到 1.85 亿亩,约增长 2.6 倍,其中,家庭农场经营耕地由 4310.9 万亩增长到 9524.1 万亩,约增长 1.2 倍。在推进家庭农场发展过程中,各地引导家庭农场根据产业特点和自身经营管理能力,实现最佳规模效益,杜绝片面追求土地等生产资料过度集中,防止"垒大户"。

三是经营水平不断提升。家庭农场的经营范围逐步多元化,从粮经结合,到种养结合,再到种养加一体化、一二三产业融合发展,经济实力不断增强。2019 年,种植业、畜牧业、渔业、种养结合、其他类家庭农场分别为 53.3 万个、14.8 万个、3.8 万个、10 万个、3.4 万个,其中种养结合类家庭农场占比较 2015 年提升 2.7 个百分点。2019 年,拥有注册商标和通过农产品质量认证的家庭农场分别为 32645 个和 21002 个,分别比 2015 年增长 1.9 倍和 3 倍;各类家庭农场年销售农产品总值 2243.9 亿元,较 2015 年增长 78.1%,平均每个家庭农场 26.3 万元。

(三)农业产业化龙头企业带动能力不断提升

农业产业化龙头企业是新型农业经营主体的重要组织形式,在提高农

（单位：万个）

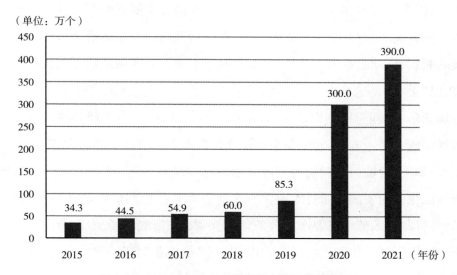

图3-4　2015—2021年全国家庭农场数量统计情况

资料来源：农业农村部官网。

业生产效率、实现农产品加工附加值增值、畅通农产品销售渠道、提供社会化服务等方面具有显著优势，对小农户有较强的辐射带动作用。党的十八大以来，党和国家进一步加大对农业产业化龙头企业的扶持和培育，农业产业化龙头企业已经成为推进农业现代化的核心力量。

一是农业产业化龙头企业发展速度较快。根据农业农村部数据，截至2021年，农业农村部已经累计认定了七批次一共2089家农业产业化国家重点龙头企业，另外各省市县认定的农业龙头企业超过9万多家。在区域分布上，广东省、山东省和河南省农业产业化国家重点龙头企业数量位居前三，分别达到225家、130家和100家，全面覆盖了农林牧渔及其相关产业。其中，全国农业产业化龙头企业前100强的企业主营业务收入达到了2.32万亿元，企业规模较大，品牌知名度高，占所有国家重点龙头企业主营业务收入的68%。

二是农业产业化促进了产业融合发展。农业龙头企业在科技创新能力、品牌影响能力、联农带农能力和促进产业融合发展方面都具有明显的优势。一方面,农业龙头企业集聚发展,能够打破制约农业规模化和专业化发展的瓶颈,推动农业生产基地建设,有利于形成具有区域影响力的农业产业带;以"公司+基地+农户""公司+合作社+农户"等连接形式带动农户进入市场竞争,有利于增加农民收入,实现收益共享,进而为实现共同富裕奠定微观基础。另一方面,农业龙头企业连接产业上下游各个经营主体,让农业生产、加工、运输、仓储、销售等环节紧密地联结在一起,使得农业产业链条向纵深化方向发展。而且农业龙头企业更容易接触到前沿的新品种、新技术,并将其带入整个农业产业链条,带动小农户、家庭农场、农民合作社等经营主体应用新科技和进行科学管理,进而降低农业生产经营成本,促进农业产业的发展。

三、新型农业社会化服务体系逐步完善

一是农业社会化服务组织蓬勃发展。在通过土地经营权流转形成的适度规模经营的方式之外,更多农户选择通过购买社会化服务等方式进行农业生产经营,比较普遍的做法是将农业播种、收割等农田作业生产环节以单环节、多环节、全程生产托管等方式交付给农业社会化服务组织进行经营。在"大国小农"的大背景下,新型农业社会化服务组织具有相当强的生命力。农业农村部统计数据显示,我国农业社会化服务组织由 2012 年的 30 万个增加到 2021 年年底的 95.5 万个,增加了 2.18 倍,主要形式有农业服务专业户、服务型农业合作社等类型;服务面积 16.7 亿亩次,服务小农户 7800 多万户;2021 年经由各类农业社会化服务组织进行托管生产的土地面积达到 16.7 亿亩次,服务了 7800 万户经营 50 亩以下土地的小农户,占总体小农户的 30%。农业社会化服务能够在较大程度上降低小农户的生产经营成本。农业农村部调研数据显示,假如小农户进行农业全程托管,每亩

小麦可节约 356.05 元的生产成本,每亩玉米可节约 388.84 元的生产成本。随着农业生产经营劳动力绝对数量的持续减少,在不流转土地经营权的前提下,采用农业生产托管的基本农业经营模式将进一步发展壮大。

二是服务方式不断创新。党和政府大力推进农业社会化服务,开展农业全程社会化服务试点。在管理服务方面,坚持主体多元化、服务专业化、运行市场化的原则,鼓励农业职业经理人通过土地股份合作社的规模经营与专业化的精细管理,实现增产增收;支持社会化服务组织通过承接生产性服务外包,实现农业从土地规模经营转型为服务规模经营。在资金服务方面,建立资金合作社可以使一些农村金融空白地区的弱小经济主体更容易获得贷款和其他服务,服务价格和资金价格也更加低廉,在一定程度上填补了部分农村地区存在的金融服务空白。在流通服务方面,电子商务服务解决了农业生产经营者在整个经营活动中对资金、管理、营销等的需求。此外,土地流转专业服务组织为土地经营权流转提供了专业化的中介服务。

四、农业品牌化建设逐步加强

党的十八大以来,党和政府大力推进品牌强国战略,农业品牌政策体系随之不断发展完善,形成了区域公用品牌、企业品牌、产品品牌协同发展,政府强力推动、企业主动创建、社会积极参与的格局。通过建立更加有力的农业品牌建设推进机制,采用更加灵活多元的农产品营销推介方式,我国农业品牌的溢价效应正在逐步显现。

一是农业品牌政策体系逐步完善。2016 年以来,国务院先后印发了《关于发挥品牌引领作用推动供需结构升级的意见》《关于加快推进品牌强农的意见》等文件,明确了农业品牌建设下一步的发展路径、发展方向和目标任务。随后,国务院还发布了农业品牌建设实施办法等,各地区也陆续出台了农业品牌建设指导意见、实施方案等一系列政策文件,对农业品牌建设进行规范管理。

二是特色农业产业快速发展。我国推动实施品牌强农战略,坚持农业效益与质量并重,在农业标准标准化过程中凸显农产品地域特色,重点培育影响力大、竞争力强的中国农业品牌。2017年,农业农村部启动了特色农产品优势区的创建认定工作,鼓励各地区依照自身地域优势、传统文化特色发展特色区域公用品牌,继而出台了进一步发展特色小镇、现代农业产业集群的相关政策措施,有力推动了特色农业产业发展。

三是行业品牌整体实力不断提升。根据农业农村部发布的统计数据,截至2021年第四季度,全国乡村特色产业十亿元镇已经达到267个,主要分布在山东、江苏、河南等农业强省;特色产业亿元村达到387个,主要分布在江苏、四川等省份。另外,自2018年农业农村部公布首批国家现代农业产业园以来,国家级现代农业产业园已经增长到146家。另外,优势特色产业集群、特色农产品优势区建设等快速发展。当前,我国种植业品牌逐步打出市场;畜牧业品牌的影响不断提升,扶持和培育了一大批具有市场影响力和知名度的乳业和特色畜产品品牌;渔业品牌方面的国际化营销不断加强,品牌影响力不断提升;持续推进种业品牌的创建和创新。此外,通过加强行业诚信体系建设,引导创建行业优秀品牌,乡村特色品牌得到较快发展。

五、农业国际化趋势日益深化

农业国际化是农业现代化发展的动力源泉之一。深度融入世界市场,在全球范围内配置农业资源,有利于推动我国农业生产力的发展。党的十八大以来,农业国际化发展取得了较好的成效,并积累了诸多经验。

一是持续扩大市场开放。党的十八大以来,我国进一步优化农业对外贸易布局。2022年1月,区域全面经济伙伴关系协定(RCEP)在我国正式生效,RCEP的一个显著特征是货物贸易零关税产品数整体上超过90%,服务贸易和投资开放水平显著高于原有的"10+1"自贸协定,这对于我国各地和广大农业企业更好把握 RECP 带来的机遇、利用协定优惠政策、扩大农产品进出口贸易具有重要意义。例如,广东茂名的荔枝得益于 RECP 的优惠政策,实现了对 RECP 成员国出口量的翻番,进而促进了当地荔枝产业的发展壮大。

二是推动农业贸易高质量发展。党的十八大以来,我国持续加大农业对外投资,涉及农林牧渔各个产业,产品类别不断丰富,2021 年农林牧渔业对外非金融类直接投资额达到 1136.4 亿美元,比 2020 年增长了 3.2 个百分点。另外,农业对外开放合作试验区建设试点取得了积极进展,在国际农产品市场具有竞争力的大型跨国涉农企业集团不断涌现,比如隆平高科进入全球种业前十强,广垦橡胶集团成为全球最大的天然橡胶全产业链经营企业。

第四节　构建现代农业经营体系未来展望

加快构建现代农业经营体系是深化农村改革的重要内容之一,是实现乡村全面振兴和农业农村现代化的必然路径。下一步,要以习近平新时代中国特色社会主义思想为指导,认真贯彻党的十九大及历次全会精神,围绕促进小农户与现代农业有机衔接的工作重心,创新农业经营体制机制,强化主体培育、经营方式创新和政策支持,进一步构建和不断完善现代农业经营体系。

一、进一步完善新型农业经营主体培育机制

一是继续加强职业农民培训。当前我国对于职业农民的培训尚处于起步阶段,一方面要科学遴选职业农民的培育对象,对职业农民的职业类型、

梯次和结构进行细分,搭建数据整合和共享平台,构建新型职业农民培育数字档案信息库,实现对新型职业农民管理的信息化和智能化。另一方面要从农业农村现代化发展的实际需要出发,鼓励多元培育主体共创职业教育体系,搭建多元化、专业化的企校攻坚的新型职业农民培育平台,制订个性化、需求导向的培养方案,实现实际教学与乡村发展的有效衔接。

二是加大新型农业经营主体的培育力度。首先,要根据区域资源禀赋、农业行业特征、农产品品种和经营者能力等因地制宜地培育一批以市场需求为导向、适度规模经营的家庭农场,推广应用与家庭农场经营相适应的实用技术,并定期组织培训和邀请专家指导。其次,要培育一批对农民群众有吸引力,运行机制好的农民专业合作社,不断丰富农民专业合作社类型,实现农民专业合作社对于农业生产经营环节的全覆盖,进而降低社员生产经营成本,提高农产品市场竞争力。最后,要集中资源重点扶持和培育一些处于行业领先地位,自主创新能力强、拥有先进科学技术和管理能力的大型农业龙头企业,围绕招商引资、人才支撑、政策优惠等进行全面扶持,充分发挥农业龙头企业的带动作用,促进区域化、特色化产业集群的发展。

二、推动新型农业经营主体利益联结机制创新

为此,一是进一步完善新型农业经营主体利益联结模式。当前我国农地的主要有农户自种、土地流转和生产托管三种基本的农业经营耕作模式,要坚持因地制宜、因人而异的原则制定利益联结模式。针对小规模家庭经营的农户和适度规模经营的家庭农场,要改善农业生产基础设施条件、丰富和完善各类专业化、市场化服务,采取订单合作等融合模式,引导小农户和家庭农场参与到农业生产、管理、市场经营等产业活动中来,增加小农户和家庭农场的抗风险能力,并拓展其增收空间。对于土地流转的农户家庭,最重要的是做好土地经营权有序规范流转和监督管理,营造良好的土地流转

法制环境,并保护好农民自主权和合法权益。对于生产托管的农户,要进一步健全社会化服务体系,发展农业生产性服务业,创新社会化服务模式,实现家庭经营与多元社会化服务的联动和协调发展。同时要加强党建引领村级集体经济发展,将乡村治理与现代农业经营体系建设相结合,营造良好的农业农村经济发展环境。

二是建立健全新型农业经营主体的利益联结监管机制。一方面要确保"企业+合作社+农户"利益联结机制的规范高效性,要制定具体可行的新型农业经营主体利益联结机制监管办法,明确监管主体、内容、程序以及责任界定,并引入第三方监管机构加以监督,从法律层面保护契约双方或多方的利益不受损害。另一方面要制定利益联结机制奖惩办法,探索建立农业经营主体利益联结诚信档案和考核机制,对带动能力强、辐射范围广的新型农业经营主体予以信贷支持、税收优惠、表彰奖励等方面的鼓励措施,对落实契约合同不到位、带动能力弱的新型农业经营主体落实失信惩戒机制。

三、进一步优化政策和资金环境

为此,一是要保持现代农业经营体系相关政策的连续性,不断加大对新型农业经营主体的培育支持力度。首先,要继续推进和完善农村土地"三权"分置制度。要继续加大土地流转政策解读指导和服务,完善土地流转合同,建立起完善的土地流转分级审查备案和风险保障金制度,从而实现对土地流转的规范管理,减少土地流转经营纠纷,为新型农业经营主体发展适度规模经营创造良好的土地流转条件。其次,要注重政策倾斜,改善优化制度环境。以制度延续和创新为重点,探索建立现代农业经营体系的政策支持体系,加快论证新型农业经营主体高质量发展评价指标体系,对新型农业经营主体的带动能力、运营管理和社会化服务等多方面的能力进行科学评判,强化系统性政策支持,探索各部门协同推进现代农业经营体系建设的有效路径。

二是继续加大涉农资金整合力度。保持财政资金投入以农业生产性基础设施建设为重点,有效整合耕地保护、高标准农田建设等涉农资金,提高资金使用精确性和使用效率。构建新型农业经营主体信用等级评价体系,对经营主体进行信用等级评定,以多样化抵押方式为手段破解新型农业经营主体融资困难的瓶颈,重点消除土地经营权抵押贷款的制度障碍,进一步完善农村产权交易体系。探索多样化抵押办法,拓宽农业经营主体融资渠道。

第 二 篇

农村宜居宜业

第四章 持续改善农村人居环境

中国要美,乡村必须美。乡村全面振兴,生态宜居是关键。改善农村人居环境,是以习近平同志为核心的党中央从战略全局高度作出的重大决策部署,是建设美丽宜居乡村、重塑新型城乡关系的重点任务。长期以来,伴随着城镇化的快速推进、农村经济社会的快速发展,营造干净整洁、山清水秀、富有田园特色的农村聚落空间,成为已经摆脱贫困、生活水平日益提高的广大农村居民的热切期盼。党的十八大以来,习近平总书记高度重视农村人居环境建设,多次要求"建设好生态宜居的美丽乡村,让广大农民在乡村振兴中有更多获得感、幸福感",并强调"农村环境整治这个事,不管是发达地区还是欠发达地区都要搞,但标准可以有高有低""因地制宜、精准施策,不搞'政绩工程'、'形象工程'"。2013 年至今的历年中央一号文件均就美丽宜居乡村建设作出明确部署,国家层面还相继印发《关于改善农村人居环境的指导意见》《农村人居环境整治三年行动方案》《农村人居环境整治提升五年行动方案(2021—2025 年)》等一系列政策文件,并推广浙江"千村示范、万村整治"工程经验,为各地持续开展农村人居环境整治提供了行动指南和经验借鉴。经过近十年的全面整治,我国村庄"干净整洁有序"的整治目标基本实现,农民告别了"脏乱差"的居住环境,文明意识和精神面貌发生巨大变化。党的十八大以来,全国农村人居环境治理实践既为实施乡村振兴战略、促进城乡融合发展注入了新动能,也让全面建成小康社会的成色更足、质量更高,并为全球环境治理贡献了中国方案。

第一节 农村人居环境建设的理论分析

一、农村人居环境的基本概念

我国人居环境科学的开创者吴良镛先生认为,人居环境是"人类的聚居生活的地方,是与人类生存活动密切相关的地表空间,它是人类在大自然中赖以生存的基地,是人类利用自然、改造自然的主要场所"[①],包括乡村、集镇、城市、区域等在内的所有人类聚落及其环境[②]。可见,人居环境的核心是"人",本身蕴含着人与自然关系这一根本命题,是一个多层次、多类型的空间系统。从空间维度划分,人居环境分为城市人居环境和农村人居环境,农村人居环境就是生活在乡村、集镇的居民所依赖的自然生态环境、家庭聚落环境、乡村人文环境的有机结合体,是物质生活要素与非物质生活要素在乡村、集镇地域空间的综合反映。早期的人居环境研究主要侧重在城市区域,农村人居环境研究则相对薄弱。随着工业化和城镇化的快速推进,学者们对于农村人居环境的治理现状、影响因素、演化特征、体系营建、政策规划、质量评价、未来趋势等的研究逐渐增多,并从生态学、地理学、社会学、城乡规划学等多个角度提出农村人居环境构思,初步确立了农村人居环境系统的理论、结构基础。[③]

农村人居环境建设是农村居民、村自治组织、各级政府、市场企业、社会组织等多方主体共同参与,通过设施建设、生态修复、景观营造、规划管控、

---

① 吴良镛:《人居环境科学导论》,中国建筑工业出版社 2001 年版,第 38 页。
② 吴良镛:《中国人居史》,中国建筑工业出版社 2014 年版,第 3 页。
③ 李裕瑞、曹丽哲、王鹏艳、常贵蒋:《论农村人居环境整治与乡村振兴》,《自然资源学报》2022 年第 1 期。

公众参与、文明创建等举措,提升乡村环境质量和居民生态福祉的活动,既包括乡村、集镇的自然环境、居住环境、公共设施等硬环境建设,也包括乡村、集镇的绿色服务水平、公民生态意识、空间氛围营造等软环境建设。改革开放以来,我国农村人居环境建设内涵不断深化、内容不断拓展,2012 年以前侧重局部推进、建立规范,2013 年以来强调综合整治、全面推进。不同阶段与农村人居环境"建设"相近的概念有改善、治理、整治等,"建设"的含义是创立新事业、增加新设施,是较为中立、宽泛的表达;"改善"带有鲜明的目标导向;"治理"既指整修,也强调环境管理;"整治"则直接针对现状问题和目标要求而开展的建设、整改与治理活动。虽然这几个概念的使用场景差异不大,但梳理历年中央一号文件可以看出,"农村人居环境整治"已上升到国家战略层面,成为近年来中央政策文件中相对固定的正式用语,这也凸显出新发展阶段我国农村人居环境建设日益综合性、区域性、复杂性、强针对性的特征。因此,本章更多沿用农村人居环境整治这一概念。

二、新时代农村人居环境建设的价值逻辑

(一)农村人居环境建设是践行以人民为中心的发展思想的内在要求

习近平总书记指出,人民性是马克思主义最鲜明的品格[①]。坚持以人民为中心来观察、分析与思考问题,始终把实现好、维护好、发展好农民群众的福祉作为根本出发点,不断提高农民群众生活质量和健康水平,既是新时代农村人居环境建设的价值遵循,也是根本方法。农村人居环境是农民生产生活的基础,农村人居环境建设的初衷不止于打造整洁干净、实用便利的生活空间,还在于通过美好环境所蕴含的文化力量,逐步改变农村居民的行为习惯,把乡村建设的主体意识、绿色健康的生活方式、先进积极的文化理

---

① 习近平:《在纪念马克思诞辰 200 周年大会上的讲话》,《人民日报》2018 年 5 月 5 日。

念输送到乡村,发挥塑形铸魂功能,潜移默化地提升他们的精神面貌。正如马克思所说,"人创造环境,同样环境也创造人"。因此,农村人居环境建设越是超前关注、精准响应农村居民的现实细小诉求,就越能增强他们的获得感、幸福感,也就能够更好激发他们的主体能动性和参与积极性,达到事半功倍的效果。从这个意义上讲,农村人居环境建设既是践行以人民为中心的发展思想的内在要求,也是破解新阶段我国人民日益增长的美好生活需要和不平衡不充分的发展之间的矛盾的有效途径。

（二）农村人居环境建设是贯彻习近平生态文明思想的创新实践

我国现代化是人与自然和谐共生的现代化。2018 年 5 月习近平生态文明思想正式提出,系统回答了新时代中国"为什么建设生态文明、建设什么样的生态文明、怎样建设生态文明"的重大命题,实质性地革新和完善了中国共产党作为马克思主义执政党的环境治国理政方略[1],也为新发展阶段我国农村人居环境建设提供了理论遵循。

第一,习近平生态文明思想是基于人类文明进程中人与自然关系演进的规律性认识。坚持人与自然和谐共生,不仅意味着要"还自然以宁静、和谐、美丽"[2],而且依赖各地坚决落实国家关于解决环境突出问题、提升绿色发展质量的一系列举措。推进农村人居环境建设,首要的就是创新自然生态的修复路径,这有助于进一步丰富乡村生态现代化的时代内涵,增进农村居民的生态福祉。

第二,习近平生态文明思想是基于现代化进程中资源环境与经济社会协调发展的规律性认识。"绿水青山就是金山银山"理论的核心,在于处理

---

① 郇庆治:《习近平生态文明思想的理论与实践意义》,《马克思主义理论学科研究》2022 年第 3 期。

② 习近平:《决胜全面建成小康社会 夺取新时代中国特色社会主义伟大胜利——在中国共产党第十九次全国代表大会上的报告》,人民出版社 2017 年版,第 50 页。

好经济社会发展与环境保护的对立统一关系。推进农村人居环境建设,既有利于还农民"绿水青山"的生活环境,让乡村建设和经济发展不再以牺牲环境为代价;也有利于为农民提供新鲜的空气、安全的食品、宜居的环境,满足农民更多层次、更高质量的生态需求;还能加快提升和实现乡村生态产品价值,助力乡村产业绿色发展,多渠道促进农民增收。

第三,习近平生态文明思想是基于马克思主义执政党治国理政的规律性认识。建设山水林田湖草沙生命共同体,是复杂的系统性工程,离不开从经济政治到科技文化的全方位驱动。推进农村人居环境建设,既要贯彻生命共同体理念,加强农村人居环境系统规划、整体治理;也要健全人居环境建设的政策法规和标准体系,夯实农村人居环境建设的"法治"基础,这些探索有利于进一步推动我国环境治国实践创新。同时,借助"互联网+"模式,推动人居环境建设实现资源数据、治理过程和建设成果数字化,也有助于提高人居环境整体性治理效率,创新公众环保宣教手段,并为世界环境治理传播和推广中国方案。

(三)农村人居环境建设是促进生态公平和共同富裕的有效抓手

生态权利公平,指在整个生态系统中不同主体在生态资源配置与利益分配的过程中享有被公平对待的权利,而在生态遭受破坏时共同履行维护生态平衡、保护生态环境的义务。[①] 习近平总书记指出,"良好生态环境是最公平的公共产品,是最普惠的民生福祉"[②],他将生态环境定性为"公共产品",将生态环境的所有权归于人民群众,通过所有权的平等,从根本上赋予弱势群体、后代人公平享有生态权利,强调"不能吃祖宗饭、断子孙路,用

---

① 刁生虎:《习近平生态文明思想对中华传统生态智慧的传承与发展》,《江苏社会科学》2022年第2期。

② 中共中央文献研究室编:《习近平关于社会主义生态文明建设论述摘编》,中央文献出版社2017年版,第4页。

破坏性方式搞发展"①。持续推进农村人居环境建设,有助于改善农村人口的居住环境,同时也有效保障了后代人的生态权利,有助于促进地区间、群体间、代际间生态权利公平,具有长远意义。从生态环境的价值层面看,良好生态环境还是乡村的最大优势和宝贵财富,兼具生态价值、经济价值、文化价值和社会价值。习近平总书记论述生态环境的经济价值时曾指出,"破坏生态环境就是破坏生产力,保护生态环境就是保护生产力,改善生态环境就是发展生产力,经济增长是政绩,保护环境也是政绩"②,他创造性地把生态与生产力统一起来,指出了一条化自然财富为社会财富和经济财富、生态与经济相得益彰的强村富民之路。近年来,我国就近乡村休闲旅游因往返便捷且亲近自然而备受市民青睐,更因其独特的产业联动能力、创业就业带动能力和强村富民效应,成为带动县乡消费和引领乡村经济振兴的重要生力军。今后以乡村休闲旅游为代表的乡村新经济新业态加快升级,对乡村田园风光、绿水青山、村落建筑、乡土文化、民俗风情等生态人文资源的依赖程度和品质要求同步提升,持续推动农村人居环境建设,有助于进一步巩固和提升乡村生态资源优势,促进乡村"生态美"向百姓"共同富"有效转化,实现"绿水青山"与"金山银山"有机统一。因此,促进农民共同富裕,改善农村人居环境既是题中之义,更是关键一环。

(四)农村人居环境建设是加快乡村全面振兴和重塑新型城乡关系的重要举措

农村人居环境建设是实现农业农村现代化和城乡融合发展不可或缺的重要内容,从党的十八大以来我国农村人居环境整治实践看,多数项目直接

---

① 中共中央文献研究室编:《习近平关于社会主义生态文明建设论述摘编》,中央文献出版社2017年版,第144页。

② 习近平:《干在实处　走在前列——推进浙江新发展的思考与实践》,中共中央党校出版社2006年版,第186页。

改善了村容村貌,增强了村庄宜居性,促进了乡村生态振兴;催生了乡村休闲产业、特色产业和地方品牌,增加了村民就业收入,促进了产业兴旺、生活富裕目标的实现;新时代文明实践中心建设、乡村建筑和村落格局的保护复兴、文明积分制推广、"最美庭院"评比、乡风文明宣传等一系列活动,改变了农村多年来的陈规陋习,促进了乡村文化振兴;多样化整治模式、多主体参与机制的创新完善,促进了乡村组织振兴和文化振兴;持续推进的整治活动培养出一大批乡村建设与管理人才,同时乡村宜居性的提升也带动增强了乡村的吸引力,人才下乡、能人返乡增多,加快了乡村人才振兴。总体来看,我国的农村人居环境建设促进了乡村人居环境改善、功能提升和价值显化,对于乡村全面振兴具有直接促进和深远影响作用。从城乡关系看,重塑城乡关系,再现乡村价值,构建工农互促、城乡互补、协调发展、共同繁荣的生命共同体,成为我国推进城乡融合发展的主导策略。推进农村人居环境建设,实施村庄更新,展现乡村风貌和田园风光,传承传统民俗、非物质文化遗产,让"乡愁"具象在乡村聚落,增强了乡村价值的"传统性";美丽宜居乡村不仅吸引都市居民沉浸式体验慢节奏、牧歌式田园生活,也成为创新经济、数字经济的重要集聚地,增强了乡村价值的"现代性";农村持续增强的消费需求是我国特有的经济发展优势,"人居美"转化为"百姓富"有助于加快释放农村消费潜力,畅通国内大循环新发展格局,增强了乡村价值的"战略性"。因此,加快乡村价值复兴,推进城乡融合发展,农村人居环境建设既是切入点,也是突破口,必须走出一条改善农村人居环境与城乡融合发展协同推进的新路子。

三、农村人居环境整治的推进模式

(一)农村人居环境整治的参与主体

一般而言,各级政府、村自治组织、农村居民、市场企业、社会组织、驻村规划师等,都应是农村人居环境整治的参与主体,在整治项目中扮演不同的角色,发挥不同的作用。从各类项目实践看,各级政府在资金保障、项目管理、制度建设上通常发挥主导作用。农民是农村人居环境整治的直接受益者和重要参与者,在具体实践中其主体地位不断提升。村庄的自治组织,多数在村民中有较高的信任度,熟悉村庄现状,了解群众诉求,也是农村人居环境整治的重要参与者。企业和社会组织也参与了一些人居环境整治项目的投资和建设,越来越多的规划师、设计师、建筑师驻村开展伴随式规划设计服务,指导和参与村庄人居环境整治,成为现阶段乡村建设的重要力量。

(二)农村人居环境质量的影响因素

影响农村人居环境质量的因素涉及自然、经济、社会、文化等诸多方面。彭超、张琛认为,村庄经济特征、村集体经济发展水平和村庄环境治理是当前影响农村人居环境质量的重要因素;[①]杨兴柱、王群的研究表明,社会经济状况、旅游产业水平、地域文化等因素有助于农村人居环境质量的改善,而气候条件、贫困程度及空间距离等因素则对农村人居环境质量产生负向影响;[②]杨锦秀、赵小鸽的研究结果则表明,农村劳动力流动对山区人居环境改善的影响最大,丘陵次之,平原最小,[③]上述研究为提升人居环境整治成效提供了重要决策依据。

(三)农村人居环境整治的主要模式

我国农村人居环境基础条件的区域差异较大,各地在不同类型乡村、不同整治项目中探索形成了形式多样的整治模式。从参与主体看,主要有自发治理、协作治理和合作治理模式,李裕瑞等进一步总结细分为政府主导、

---

① 彭超、张琛:《农村人居环境质量及其影响因素研究》,《宏观质量研究》2019年第3期。

② 杨兴柱、王群:《皖南旅游区乡村人居环境质量评价及影响分析》,《地理学报》2013年第6期。

③ 杨锦秀、赵小鸽:《农民工对流出地农村人居环境改善的影响》,《中国人口·资源与环境》2010年第8期。

社区主导、能人回馈、服务外包、多元共治等五种模式。① 从整治内容看,主要有专项治理、整体性治理模式。当前农村人居环境整治实践中,往往对整治模式缺乏科学分析,盲目推崇一些成功的模式,而不顾及这些模式所需要的保障条件,从而导致了农村人居环境整治工作只重视工程数量,应付上级的考核及验收,而不注重工程实效及其可持续性,造成资金的巨大浪费。② 在具体项目实施中,应充分研判农村人居环境质量的影响因素,结合村庄发展定位、资源条件、区域类型、人口流动趋势等,研究确定整治重点及其适宜的技术方案、推进模式,确保整治资金有效利用、整治项目取得实效,实现人居环境改善、农民增收致富、乡村全面振兴的有机统一。

第二节　农村人居环境政策演进

一、战略方向更加明晰

党的十八大以来,习近平总书记亲自谋划、亲自部署、亲自推动农村人居环境整治,多次作出重要指示批示,并在历次中央农村工作会议、历年全国人民代表大会分组审议、多次中央政治局集体学习、多地考察调研时,反复论述农村人居环境建设的重大意义、重点任务、重要举措,在全国上下统一了思想、凝聚起共识,坚定了持续推进农村人居环境整治的信心和决心。

(一)关于农村人居环境建设的意义和愿景

习近平总书记 2013 年 7 月在湖北考察时指出,即使将来城镇化达到70%以上,还有四五亿人在农村。农村绝不能成为荒芜的农村、留守的农

---

① 李裕瑞、曹丽哲、王鹏艳、常贵蒋:《论农村人居环境整治与乡村振兴》,《自然资源学报》2022 年第 1 期。

② 于法稳、郝信波:《农村人居环境整治的研究现状及展望》,《生态经济》2019 年第 10 期。

村、记忆中的故园。要破除城乡二元结构,推进城乡发展一体化,把广大农村建设成农民幸福生活的美好家园。此后,习近平总书记反复强调,持续开展农村人居环境整治,一年接着一年干,实现行政村环境整治全覆盖,为老百姓留住鸟语花香和田园风光,深刻阐明了农村人居环境整治的重要性、紧迫性和长期性,描绘了农村人居环境整治的美好愿景,向各地干部群众清晰传达出中央持续改善农村人居环境的强大决心,坚定了各地推进环境整治的信心和方向。

(二)关于农村人居环境整治的内容和重点

我国农村人居环境整治初期,项目内容相对宽泛,涉及改水、改电、改路、改沼气、改圈、改厕、改厨、农房、污水、垃圾、绿化、设施管护等诸多方面。2017年12月,习近平总书记在中央农村工作会议上强调,"要把那些农民最关心最直接最现实的利益问题,一件一件找出来、解决好,不开空头支票",对正在开展的农村人居环境整治工作提出了新的要求。鉴于经过前期整治后我国乡村基础设施不断完善,各地整治内容逐步聚焦。2018年9月,习近平总书记在主持中共中央政治局第八次集体学习时系统阐述了乡村振兴战略"产业兴旺、生态宜居、乡风文明、治理有效、生活富裕"二十字的总要求,为农村人居环境整治提供了目标遵循;2020年12月中央农村工作会议进一步明确,"'十四五'时期,要接续推进农村人居环境整治提升行动,重点抓好改厕和污水、垃圾处理,健全生活垃圾处理长效机制",之后农村人居环境整治重点基本固定在厕所、污水、垃圾和设施管护方面。特别是对于改厕,习近平总书记一直高度关注,强调"解决好厕所问题在新农村建设中具有标志性意义","'十四五'时期要继续把农村厕所革命作为乡村振兴的一项重要工作……扎扎实实向前推进"。小厕所关乎大民生,习近平总书记坚持问题导向,从小处着眼、从实处入手持续推动厕所革命,也使得积小胜为大胜的农村人居环境整治方法论逐步成型,作为中国样本为广大发展中国家解决民生问题提供了重要借鉴。

（三）关于农村人居环境整治的策略和方法

我国农村环境治理初期,重点关注的是环境设施建设和村容村貌提升。习近平总书记很早就关注乡村自然资本增值问题,多次强调要建设好生态宜居的美丽乡村,把绿水青山变成金山银山,让广大农民在乡村振兴中有更多获得感、幸福感,明确了"生态美"向"百姓富"转化的可行路径,各地在人居环境整治中逐步重视生态的经济价值,并兼顾生态价值实现。关于农村人居环境整治方法,习近平总书记 2003 年在浙江工作期间,启动实施了"千村示范、万村整治"工程。浙江省经过十多年的不懈探索,形成了始终坚持以绿色发展理念引领农村人居环境综合治理;始终坚持高位推动,党政"一把手"亲自抓;始终坚持因地制宜,分类指导;始终坚持有序改善民生福祉,先易后难;始终坚持系统治理,久久为功;始终坚持真金白银投入,强化要素保障;始终坚持强化政府引导作用,调动农民主体和市场主体力量等七个方面的成功经验。党的十八大以来,习近平总书记曾多次就推广浙江经验作出指示批示,浙江经验已在全国推广,并为各地实施农村人居环境整治提供了重要借鉴。

二、顶层设计更加精准

（一）中央一号文件

2013—2022 年的中央一号文件都是聚焦我国"三农"问题具体实践制定的重要文件,虽然没有系统发布关于农村人居环境整治的政策,但每年关于农村人居环境整治的部署安排均具有鲜明的针对性。2013 年,强调搞好农村垃圾、污水处理,实施乡村清洁工程。2014 年,首次独立部署村庄人居环境整治工作,要求加快编制村庄规划,推行以奖促治政策,以治理垃圾、污水为重点,改善村庄人居环境。2015 年,首次明确提出全面推进农村人居环境整治。2016年,部署开展农村人居环境整治行动和美丽宜居乡村建设。2017年,部署深入开展农村人居环境治理和美丽宜居乡村建设。2018年,启动农村人居环境整治三年行动。2019年,全面推开以农村垃圾污水治理、厕所革命和村容村貌提升为重点的农村人居环境整治。2020年,要求扎实搞好农村人居环境整治,加快建立设施管护长效机制。2021年,实施农村人居环境整治提升五年行动,并要求健全农村人居环境设施管护机制。2022年,要求接续实施农村人居环境整治提升五年行动。从过去十年的中央一号文件要求看,我国农村人居环境整治一直列入"三农"工作重点,并自2014年起设立独立篇幅接续加以推动,整治重点在2020年以前侧重设施建设,之后强调设施建设与管护并重,表明中央层面对农村人居环境整治一贯高度重视,推进政策不断完善,目标导向更加明确,历年整治重点的变化精准契合了我国农村人居环境发展规律和现实需求,具有较强的针对性和可操作性。

(二)发展规划

从国家经济社会发展五年规划看,"十三五"规划纲要明确要求,开展生态文明示范村镇建设行动和农村人居环境综合整治行动;"十四五"规划纲要单独设立"改善农村人居环境"章,部署开展农村人居环境整治提升行动。从党中央、国务院出台的相关政策看,人居环境整治多次纳入中央顶层设计,《关于加快推进生态文明建设的意见》《关于深入推进新型城镇化建设的若干意见》《乡村振兴战略规划(2018—2022年)》均设单独篇幅规划农村人居环境整治工作;同时,中央还接续完善农村人居环境整治的专题性部署,先后出台《关于改善农村人居环境的指导意见》《农村人居环境整治三年行动方案》《农村人居环境整治提升五年行动方案(2021—2025年)》,根据村庄人居环境整治不同阶段实际,在目标导向上由推动村庄环境干净整洁向美丽宜居升级,在整治任务上由全面推开向整体提升迈进,在制度保障上由探索工作机制向促进久治长效深化,勾勒出我国农村人居环境整治政策逐步战略化、精准化的演变脉络。

(三)配套政策

党的十八大以来,国家相关部委围绕贯彻落实中央改善农村人居环境的部署要求,结合部门职责分工,密集出台了一系列农村人居环境整治专项政策(见表4-1),支持指导地方开展环境整治试点示范、标准研究、宣传推广、人才培训等一系列工作,建立健全了农村人居环境整治配套政策体系,中央财政还不断加大农村人居环境整治支持力度,2019—2020年各项资金投入累计超过400亿元,为各地改善农村人居环境提供了具体指导和资金保障。

表4-1 党的十八大以来我国农村人居环境整治主要政策一览表

时间	发文单位	文件名称	主要内容
2013年2月	农业部办公厅	关于开展"美丽乡村"创建活动的意见	部署开展"美丽乡村"创建活动
2013年3月	住房和城乡建设部	关于开展美丽宜居小镇、美丽宜居村庄示范工作的通知	开展美丽宜居小镇、美丽宜居村庄示范创建活动
2013年7月	财政部	关于发挥一事一议财政奖补作用推动美丽乡村建设试点的通知	美丽乡村建设试点财政奖补资金办法
2014年5月	国务院办公厅	关于改善农村人居环境的指导意见	部署开展农村人居环境治理
2014年5月	住房和城乡建设部	关于建立全国农村人居环境信息系统的通知	农村人居环境信息系统建设
2014年7月	住房和城乡建设部、中央农办、环境保护部、农业部	关于落实《国务院办公厅关于改善农村人居环境的指导意见》有关工作的通知	部署农村人居环境规划、督导、调查等工作
2015年4月	中共中央、国务院	关于加快推进生态文明建设的意见	开展农村垃圾专项治理,加大农村污水处理和改厕力度

续表

时间	发文单位	文件名称	主要内容
2015 年 4 月	中共中央办公厅、国务院办公厅	关于深入推进农村社区建设试点工作的指导意见	加快改水、改厨、改厕、改圈,改善农村社区人居环境
2015 年 11 月	住房和城乡建设部	关于改革创新、全面有效推进乡村规划工作的指导意见	推进乡村规划工作
2016 年 2 月	国务院	关于深入推进新型城镇化建设的若干意见	开展农村人居环境整治行动
2016 年 4 月	住房和城乡建设部	关于开展 2016 年县(市)域乡村建设规划和村庄规划试点工作的通知	开展乡村建设规划和村庄规划试点
2016 年 7 月	住房和城乡建设部等七部门	关于改善贫困村人居卫生条件的指导意见	部署改善贫困村人居卫生工作
2016 年 7 月	财政部	关于进一步做好美丽乡村建设工作的通知	做好美丽乡村建设资金保障工作
2016 年 12 月	住房和城乡建设部等五部门	关于开展改善农村人居环境示范村创建活动的通知	部署开展农村人居环境示范村创建活动
2017 年 2 月	国务院办公厅	关于创新农村基础设施投融资体制机制的指导意见	完善建设管护机制,推进建立统一的农村人居环境建设管理信息化平台
2018 年 2 月	中共中央办公厅、国务院办公厅	农村人居环境整治三年行动方案	开展农村人居环境整治三年行动
2018 年 9 月	住房和城乡建设部	关于开展引导和支持设计下乡工作的通知	推进设计下乡活动
2018 年 9 月	中共中央、国务院	乡村振兴战略规划(2018—2022 年)	开展农村人居环境整治行动,提升农村人居环境质量
2018 年 12 月	中央农办、农业农村部等十八部门	农村人居环境整治村庄清洁行动方案	部署开展农村人居环境整治村庄清洁行动
2018 年 12 月	中央农办、农业农村部等八部门	关于推进农村"厕所革命"专项行动的指导意见	推进农村"厕所革命"
2019 年 1 月	中央农办、农业农村部等五部门	关于统筹推进村庄规划工作的意见	统筹推进村庄规划工作

续表

时间	发文单位	文件名称	主要内容
2019 年 2 月	住房和城乡建设部	关于在城乡人居环境建设和整治中开展美好环境与幸福生活共同缔造活动的指导意见	开展美好环境与幸福生活共同缔造活动
2019 年 3 月	中共中央办公厅、国务院办公厅	转发《中央农办、农业农村部、国家发展改革委关于深入学习浙江"千村示范、万村整治"工程经验扎实推进农村人居环境整治工作的报告》	推广浙江"千村示范、万村整治"工程经验
2019 年 4 月	财政部、农业农村部	关于开展农村"厕所革命"整村推进财政奖补工作的通知	完善农村"厕所革命"整村推进财政奖补办法
2019 年 5 月	自然资源部办公厅	关于加强村庄规划促进乡村振兴的通知	加强村庄规划
2020 年 12 月	自然资源部办公厅	关于进一步做好村庄规划工作的意见	部署村庄规划工作
2021 年 1 月	市场监管总局、生态环保部等七部门	关于推动农村人居环境标准体系建设的指导意见	推进农村人居环境标准体系建设
2021 年 12 月	中共中央办公厅、国务院办公厅	农村人居环境整治提升五年行动方案（2021—2025 年）	开展农村人居环境整治提升五年行动

（四）法律法规

我国在创新深化农村人居环境政策设计的同时，还注重同步完善环境整治的法治保障。国家层面，"改善农村人居环境"相继纳入 2019 年 8 月施行的《中国共产党农村工作条例》和 2021 年 6 月施行的《中华人民共和国乡村振兴促进法》；地方层面，截至 2021 年年底，山东、浙江等 10 省市出台了省级《乡村振兴促进条例》，山东省的济宁市等 16 市还制定了《农村人居环境治理条例》，从规划、建设、治理、管护、监督等各个环节，明确了农村人居环境整治的法规要求，农村人居环境整治进入有法可依、依法实施的新阶段。

三、技术标准加快完善

标准化在支撑农村人居环境模式创新、规范环境整治成果、构建环境整治长效机制等方面,具有重要的技术保障作用。2013 年,国家标准化管理委员会和国家财政部联合开展了农村综合改革标准化试点工作。2020 年,农业农村部成立专门机构,推动我国农村改厕标准体系建设。2021 年,国家市场监管总局等七部门出台《关于推动农村人居环境标准体系建设的指导意见》,明确了农村人居环境标准体系框架。通过对我国农村人居环境相关国家标准、行业标准、地方标准进行分类检索,截至 2021 年年底,专门针对农村人居环境领域的国家标准与行业标准共有 20 项,其中国家标准13 项,行业标准 7 项;地方标准 195 项,涵盖 30 个省,其中农村厕所 15 项,农村生活垃圾 21 项,农村生活污水 54 项,农村村容村貌 94 项。在农村生活污水治理方面,住建部组织编制了国家标准《农村生活污水处理导则》《农村生活污水处理设施运行效果评价技术要求》,以及行业标准《生活污水净化沼气池标准图集》《生活污水净化沼气池施工规程》《生活污水净化沼气池运行管理规程》,生态环境部组织制定了《农村生活污水治理技术手册》;在农村厕所革命方面,农业农村部 2018 年以来先后组织编制了公共厕所、三格式户厕、集中下水道收集户厕等 4 项国家标准和《农村户厕评价标准》团体标准,为农村生活污水治理、厕所改造等重点整治工程提供了技术依据,促进了农村人居环境规范化整治。

四、责任机制更具针对性

2018 年,中央农办、农业农村部牵头负责农村人居环境整治工作,印发了《农村人居环境整治工作分工方案》,明确了村容村貌提升、农村生活垃圾治理、农村生活污水治理、农村厕所革命、建设和管护机制、村庄规划工作等重点任务的部门分工。各地参照国家部委的职能设计,相应调整优化了本地相关部门的职责分工。同时,借助五级书记抓乡村振兴的工作机制,各地将农村人居环境整治作为实施乡村振兴战略的重要内容,纳入五级书记抓落实体系,为农村人居环境整治提供了有力组织保障。

　　总体来看,在以习近平同志为核心的党中央高度重视和持续推动下,我国农村人居环境整治的顶层设计呈现出高位推动、系统规划、导向精准、体系严密、衔接有序的特点,中央一号文件与上述发展规划、指导意见、行动方案、法律法规、技术标准紧密结合,共同构建起农村人居环境整治政策体系,凝聚起持续改善农村人居环境的强大政策合力。

第三节　党的十八大以来我国农村人居环境整治成效

　　党的十八大以来,各地聚力补齐农村人居环境设施短板,村庄长期"脏乱差"面貌根本改观,"绿水青山"的美丽画卷加快呈现,"金山银山"的生态价值和民生效益日益彰显,广大农村群众的获得感、幸福感和安全感持续增强,开展农村人居环境整治作为生态文明建设重要成就写入《中共中央关于党的百年奋斗重大成就和历史经验的决议》,并在国际上得到广泛认可,为全球农村人居环境治理贡献了中国智慧。

一、农村生活垃圾治理体系初步建立

　　2013—2020 年,全国垃圾处理公用设施投资强度持续加大,年投资额由 44. 12 亿元增加到 277. 67 亿元,增长 5. 29 倍,累计达到 1181. 71 亿元;年均投资额为 147. 71 亿元,年均投资增速达到 30. 10%;村均投资强度由 0. 82 万元增加到 5. 63 万元,增长 5. 87 倍,有效缓解了我国农村垃圾治理投入不足问题。2013 年,我国有生活垃圾收集点的行政村个数为 29. 42 万个,占全部行

政村的比例为 54.76%;对生活垃圾进行处理的行政村个数为 19.64 万个,占全部行政村的比例仅为 36.56%;已开展村庄整治的行政村个数为 26.01 万个,占全部行政村的比例为 48.43%。随着村庄垃圾处理投入持续加大和城乡垃圾一体化收运处置体系的不断完善,到 2020 年年底,全国农村生活垃圾收运处理的行政村比例超过 90%,农村垃圾山、垃圾围村、垃圾围坝等现象明显改善。根据内蒙古自治区呼和浩特市统计局 2022 年 4 月开展的农村人居环境整治情况调查,96.3%的村民认为本村的生活垃圾是集中治理的,68.9%的村民做到了家庭分类处理垃圾。江苏省南通市生活垃圾集中收运村占比达到 100%,城乡生活垃圾无害化处理率达到 100%,该市统计局、农业农村局 2021 年联合开展的农村人居环境整治问卷调查结果显示,84.2%的调查对象认为,开展人居环境整治以来,变化最大的是生活垃圾集中收集处理。

在垃圾治理过程中,各地全面推进农村生活垃圾收运处置体系建设,创新推广"户分类、村收集、镇转运、县处理"的城乡环卫一体化模式。住房和城乡建设部在全国开展了农村生活垃圾分类和资源化利用"百县"示范,浙江率先发布实施《农村生活垃圾分类管理规范》,一些试点地区通过农户、保洁员、终端机器三次分拣,初步实现农村生活垃圾分类化、减量化、资源化。山东省昌邑市聚焦"垃圾围村"问题,将城市环卫经验引入农村,把全市 690 个行政村的道路保洁及垃圾收运工作,整体委托给市环卫中心监管、第三方环卫服务专业公司来运营服务;制定了 521 项环卫服务标准,推行机械化标准化作业;在垃圾桶上安装电子芯片,在垃圾收运车上安装电子扫描仪,实行数字化监管,率先探索出政府购买服务、事企分离、管干分开的市场化新路子,制定的环卫服务标准通过国家标准委验收并推向全国,牵头制定的《村镇环卫保洁服务规范》等四项标准已作为山东省地方标准正式发布实施。①

① 于宝华、王晓飞:《模式一变天地新——农村人居环境整治的"昌邑实践"》,中国网,2021年 12 月 23 日。

二、农村生活污水治理成效明显

党的十八大以来,全国污水处理公用设施投资强度持续加大,污水排放标准和县域规划体系不断完善,农村污水处理能力快速提升,大大改善了农村人居环境和水环境质量。2013—2020 年,全国村庄污水处理投资总额由 32.49 亿元增加到 352.44 亿元,提高 9.85 倍,投资额累计达到 1287.08 亿元;村均污水处理公用设施投入由 0.60 万元提高到 7.15 万元,提高 10.92 倍;污水处理厂个数由 2301 个增加到 13714 个,增长 4.96 倍;污水处理厂、污水处理装置日处理能力分别由 1173.81 万、1331.30 万立方米,提升到 2877.43 万、2299.23 万立方米,分别提高 145%、72.71%;农村生活污水治理率由 9.09%提高到 25.50%,提高 16.41 个百分点。从部分污水治理典型省份看,浙江省有污水处理设施的行政村占全部行政村比例达到 91.28%,居全国首位,自 2020 年启动农村生活污水治理 2.0 版,推广"农村污水零直排村""绿色处理设施"建设和"标准化运维全覆盖",预计到"十四五"末期实现农村生活污水处理设施行政村覆盖率和达标率均达到 95%、标准化运维全覆盖;山东省因地制宜推广"建设运营一体、区域连片治理"的污水治理办法,并探索建设分散式小型污水处理设备,采用单户、多户、整村处理方式,将生活污水有效收集处理,全省 30%以上的行政村完成生活污水治理任务。

三、农村卫生厕所普及水平大幅提升

中央和各地财政不断加大投入力度,支持和引导各地推动有条件的农村普及卫生厕所。各级政府按照习近平总书记关于农村厕所革命"坚持数量服从质量,进度服从实效,真正把这件好事办好、实事办实"的要求,推出一系列创新举措,有力保障了厕改的顺利推进。山东省根据村庄类型确定适宜的改厕模式,累计完成改厕 1094 万户,农村无害化卫生厕所普及率由 2016 年的 44.2%提高到 2020 年的 95%。海南省建立"党政同责、省负总责、市县抓落实、镇村抓具体"的工作机制和五级书记抓厕所革命的工作体系,同时推行财政补助、"红黑榜"和"积分超市"等激励措施。云南省制定专业技术指南,搭建农村人居环境整治信息平台,规范改厕流程,并建立农村改厕技术指导员制度。宁夏建立了以政府、监理、村民代表为主体的监管体系,围绕改厕合格率、完成率、使用率和满意度对厕所进行抽检,强化质量管控。根据第二次和第三次全国农业普查,2006 年年底,全国 20.6%的村完成改厕;2016 年年底,53.5%的村完成或部分完成改厕。截至 2020 年年底,全国累计改造农村户厕 4000 多万户,农村卫生厕所普及率超过 68%,普及程度快速提升。东部发达省市已经初步完成厕所改造,北京、江苏、福建、广东、山东等地农村无害化卫生厕所普及率均已达到 95%,中西部区域的厕所普及率也均大幅提升。

四、村容村貌明显改观

党的十八大以来,各地大力推动"四好农村路"建设,截至 2020 年,全国新建改建农村公路 235.7 万公里,农村公路总里程达到 438 万公里,占我国公路总里程的 84.3%,实现了具备条件的乡镇和建制村 100%通硬化路和通客车,以县城为中心、乡镇为节点、行政村为网点的交通网络初步形成,乡村之间、城乡之间连接更加紧密,"晴天一身土,雨天一身泥"成为历史,村民"出行难"得到有效解决。深入实施村庄清洁行动,截至 2020 年,95%以上的村庄组织开展了形式多样的清洁行动,基本达到干净整洁标准,一些地方还通过全域美化改善整体风貌,实现从"外在美"向"内在美"、"一时美"向"持续美"转变。安徽省铜陵市义安区作为 2021 年全国村庄清洁行动先进县,通过"拆旧"除顽疾,拆除无功能建筑 4700 余平方米,清理乱搭乱建 2100 余户,清理残垣断壁近 500 处,实现面上清洁向深层洁净延伸;通过"建新"改旧貌,注重就地取材,将拆后空地、闲置宅基地围建"小菜园""小花园""小果园",凸显农耕文化,留住乡愁记忆;通过"治污"优生态,推行"白水"分流、"灰水"处理、"黑水"治理"三水同治",不断优化农村生态环境,生活污水得到有效处理。① 各地在农房建设和村容村貌整治中,日益重视凸显本土特色文化,江苏省昆山市按照"挖掘传统建筑特色,提炼体现传统民居特色的设计元素,建设风貌协调、尺度适宜、错落变化、层次丰富的新时代农房"这一要求,明确了"两坡一屋顶""粉墙黛瓦"的建筑样式,对符合风貌管控规定的行政村,按照每户 1 万元的标准,由市、镇两级予以奖补,让农房充分体现江南乡村特色;江苏省苏州市吴中区在保护村庄传统肌理、修缮加固传统建筑方面持续投入,引导对历史文化遗存的活化利用,对有待开发的传统村落,强调适度开发,创新模式;对暂不开发的传统村落,坚持点状保护,修旧如故,经过村庄空间要素与节点塑造,散落在吴越大地上的村落越来越富有"设计美",山水、田园、村落等空间要素被不断优化,乡村地域特色不断得到彰显。②

五、农村人居环境协同治理体系不断完善

(一)部门协同整治格局初步形成

国家层面,自然资源部开展了村庄规划编制,不断提高村庄规划覆盖水平;农业农村部牵头开展了村庄清洁行动和农村厕所革命;住房和城乡建设部大力推进农村生活垃圾、生活污水治理,深入开展了美好环境与幸福

---

① 梅建广:《全域推进村庄清洁行动　乡村风貌换新颜》,铜陵市农业农村局,2022 年 2 月 18 日。
② 苏文:《农房焕新颜　村庄大变样——江苏着力推动农房和村庄建设现代化》,《中国建设报》2022 年 4 月 1 日。

生活共同缔造试点;生态环境部积极推进农村黑臭水体治理;国家卫生健康委开展"爱国卫生月"活动;全国妇联实施"清洁卫生我先行"行动;共青团中央组织大学生、青年志愿者等积极参与村庄清洁;全国供销总社进一步完善农村生活垃圾和资源回收利用体系,均取得较好成效。地方层面,省市县政府相关部门根据职责分工,相应开展了农村人居环境整治专项行动,与国家相关主管部门密切配合,形成了协同推进农村人居环境建设的良好局面。

（二）政府主导、村民主体、市场参与的多元治理机制加快完善

一是政府主导作用凸显。现阶段各地农村人居环境整治项目普遍实行政府主导模式,各级政府推进环境整治的政策力度不断加大,公共财政支出中农村环境保护支出所占比例稳步提高。二是村民主体作用逐步增强。随着农村人居环境宣传持续深入,村民的环境卫生意识,以及参与环境整治的积极性、主动性不断提升。重庆市将每年农历腊月二十四设立为"农村清洁日",掀起"村村户户搞卫生,干干净净过春节"的浓厚氛围。江西省武宁县将环境保护要求纳入村规民约,与每位村民签订"门前三包",规定每位村民每年缴纳 10 元保洁费,通过收费机制"倒逼"村民转变卫生保洁观念,由旁观者变为参与者,维护村庄环境自觉性大大增强。江苏省苏州市吴中区充分发挥全国共同缔造活动培训基地作用,举办特色田园乡村建设、传统村落保护发展、农村人居环境整治提升等培训班,广泛宣传共同缔造理念和方法,基层干部组织开展共同缔造活动的能力明显提高。三是企业参与水平不断提升。一些地方积极吸引社会资本加大农村人居环境整治投入,特别是在农村污水、垃圾处理市场化水平较高的领域,企业作为重要参与主体,不仅直接促进了整治项目实施,还合力推动污水、垃圾处理设备研制、设施建设、运营管理、管网配套等全产业链条加快形成。

六、农村人居环境整治带动乡村生态价值加快实现

农村人居环境整治深入推进,直接提升了乡村"生态美",间接带动了村民"共同富",通过多渠道打开"绿水青山"向"金山银山"的转化通道,让农民吃上"生态饭""美丽饭"。一是各地通过拆除空心破旧院落复垦为耕地,既美化了环境,又让耕地种植产生效益。腾出的大量耕地通过城乡建设用地增减挂钩交易产生可观收益,进一步拓宽了农村人居环境整治的资金来源。二是促进了乡村休闲旅游快速发展。依托农村优美景观、自然环境、建筑和文化等资源,2019 年,全国民宿、农家乐、休闲农庄、观光农园等各类休闲农业经营主体达到 30 多万家,营业收入达 8500 亿元;2020 年,乡村休闲旅游吸纳就业人数 1100 万,带动受益农户 800 多万户,产业带农增收作用明显。江苏省宜兴市以"生态立村、旅游兴村、产业富村"为目标,推动人居环境整治与乡村旅游、村级发展、农民增收相结合,形成徐舍美栖"花海飘香"、杨巷革新"田园牧歌"、张渚省庄"龙隐江南"等"美丽经济"新模式,2021 年,全市休闲农业产值 14.9 亿元,同比增长超 10%;全年接待游客超1140 万人次,同比增长 6.8%。[①] 三是促进了乡村人才振兴。各地在推进人居环境整治过程中,普遍推行了规划师、建筑师、设计师下乡制度,既提高了村庄规划建设的科学性,又缓解了乡村建设人才不足的难题。而且,通过农村人居环境整治,农村最为迫切的"脏乱差"问题得以解决,发展环境明显优化,为吸引人才、资金和资源,促进了乡村全面振兴,提供了重要基础保障。

第四节　农村人居环境建设未来展望

改善农村人居环境,是我国开启实现第二个百年奋斗目标新征程、全面

---

① 潘峰:《纵深推进农村人居环境整治提升》,《江苏农村经济》2022 年第 2 期。

实施乡村振兴战略的重点任务,也是广大农村居民变"绿水青山"为"金山银山"、过上更加美好生活的深切期盼。在新的历史起点上推进农村人居环境建设,需要着重关注三方面问题,一是乡村人口减少、老龄化加重,环境整治因缺"人"难以持续;二是建设资金来源单一、集体经济较弱,环境整治因缺"钱"难以推进;三是工作协调联动不够,重建设轻管护,环境整治因统筹不够难以巩固。"十四五"时期,高质量推进农村人居环境整治提升,既要深入贯彻中央出台的《农村人居环境整治提升五年行动方案(2021—2025年)》《乡村建设行动实施方案》,也要整体性响应广大农村居民的美好生活需要,坚持因地制宜、系统治理、久久为功。

一、强化对公众需求的整体性响应,推动农村人居环境建设向系统治理转型

农村人居环境建设是为农村居民而建,理应践行以农民为中心的建设理念,将满足农村居民对生态宜居生活的期盼、增强他们绿色发展的获得感幸福感作为人居环境整治的初心使命,突出对广大农民环境需求的整体性响应,在环境整治全过程充分尊重农民意愿,维护农民工利益,推动县域农村人居环境专项规划编制,全方位、全过程、全地域谋划人居环境系统化建设方案,运用系统思维统筹确定环境整治具体任务和项目建设时序。农村厕所革命、生活污水和垃圾治理、村容村貌提升仍是今后环境整治提升的重点,统筹治理、协同推进是确保整治成效最大化的关键,必须强化各项治理任务、各种治理模式的有效衔接,在改厕中坚持求好不求快,尊重改厕农户意愿,并与村庄生活污水治理整体谋划、协同推进,合理确定改厕模式和后期管护路径,确保卫生厕所普及水平和使用质量同步提升;在生活污水治理中,合理确定优先治理、重点整治、居住分散地区的治理方案,按照黑灰分离、就地就近、资源利用的原则,提高治理消纳水平;在生活垃圾治理中,在进一步增强垃圾清运和处理能力的基础上,重点引导农民养成良好的生活卫生习惯,增强垃圾分类意识,切实提高垃圾分类水平,实现源头减量;在推动村容村貌整体提升中,深入实施乡村绿化美化亮化行动,统筹推进农村危房改造和长期闲置房屋整治,做好传统村落、古建筑挂牌保护和活化利用,营造留住乡愁的良好聚落环境。

二、创新共享式治理,推动农村人居环境建设向多元共治转变

科学厘清环境整治项目各相关方的责权利关系,创新各参与主体沟通、协调、合作机制,推动形成多方参与、多元共治的系统性整治提升新格局。首先,创新以参与、协商、认同为基础的互信合作机制。完善农村人居环境整治提升政策和标准体系,当前应重点引导各省市加快完善与本地发展水平相适应的地方标准,增强标准体系的适用性和实用性,通过制度标准的规范引领,强化人居环境整治提升的制度信任。畅通政府主体与社会主体间的沟通渠道,政府主导项目应积极创造条件,吸引社会主体多渠道参与项目投资、建设、管护和日常监测,发挥村自治组织、乡贤能人在项目全过程中的模范引领、利益协调、组织动员作用,创新村民全过程参与机制,深入开展美好环境与幸福生活共同缔造活动、特色美育活动,引导村民发现乡村之美,提升卫生意识和文明素养,推动自上而下的政府治理与自下而上的村庄自治有效衔接,强化人居环境整治提升的社会信任。其次,加强组织协同。通过深化"要素跟着项目走"改革,推动资金、技术、人才等资源向基层倾斜、向整治提升项目覆盖;建立健全农村人居环境问题定期会商和联合执法机制,加强对环境问题的整体研判、过程纠偏和综合治理。最后,深化公私合作。进一步深化环境整治提升项目市场化改革,加大政府部门合同外包、购买服务、地方债券发行力度,推广 PPP、BOT 等模式,支持企业在更大区域、更宽领域参与环境整治。

三、加快数字化赋能,推动农村人居环境建设向全程智治转变

新发展阶段,移动互联网、大数据、人工智能等现代信息技术的快速迭代,为农村人居环境建设提供了新的机遇和契机,公众人居环境需求的整体性响应和系统性治理,离不开"互联网+"技术平台的支撑和保障。一是推动农村人居环境监管数字化建设。针对农村人居环境问题点多面广,积极发挥信息化平台覆盖全面、监控实时、智慧预测等优势,以县域为单元,对涉及农村公厕、生活污水处理设施、生活垃圾收转处置设施、黑臭水体等相关点位数量、技术模式、运行使用情况、治理进展、权益主体等基础信息纳入数字化管理,增强环境决策的超前性和政策制定的精准度。二是加强农村人居环境服务数字化建设。针对精准化解决环境治理服务不到位、时效性差的问题,推进在线受理、实时督办与满意度评价,加强政府与公众的实时互动,将问题化解在基层、解决在萌芽。三是赋能农村居民更好发挥主体作用。运用互联网、移动终端 App 等信息化手段,开展乡风文明、垃圾分类习惯、卫生健康知识、主体责任意识宣教,加大农村厕所革命等整治提升重点工作的政策和典型宣传,促进信息公示公开透明,保障村民知情权、参与权、申诉权、监督权,提高参与环境整治的积极性,自觉履行人居环境建设主体的权利义务。

四、助农绿色化增收,推动农村人居环境建设向"久治共富"转变

生态环境问题本质上是发展方式和生活方式问题。实现乡村环境"久治久美",根本上还应践行绿色发展理念,完善以绿色产业化和产业绿色化为核心的乡村绿色经济体系,让乡村既能"增颜值",也能"绿水青山变金山银山",实现环境整治、村民增收、产业发展相互促进、相得益彰。一方面,通过环境整治强化绿色经济发展基础,拓展"美丽生财"路径。以人居环境

的改善带动农村的全面发展,因地制宜发展乡村旅游、养生养老、运动健康、电子商务、文化创意等美丽业态,积极打造县域乡村旅游精品村、精品点、精品民宿,田园变公园,农房变客房,创新和拓展绿水青山与金山银山的转换路径,带动农民就近就业增收和村庄集体经济发展壮大。另一方面,通过绿色经济发展促进环境质量提升。抓住城乡消费升级契机,充分调动社会资金,创新乡村公益产品和经济业态,深入挖掘农家乐、休闲农业、乡村旅游、产业发展等资源,与农村人居环境整治项目整体打包,吸引民营企业、先富群体等积极参与农村人居环境整治。此外,加快建立环境整治和绿色经济互促保障机制。加快破除环境整治与绿色经济相互促进的政策、技术和资金瓶颈,提高农民财产性收入。针对农村废污资源化利用问题,进一步强化技术支撑,组织科研院校、企业集中开展关键技术、工艺和设备的研发攻关,推广生活垃圾分类减量、建筑垃圾就地就近处理等方式,有效降低垃圾收运处置成本,节约垃圾填埋用地。针对生态产品价值增值和价值实现问题,推行"一乡一品""一县一品",加强防伪标识、地理标志认证,拓展产品直供通道,完善品牌培育和保护机制,形成良好的品牌效应。

五、聚力长效化管护,推动农村人居环境建设向"久治久美"转变

农村人居环境整治是一项系统性、复杂性、长期性的民生工程,要保留充分的历史定力和耐心,在已有成果基础上,注重长效推进,使环境整治和常态工作深度融合,确保农村人居环境"久治久美"。一是持续加大投入力度。中央和省级财政继续加大对基层环境治理的支持力度,引导县市整合各类涉农专项资金、依法合规使用政府债券筹集资金,推动金融机构创新金融产品,积极吸引社会资本加大环境整治项目投资,加快建立农户合理付费、村级组织统筹、政府适当补助的运行管护经费保障制度,健全完善环境整治多元化投入机制,从资金投入上保障长效推进。二是强化五级书记抓农村人居环境整治的工作格局,从工作体系上保障长效推进。三是统筹山水林田湖草沙与村庄环境综合整治。整体推进村庄整治,因地制宜推动河湖长制、林长制、田长制、路长制向村庄延伸,协同抓好生态资源保护和环境整治提升,从治理机制上保障长效推进。四是促进村庄规划、环境整治与日常管护有机衔接,加快村庄规划编制,着力补齐环境整治后期管护短板,按照政府主导、市场运作、多方参与的原则,进一步完善村庄保洁、卫生厕所、环卫设施设备等一体化运行管护机制,并通过修改完善村规民约等方式,引导村民自觉做好庭院内外清洁卫生、庭院绿化和村庄绿化,摒弃乱丢垃圾、乱倒污水、私搭乱建、乱堆乱放等行为,从建管机制上保障长效推进。五是将环境整治提升纳入实施乡村振兴战略实绩考核,引导社会组织和农民群众积极参与环境整治常态化监管,创新乡村治理积分制,完善共建共治共享的乡村治理格局,从考核督导机制上保障长效推进。

第五章　完善农村公共服务体系

提升农村公共服务水平是农业农村现代化的重要前提,也是改善农民生产生活条件,提升农民幸福生活水平的重要内容。党的十八以来,我国在推进农业农村现代化过程中,聚焦农民群众在教育、医疗、文化等方面日益增长的需求,持续建机制、补短板,不断提高农村公共服务的标准和水平,推进城乡基本公共服务均等化发展。

第一节　农村公共服务体系建设的理论分析

一、公共服务的内涵与意义

(一)公共服务的内涵

公共服务是根据一国经济社会发展的总体水平,为维持本国经济社会的稳定、基本的社会正义和凝聚力,保护个人的生存权和发展权,实现人的全面发展所需要的社会条件。公共服务事项主要包括建设和维护城乡公共设施,发展科技、教育、卫生、文化、体育等公共事业,为社会公众参与社会经济、政治、文化活动等提供保障。公共服务强调政府的服务性,强调公民的权利。2021年出台的《中华人民共和国国民经济和社会发展第十四个五年规划和2035年远景目标纲要》指出:从服务供给的权责分类来看,公共服务包括基本公共服务、普惠性非基本公共服务两大类。其中,基本公共服务是保障全体人民生存和发展基本需要、与经济社会发展水平相适应的公共服务,由政府承担保障供给数量和质量的主要责任,引导市场主体和公益性社会机构补充供给。非基本公共服务是为满足公民更高层次需求、保障社会整体福利水平所必需但市场自发供给不足的公共服务,政府通过支持公益性社会机构或市场主体,增加服务供给、提升服务质量,推动重点领域非基本公共服务普惠化发展,实现大多数公民以可承受价格付费享有。

公共服务满足公民生活、生存与发展的某种直接需求,能使公民受益或享受。例如,教育是公民及其子女所需要的,人们能从受教育中得到某种满足。如果教育过程中使用了公共权力或公共资源,那么这类教育就属于公共服务。然而,诸如税收、执法、登记注册以及处罚等政府行为,虽然也是公民从事经济活动与社会活动所必需的政府工作,但这些公共活动并不满足公民的某种直接需求,公民也不会从中感到享受,只是公民活动的间接公共需求的满足,因此,类似的政府行为都不是公共服务。

(二)公共服务与社会公益服务、私人服务

教育和医疗卫生等都是专业性服务,这些服务的提供可以来源于三个方面,一是由营利性的私人企业提供的私人服务,这类服务使用的是私人资源;二是由非营利性的社会组织也即第三方组织使用社会资源提供的社会服务;三是由公共组织机构使用公共资源与公共权力提供的公共服务。因此,判断某一类服务是否属于公共服务,关键在于看服务的提供方以及其所使用的权力与资源的性质与来源。所以,现代社会中的公共服务是指使用公共权力和公共资源向公民(及其被监护的未成年子女等)所提供的各项服务。例如,使用了公共资源或公共权力提供的教育服务才是公共服务,而为了赚取利润使用私人资源提供的教育服务是营利性的私人服务,非营利性的第三方组织使用来自捐赠等渠道的社会资源所办的公益性学校以及所提供的教育服务则是非营利性的社会公益服务,也不属于公共服务。虽同是教育服务,但这三种不同类型服务的性质是不同的:私人服务体现的是以货币可支付能力为前提的私人利润追求与消费者之间的市场关系;社会公益服务体现的是部分社会成员的善意与志愿精神同特定社会群体之间的社会关系;公共服务则体现的是公民权利与国家责任之间的公共关系。

(三)公共服务建设的意义

公共服务是人类发展的重要条件,也是人类发展的重要内容。人的发展取决于一个国家(地区)的公共服务供给状况,公共服务供给的多少以及质量水平的高低直接影响着一国人民的发展状况。国家《"十三五"推进基本公共服务均等化规划》中列出了《"十三五"国家基本公共服务清单》,包括公共教育、劳动就业创业、社会保险、医疗卫生、社会服务、住房保障、公共文化体育、残疾人服务等8个领域的81个项目。从一个社会来看,上述8个领域的服务项目是广大城乡居民最关心、最迫切需要的公共服务,是保障全体社会成员基本生存权和发展权必须提供的公共服务。

从社会基本公共服务的主要内容看,公共教育、公共卫生与医疗、社会保障、劳动就业等基本公共服务对社会发展有重要意义。公共教育是直接影响人类发展的重要因素,是提高人力资本存量、推动经济发展的基本途径,有助于促进社会公平和社会流动。义务教育是教育体系的基础,义务教育的公平与否体现了个人发展机会的公平。

公共卫生与基本医疗服务造福于人类,在国民经济和社会发展中具有独特的地位。身体健康是衡量人的素质的主要指标。从社会角度讲,健康是社会人口素质的基础,社会拥有了健康就是拥有了"财富"。

养老、生育、失业等基本社会保障是社会的"安全网"和"减震器",形成规范稳定的基本社会保障制度有助于营造稳定的社会环境,提高全体社会成员的生活水平。

就业是民生之本,是人民群众维持和改善生活的基本途径,决定着每个家庭的生计。对劳动者来说,就业和再就业是其赖以生存、融入社会和实现人生价值的基本权利和重要途径;对社会来说,就业关系到亿万劳动者及其家庭的切身利益,是社会稳定和社会和谐的重要基础;对国家来说,就业是民生之本、安国之策。公共就业服务是缓解就业压力的重要途径,也是提高社会成员生活质量的重要途径。

二、农村公共服务

农村公共服务是为农村居民利益服务的事宜,主要是为了满足农业生产、农村发展、农民生活共同需要的农村公共基础设施、公共教育、公共卫生、就业创业、社会服务等公共事业及农村社会保障制度等的建设。

农村公共基础设施是满足农业生产、农村发展和农民生活需要的基础设施条件,包括农村道路、供水、供电、供暖、通信等农业生产设施和农村生活设施条件。乡村要振兴,基础设施建设是关键。乡村产业要发展,道路通达很关键,"要想富,先修路",农业农村现代化的实现离不开农村道路设施水平的提升和发展。农村水利是农业的命脉,供水也是村民健康、提升村民生活质量的保障。加强乡村水利基础设施建设,是乡村建设的重要一环。供电和通信设施建设对乡村振兴的作用也十分重要。通信基础设施建设是数字乡村建设的前提和基础,而建设数字乡村,是催生乡村发展内生动力、推进乡村治理转型的现实需求,也是实现乡村振兴的重要举措。

农村教育、农村医疗卫生等公共事业及农村社会保障等都是农村公共服务建设的重要内容,对乡村振兴战略的落实及提高乡村居民的生活水平有重要意义,推进农村公共服务建设是今后我国推进农业农村现代化的重要任务。

提升农村公共服务水平是提高农村居民生产、生活水平的重要条件,是社会治理能力和治理水平不断提升的表现。党的十八大以来，我国城乡公共服务水平不断提升，但是农村的公共服务水平还相对较低，持续提升农村公共服务水平是实现农业农村现代化的必要条件。

三、城乡公共服务发展的演化规律

城市与乡村是一个有机体，二者之间既相互支撑，又相互制约。以往的研究将城市与乡村作为两个不同的系统来看待，城市公共服务与乡村公共服务分属于城乡不同的系统，管理者对其采取的治理和服务方式也不同。20 世纪七八十年代以来，国外部分学者对城乡治理对策的着眼点从单个城市或乡村变成一个区域网络，注重从整个城乡区域网络系统视角来审视和解决城乡问题，而不是仅仅从城市系统或乡村系统来寻找解决城乡失衡的办法。进入 21 世纪，国内学者也认识到城乡系统一体化问题，刘彦随（2018）①依据人地关系地域系统理论专门解释和论述了城乡融合系统的内涵、运作机制等，认为乡村地域系统是理解城乡关系的基本理论依据。研究普遍认为，城乡公共服务均等化是建立城乡融合大系统的重要组成部分，是从城乡分割走向城乡融合的必经之路。

伴随着理论研究上的转变，各国的政策实践从专注于城市的治理到城乡系统化治理，将城市的公共服务建设延伸到农村，如法国的"乡村复兴"运动、英国的农村中心村建设等。这些国家通过创新机制，将城市的先进生产要素引入农村，大力建设农村社区公共服务设施，提升公共服务水平，采取补贴政策等吸引人口回到农村，改变了农村发展的面貌，城乡公共服务水平实现了一体化。

从中国城乡公共服务发展的实践来看，城乡二元结构制约了当代中国

---

① 刘彦随：《中国新时代城乡融合与乡村振兴》，《地理学报》2018 年第 4 期。

城乡发展转型以及社会的文明发展。为破解城乡二元结构,从2002年党的十六大以来,我国逐步开始实施城乡统筹的经济社会发展战略,在就业、社会保障、教育等方面不断进行改革。党的十八大以来,我国加快了城乡一体化改革以及城乡公共服务均等化的进程,部分城乡公共服务政策实现并轨。比如在社会养老保障方面,先是在2002年以后,农村逐步建立起了"新农保"制度,在2015年,我国新农保与城市居民养老保险全部并轨,建立了全国统一的城乡居民基本养老保险制度。

公共服务建设上,在国家经济发展初期往往由于财力有限,首先集中建设城市地区,保障城市地区的公共服务供给,城市地区经济发展到一定程度后,需要以城乡平衡增长为价值取向和目标,实现以城带乡、以工补农,采取对城乡互惠互利的政策,建立健全既有利于城市也有利于乡村的公共服务体制,在激发乡村发展内生动力的同时推动城乡可持续健康发展,逐步实现城乡均等化的公共服务水平。

第二节　农村公共服务体系政策演进

党的十八大以来,中国农村公共服务发展过程经历了从城乡分割到城乡统筹到逐步融合发展的阶段,农村公共服务建设成本由公共财政承担的比例越来越大,农村公共服务体系体制机制逐步趋向完善。

一、党的十八大到十九大期间农村公共服务政策的演进过程

党的十八大以来,我国加大了向农村地区公共服务的投入力度,提升了城乡公共服务统筹进程,推动城市公共服务向农村地区进一步延伸,推进城乡公共服务均等化进程。

（一）逐步加大农村教育投入，推进城乡义务教育均等化

党的十八大以来，我国对农村教育体制的改革逐步深入，不断提高农村校舍建设标准和条件，加强农村学校师资队伍建设，增加教育资金投入，免除义务教育阶段学生学杂费等。2013 年中央一号文件提出大力发展农村社会事业。完善农村中小学校舍建设改造长效机制。办好村小学和教学点，改善办学条件，配强师资力量，方便农村学生就近上学。2014 年中央一号文件提出健全城乡发展一体化机制，推进城乡基本公共服务均等化。加大对农村义务教育的财政投入力度，不断加大职业技能培训，改善农村义务教育薄弱学校办学条件，提高农村义务教育生均公用经费标准，加强农村职业教育和技能培训等。2015 年中央一号文件提出全面改善农村义务教育薄弱学校基本办学条件，提高农村学校教学质量。2015 年 11 月国务院下发的《关于进一步完善城乡义务教育经费保障机制的通知》提出，从 2016 年春季学期开始，统一城乡义务教育学校生均公用经费基准定额，从 2017 年春季学期开始，统一城乡义务教育学生"两免一补"政策。从 2017 年起，我国城乡义务教育阶段的学生开始享受免除学杂费和免费教科书的政策，家庭困难学生还享受到生活补助政策。2017 年中央一号文件提出要提高农村基本公共服务水平，全面落实城乡统一、重在农村的义务教育经费保障机制，加强乡村教师队伍建设。这一时期，我国对农村教育加大了经费投入，提高了生均公用经费标准，改善了办学条件，加强了师资队伍建设，提升了农业转移人口随迁子女的义务教育水平。

（二）城乡居民养老保险与城乡居民医疗保险制度逐步统一

2012 年党的十八大提出，整合城乡居民基本养老保险和基本医疗保险制度，逐步做实养老保险个人账户，实现基础养老金全国统筹，建立兼顾各类人员的社会保障待遇确定机制和正常调整机制。这一时期，国家全面启动了城乡居民基本养老保险和基本医疗保险制度的并轨工作。

从新型农村社会养老保险制度改革来看,自 2012 年 8 月起,新型农村社会养老保险和城镇居民社会养老保险制度并轨工作全面启动,截至 2013 年,全国约半数省份的新型农村社会养老保险与城镇居民社会养老保险合并,称为城乡居民社会养老保险,只要没有参加城镇职工养老保险,符合参保条件就可以参加城乡居民社会养老保险。2014 年中央一号文件提出,整合城乡居民基本养老保险制度,逐步建立基础养老金标准正常调整机制,加快构建农村社会养老服务体系。2015 年我国完成城乡居民养老保险制度整合,城乡居民养老保险制度实现了制度名称、政策标准、信息系统、管理服务"四统一"。2015 年年底,全国基础养老金最低标准由每人每月 55 元提高到 70 元,全国城乡居民养老保险参保人数达到 50472 万人,60 岁以上领取养老金人数达到 14800 万人。2017 年中央一号文件进一步提出,完善城乡居民养老保险筹资和保障机制。城乡居民养老保险制度的实施对保障农村老年人生活水平、提升农民群众的幸福感和维护农村的社会稳定起了重要作用。

从新型医疗保险体制改革来看,2013 年 11 月,党的十八届三中全会提出整合城乡居民基本医疗保险制度。2014 年中央一号文件提出要继续提高新型农村合作医疗的筹资标准和保障水平,完善重大疾病保险和救助制度,推动基本医疗保险制度城乡统筹。稳定农村计划生育网络和队伍,开展城乡计生卫生公共服务均等化试点。2015 年中央一号文件提出,不断提高新型农村合作医疗人均财政补助和个人缴费标准,提高实际报销水平。2016 年中央一号文件提出,在完善农村社会保障制度方面,整合城乡居民基本医疗保险制度,适当提高政府补助标准、个人缴费和受益水平。2016 年 1 月,《国务院关于整合城乡居民基本医疗保险制度的意见》正式印发,提出整合城镇居民基本医疗保险和新型农村合作医疗两项制度,建立统一的城乡居民基本医疗保险制度。2017 年中央一号文件提出要提高农村基本公共服务水平,继续提高城乡居民基本医疗保险筹资水平,加快推进城乡居民医保制度整合,推进基本医保全国联网和异地就医结算。此后,各省份加快了城乡居民基本医疗保险制度的并轨以及医保全国联网和异地就医结算等工作。

(三)加强农村基础设施和公共文化建设

农村建设要保留乡村风貌,留得住青山绿水,记得住乡愁。农村环境直接影响农村居民的幸福指数,农村基础设施建设是提升农村环境水平的重要内容。

农村基础设施建设力度逐步加强。2013 年中央一号文件提出,大力推动社会事业发展和基础设施建设向农村倾斜,努力缩小城乡差距,加快实现城乡基本公共服务均等化。加强农村基础设施建设。加大公共财政对农村基础设施建设的覆盖力度,逐步建立投入保障和运行管护机制。2015 年中央一号文件提出,全面推进农村人居环境整治。完善县域村镇体系规划和村庄规划,强化规划的科学性和约束力。改善农民居住条件,搞好农村公共服务设施配套,推进山水林田路综合治理。2016 年中央一号文件提出,加快农村基础设施建设。把国家财政支持的基础设施建设重点放在农村,建好、管好、护好、运营好农村基础设施,实现城乡差距显著缩小。健全农村基础设施投入长效机制,促进城乡基础设施互联互通、共建共享。2017 年中央一号文件提出要深入持续开展农村人居环境治理和美丽乡村建设,不断提高农村生活垃圾治理、生活污水治理,农村环境综合治理水平等。另外,加强农村生态环境建设,推动对农村的电力、燃气、清洁型煤的供给,加强农村的公路、电网改造等,推进农村 4G 网络覆盖等。

农村公共文化服务体系建设逐步推进。党的十八大以来,中央加强了公共文化体系均等化体系的建设。2016 年中央一号文件提出,全面加强农村公共文化服务体系建设。2017 年 1 月,国务院印发了《"十三五"推进基本公共服务均等化规划》，要求不断健全公共文化服务体系，逐步对城乡全体居民免费开放基本的公共文化设施，包括公共图书馆、公共博物馆、文化馆（站）、公共美术馆等公共文化设施。推进农村公共服务财政投入增加，积极推进现代公共文化服务体系建设，农村公共文化服务能力增强。

二、党的十九大以来农村公共服务政策的演变过程

2017年党的十九大明确提出实施乡村振兴战略之后，国家对"三农"工作的改革力度不断加大，对农村公共服务体制改革的基本思路仍是不断提高民生发展水平和质量，提高公共服务均等化水平，推动公共资源向基层延伸，着力构建优质均衡的公共服务体系。这一时期，在农村公共服务建设上的政策改革主要包括以下几个方面。

一是着力提高城乡公共服务均等化水平。党的十九大报告指出，从2020年到2035年，基本公共服务均等化基本实现。要坚持在发展中保障和改善民生，多谋民生之力，多解民生之忧，在发展中补齐民生短板，促进社会公平正义。党的十九大以来的中央一号文件多次提出要加快推动乡村振兴，扎实推进乡村建设，补齐农村人居环境和公共服务短板。在中央政策指引下，各方力量不断加强农村公共服务建设，提升城乡区域间基本公共服务均等化水平，并促进欠发达地区基本公共服务主要领域指标接近全国平均水平，促进群众享有基本公共服务的水平显著提高。2022年5月，中共中央办公厅、国务院办公厅印发了《乡村建设行动实施方案》，提出要以普惠性、基础性、兜底性民生建设为重点，统筹资源要素，加强农村基础设施和公共服务体系建设，建设宜居宜业美丽乡村，乡村建设如火如荼地开展起来。党的十九大以来，农村基本公共服务的构建理念逐步明晰，制度框架渐趋成熟，政策措施日臻完善，服务水平不断提升，保障能力不断增强，群众满意度不断提高。

二是健全农村公共服务的体制机制,制度规范基本成型。这一时期,中央不断完善各领域公共服务制度规范,促进公共服务制度更加完备以及基本公共服务治理水平提升。2017年1月,国务院印发了《"十三五"推进基本公共服务均等化规划》,提出国家完善科学有效的基本公共服务实施机制,确保国家基本公共服务制度高效运转,并在基本公共教育、劳动就业等公共服务方面确立了发展的政策机制。例如,在公共教育方面提出建立完善城乡统一的义务教育经费保障机制,加大对中西部和民族、边远、贫困地区的倾斜力度。统筹推进县域内城乡义务教育一体化改革发展等。2019年4月15日,中共中央、国务院出台了《关于建立健全城乡融合发展体制机制和政策体系的意见》,提出建立健全有利于城乡基本公共服务普惠共享的体制机制,推动公共服务向农村延伸,健全普惠共享、城乡一体的基本公共服务体系,推进城乡基本公共服务标准统一、制度并轨。2021年6月,文化和旅游部编制了《"十四五"公共文化服务体系建设规划》,提出推进城乡公共文化服务一体化建设,深入推进城乡公共服务标准化建设,完善城乡公共文化服务协同发展机制等内容,为"十四五"时期我国农村公共文化服务水平的进一步提升提供政策标准和制度指导。

三是逐步建立完善农村公共服务的标准体系。《"十三五"推进基本公共服务均等化规划》提出建立国家基本公共服务清单,并且设定了公共服务的具体指标,公共服务标准体系更加明确。2018年12月,中共中央办公厅、国务院办公厅印发《关于建立健全基本公共服务标准体系的指导意见》,随后国家连续下发了《国家基本公共服务标准》(2019年版、2020年版、2021年版),对公共服务建设标准作了具体的规定,并不断进行动态调整。全国各地方政府在义务教育办学方面,不断推进和实施义务教育学校标准化建设项目,实施薄弱学校改造计划、初中工程等项目,缩小不同地区间义务教育学校建设的差距,推动义务教育学校标准化建设。同时,国家在公共卫生、医疗、养老、文化服务等方面设立了服务标准,农村公共服务的标准化程度不断提升。《国家基本公共服务标准(2021年版)》涵盖了幼有所育、学有所教、劳有所得、病有所医、老有所养、住有所居、弱有所扶等"七有",以及优军服务保障、文化服务保障"两个保障",共9个方面、80个服务项目。

第三节　党的十八大以来我国农村公共服务体系建设成效

我国农村公共服务制度经过多年改革,已构建起了覆盖全民的国家基本公共服务制度体系,公共服务设施水平不断提升,在公共教育、劳动就业、医疗保险及社会保险、公共文化服务等方面的基本公共服务项目和标准得到全面落实,公共服务能力、保障水平以及群众满意度进一步提升,农村公共服务改革取得突破性进展。

一、农村义务教育方面改革成效

一是城乡义务教育均等化全面实施。党的十八大以来,义务教育均等化发展深入推进,义务教育发展从不平衡到平衡发展取得重大突破。截至2020年,全国96.8%的县级单位实现义务教育基本均衡发展。[1] 2007年我国率先在农村地区实现了义务教育阶段学生学杂费的免收工作,但是城乡地区生均教育经费方面还存在差别。对此,国务院在2015年11月下发了《关于进一步完善城乡义务教育经费保障机制的通知》,从2016年起,我国城乡义务教育阶段的学生生均公用经费实现统一,从2017年起,我国城乡义务教育阶段的学生开始享受免除学杂费和免费教科书的政策,家庭困难学生还享受到生活补助政策。城乡义务教育均等化水平进一步提升。截至

---

① 数据来源:《"十四五"公共服务规划》。

2021 年,九年义务教育巩固率达到 95.4%,比 2012 年的 91.8% 增加了 3.6 个百分点,全体国民受教育的机会显著增加。

二是农村义务教育学校标准化水平不断提升。义务教育均衡发展是教育资源供给和需求相匹配的均衡,义务教育学校标准化建设则是实现教育均衡发展的手段和衡量标准。随着我国实施的一系列教育改革,农村义务教育标准化进程不断加快。中央要求通过义务教育学校标准化建设缩小城乡差距,促进义务教育均衡发展,进而推动了从中央到地方出台的各类标准化文件,如《学校办学标准》《学校管理标准》等,各地还依据本地教育发展状况制定了政策,通过设立专项工程、评估指标,进行数据监测,对农村义务教育学校建设标准与实施路径进一步细化。农村义务教育学校标准化建设极大地改善了各地农村义务教育学校办学硬件条件,加强了小规模学校建设和农村寄宿制学校建设,提升了师资队伍素质建设,推动了城乡之间、地区之间义务教育的优化组合并促进义务教育均衡发展。

三是农民工随迁子女在流入地公办学校就读的比例大幅度提升。根据《2021 年农民工监测调查报告数据》,2021 年我国 3—5 岁随迁儿童入园率为 88.2%,其中,61.6% 在公办幼儿园或普惠性民办幼儿园,义务教育年龄段随迁儿童有 99.6% 的在校,其中,小学年龄段随迁儿童在公办学校就读的占 84.4%,在有政府资助的民办学校就读的占 10.5%;初中年龄段随迁儿童在公办学校就读的占 88.2%,在有政府资助的民办学校就读的占 7.3%。

二、农村公共卫生制度改革成效

党的十八大以来,我国公共卫生制度体系更加完善,普遍实施了国家基本公共卫生服务项目。国家基本公共卫生服务项目 2009 年开始启动,由城乡基层医疗卫生机构主要包括乡镇卫生院、村卫生室、社区卫生服务中心(站)为居民提供服务。基本公共卫生服务项目由国家为城乡居民免费提供,所需经费由政府承担,居民接受服务时不需要再缴纳费用。2016 年,人均基本公共卫生服务经费补助标准由 2011 年的 25 元提高至 45 元,2021 年达到 79 元。2021 年年底,国家基本公共卫生服务项目增加到 14 项,主要服务内容包括城乡居民健康档案管理、健康教育、0—6 岁儿童健康管理、预防接种、孕产妇健康管理、慢性病患者健康管理(高血压、糖尿病)等。基本公共卫生服务项目的实施促进了居民健康意识的提高,为居民逐步树立起自我健康管理的理念;对预防和控制传染病和慢性病的发生及流行,减少健康危险因素有一定作用;对提高突发公共卫生服务应急处置能力,提高居民健康素质有重要作用。

在医疗保险方面,到 2016 年年底,全国已经有 30 个省(自治区、直辖市)出台了文件,进行医保制度的城乡统筹。到 2020 年年底,全国新型农村合作医疗制度与城镇居民医保制度实现并轨运行,统一的城乡居民基本医疗保险和大病保险制度全面建成。城乡医保制度实现了筹资政策、保障待遇、医保目录等的城乡一致。城乡医保制度的统一是促进基本公共服务逐步均等化的重要内容,有利于最终实现城乡融合。以基本医疗保险为主体、医疗救助为托底,补充医疗保险、慈善捐赠、商业健康保险等共同发展的多层次医疗保障制度框架基本形成。基本医疗保险覆盖 13.6 亿人,覆盖率稳定在 95%以上,农村居民基本医疗保险政策范围内住院费用基金支付比例稳定在 70%左右。

农村医疗机构的软硬件设施水平不断提升。2021 年年底全国共有医疗卫生机构 103.1 万个,基层医疗卫生机构 97.7 万个,其中乡镇卫生院 3.5 万个,社区卫生服务中心(站)3.6 万个,村卫生室 59.9 万个。

三、农村公共基础设施建设成效

农村公共基础设施水平不断提升,乡村建设加快开展,水、路、电、气等公共基础设施建设在农村广泛覆盖,并从建制村向自然村深入推进。近些年来,我国农村公路建设里程呈现增长态势。交通运输部数据显示,截至2020 年年底,全国农村公路已达 438 万公里,等级公路比例 94.8%,实现具备条件的乡镇和建制村 100%通硬化路、通客车,农村群众"出行难"的问题已经基本得到解决。

农村供水标准化建设不断提升,2018 年水利部组织编制了《农村饮水安全评价准则》,在水量、供水保证率、水质、用水方便程度等 4 项评价指标方面制定了供水标准,使农村供水安全、方便程度等进一步提升。"十三五"时期,我国建成了比较完备的农村供水工程体系,提升了 2.7 亿农村人口供水保障水平。截至 2020 年,我国农村集中供水率达 88%,自来水普及率达到了 83%,整个农村供水保障水平得到了显著提升。2021 年,水利部联合国家发展改革委、财政部等 8 个部门印发了《关于做好农村供水保障工作的指导意见》,要求各地稳步推进农村饮水安全向农村供水保障转变。农村供水向集中化、规模化、智慧化、信息化方向发展。

数字乡村建设不断推进,通信基础设施建设速度加快,主要体现在电信基础设施全面升级,新一代互联网技术得到普遍应用,并且基本覆盖行政村。2021 年,未通宽带行政村通过电信普遍服务实现"动态清零",通光纤比例提升至 100%,实现了与城市同网同速;农村电网改造升级工程覆盖2389 个县市,约 1.6 亿农村居民受益。

四、农村公共文化服务建设成效

农村公共文化建设积极推进,农村公共文化服务能力增强。一是国家持续健全公共文化服务供给体系,加大农村文化建设财政投入,加强农村文化活动室、文化广场、图书室等基层文化体育等综合性文化服务基础设施建设,并加强文化设施的标准化建设,出台了《国家基本公共文化服务指导标准(2015—2020年)》,对读书看报、收听广播、观看电视、设施开放、文体活动等7大项基本服务项目和文化设施、体育设施、广电设施、流动设施、辅助设施5大类设施的标准作出了明确规定,规范乡村数字图书馆、乡村网络服务中心、乡村远程教育中心、乡村文化网上展馆等网络载体的建设、使用各环节,引导农民科学合理地运用高科技。我国基本公共文化服务均等化、标准化建设也得到加强。"十三五"期间,全国31个省(自治区、直辖市)制定了具体实施标准,2846个县出台了基本公共文化服务目录,全国各地已广泛建立县级文化馆、图书馆总分馆制,对提升农村公共文化服务水平发挥了重要作用。2021年年底我国广播节目综合人口覆盖率为99.5%,电视节目综合人口覆盖率为99.7%。

二是持续完善群众文艺扶持机制,农村文化生活进一步繁荣。各省份不断完善基层文化队伍培训、文化人才选育及乡镇基层文化站人员管理、组织等,培养了一批热爱乡村、服务村民、有较强责任感和使命感的文化建设队伍;一批文艺组织、志愿者团队深入农村开展丰富多彩的文化服务活动,繁荣了农村文化生活。群众性节日民俗活动在各地开展,文化科技卫生"三下乡"活动开展次数增多,各类组织实施标准及考核评价标准进一步配套完善。

三是逐步挖掘并保护农村文化资源。首先,进一步加强了对物质文化保护的力度,主要包括对农村传统民居院落、街区传统民居、历史文化名镇名村、古树名木等有地方特色的物质文化遗产以及生产生活民俗的挖掘、修复等保护工作。同时,为保护物质文化建设了一批民俗生态博物馆、历史文化展室、乡村博物馆等。其次,加强了对非物质文化的保护,包括民俗活动、传统表演艺术、礼仪节庆、传统手工艺技能、民间传统、非物质文化遗产项目等的保护。最后,培育了一批具有地方特色的乡村文化品牌,在文化遗产、民俗节庆、名人文化等方面进行创意开发,不断探索和提升了美食村、养生村、艺术村等特色村的建设标准,部分地区形成了以乡村特色资源为基础、精品文化内容为核心、文创活动及园区等为载体的多功能业态群、乡村品牌生态圈。

第四节　农村公共服务建设未来展望

提升农村公共服务水平以及加快公共服务供给均等化建设是一个漫长的动态过程,是随着经济发展和制度完善而逐步实现的,同时,农村公共服务供给又具有复杂性和系统性特点,必须通过多措并举,多项改革配套同时推进才能取得质的突破。

一、农村公共服务建设的思路

党的十八大以来,我国农村公共服务快速发展,公共服务水平得到明显改善,公共服务建设取得了突破性成就。但是由于我国农村公共服务体系建立时间较短,还存在规模不足、整体建设水平不高、区域间资源配置不均衡、硬件软件不协调、服务水平差异较大、人才短缺严重、基层设施不足和利用不够等问题,仍需提升农村公共服务总体水平和均等化水平,促进其向高质量发展。

(一)提升农村公共服务供给的总体水平

提升农村公共服务水平的重点有三个方面:一是不断提升农村基础设施建设水平。要进一步加快在远离城镇、远离交通干线的农村地区水泥路、公路等设施的建设进度,硬化路建设由"村村通"向"户户通"过渡。一方面,加大对乡村高等级道路的财政投入;另一方面,通过社会力量,筹集社会资金,支持农村道路发展。促进路、水、电、气等基础设施向自然村延伸,拓宽公共基础设施建设的覆盖范围。同时,我国农村地区污水处理、垃圾处理率还不高,要加快农村的污水处理、垃圾处理设施建设,美化农村环境,提升农村基础设施建设的总体水平。二是提高农村养老、医疗等社会保障的水平。目前我国城乡养老保险、医疗保险制度实现了一体化,但是总体而言,农村养老、医疗及低保等保障水平还比较低,要提高农村社会保障水平,积极引导和鼓励农民多交养老保险基金和医疗保险基金,加大政府补贴力度,提升农村居民的社会保障水平。三是积极发展农村公共事业。加大财政投入力度,积极发展农村义务教育,加强农村师资力量,提升农村义务教育水平。同时,大力发展农村公共文化事业,为农民建设必要的农村公共文化场地、提供必要的农村公共文化设施,方便农民开展公共文化活动。

(二)提升公共服务供给的均等化水平

一是要提升城乡之间的公共服务均等化水平,主要做好以下几个方面:首先,要转变公共服务供给观念。把重视"三农"、加强"三农"工作作为城乡融合发展的立足点,改变重城镇、轻农村的思想。真正将农村公共服务体系建设作为政府工作的重要内容,进一步加大对农村公共服务建设的投入力度。其次,坚持以改革为动力,加快户籍制度、投融资制度等多项改革,促进农业转移人口和农村人口都要共享改革发展的成果,实现公共服务的城乡均等化发展。最后,赋予基层更多的财政自主权。逐步调整转移支付结构,加大对基层政府的转移支付力度。合理分配中央和地方政府的财权与事权,重构对地方政府行为的激励与约束机制,促进城乡公共服务供给结构不断向均衡化发展。二是要提高区域之间的农村公共服务供给均等化水平,缩小地区差距。主要是缩小发达地区与欠发达地区之间的农村公共服务供给差异,加大对西部地区及欠发达地区的转移支付力度,引导发达地区对欠发达地区做好帮扶活动。引导欠发达地区加快发展,提高自身经济水平和自我供给公共服务的能力。

（三）完善农村公共服务投入和供给机制

一是改革农村公共服务的投入机制。要进一步完善公共财政体制,加大对农村公共服务及社会保障的投入力度,特别是要加大农村公共服务财政配套的投入。二是促进农村公共服务供给主体多元化。强化政府和社会资本的合作模式,通过政府购买,政府与社会资本合作的 PPP 模式等建立政府与私营部门间的长期合作关系,汇聚社会力量增加公共服务供给。制定优惠政策,广泛吸引民间资本投入农村公共服务项目。三是创新农村公共服务供给效率机制,一方面,引入竞争机制,促进公共服务供给主体提高供给的质量和效率,降低农村公共服务供给成本;另一方面,建立农村公共服务供给监管和评估机制。引入多元监管主体对农村公共服务供给质量、成本、效率等进行监管,以实现有效的监督管理。

（四）加强农村公共服务人才建设

一是建立公共服务人才、技术的城乡共享机制。引导社会团体、事业单位、企业等参与乡村公共服务建设,鼓励科技、文体等人才通过在城乡兼职兼业、离岗创业及交流服务等多种形式为乡村服务。支持大中专毕业生、科技人员、退役军人等返乡创业,鼓励能工巧匠和“土专家”等乡村能人在乡村创业。依托各类企业、园区等,建设一批农民工返乡创业园、农村创业创新园区,打造一批众创空间。二是完善农村公共服务人才的就业创业制度。鼓励城市各类人才到乡村创业兼业,促进城乡人口双向流动。整合相关资源建立农村创业创新导师队伍,为农村创业人员提供指导服务。依托相关的高等院校、科研机构、职业院校和培训机构等,让有意愿的创业创新人员参加培训。从财政上向农村地区、基层地区工作人员进行倾斜,提高乡村公共服务人才待遇,吸引人才投入乡村建设中去。三是加强乡村各类公共服务人才建设。加强乡村教师队伍、乡村卫生健康人才队伍、乡村文化旅游体育人才队伍、规划人才队伍建设等。推动教育、卫生、文化、旅游、体育人才下乡服务,完善乡村专业人才扶持政策,促进更多人才投身乡村建设,为提升乡村公共服务水平贡献力量。

二、农村公共服务改革的趋势

(一)农村公共服务制度体系逐渐完善

党的十八大以来,国家着力构建统一的城乡基本公共服务体系,国家基本公共服务制度更加完善。同时,逐步健全完善基本公共服务标准体系,开展重点领域基本公共服务标准化工程建设,标准化手段得到普及;基本公共服务目标人群全覆盖,地区、城乡、人群间的基本公共服务供给差距明显缩小,城乡均等化水平不断提升。党的十九大提出了实施乡村振兴战略的重大举措,只有不断完善农村公共服务体系,为农村居民提供高质量、可持续、均等化的公共服务,才能最终实现乡村振兴。2021年《"十四五"公共服务规划》明确提出了到2025年公共服务体系建设的目标:"公共服务制度体系更加完善,政府保障基本、社会多元参与、全民共建共享的公共服务供给格局基本形成,民生福祉达到新水平。"在此目标下,国家提出了围绕"幼有所育、学有所教、劳有所得、病有所医、老有所养、住有所居、弱有所扶、优军服务有保障、文体服务有保障"的民生保障目标,并不断优化公共服务体系,完善国家基本公共服务标准,出台各项具体措施,保障我国农村公共服务体系建设,因此,在未来较长时期内,农村公共服务体系建设会逐步加强,农村公共服务体系制度必将逐步完善。

(二)农村公共服务供给范围不断扩展

乡村振兴战略的实施是我国在全面开展"美丽乡村"战略基础上的一次重大提升,随着我国经济社会发展,国家财政力量加强和人民生活水平的提高,农村住宅的新建、改建需求比较迫切,乡村振兴需要相应的基础设施和公共服务设施,今后国家用于农村基础设施和公共服务建设的投入会不断增加,农村基础设施和公共服务建设逐渐向纵深发展,我国在完成建制村的水泥路、自来水等基础设施建设后,基础设施将从建制村开始向自然村覆盖,由"村村通"向"户户通"推进;在公共服务方面,我国开始从医疗、养老等基本社会保障制度的完善向社会关爱服务制度的建立过渡;对农村区域的乡村建设风貌规划将不断加强,美丽宜居乡村建设逐步开展,并成为推进乡村振兴战略落实的重要措施,但是由于我国农村的村落比较分散,公共基础设施建设投入成本大,单靠国家有限的财政资源进行投入,公共基础设施建设在短期内难以大幅度覆盖到所有自然村,美丽乡村建设是一项长期而复杂的工程。

（三）农村公共服务供给主体多元化趋势会更加明显

近年来,我国公共服务和基础设施领域政府和社会资本的合作快速推进,但是这部分合作多限于城市范围内,在农村范围内的合作相对较少,因为在农村的公共服务领域的投入更难产生良好的效益回报。2017 年,国务院、国家发展改革委等部门制定的《基础设施和公共服务领域政府和社会资本合作条例》,对我国基础设施和公共服务领域政府和社会资本的合作的项目范围、管理制度等进行了规范,对鼓励社会资本特别是民营资本参与公共服务经营有重要作用。2021 年《"十四五"公共服务规划》提出,在"十四五"时期要构建公共服务多元供给格局,鼓励社会力量参与农村公共服务建设,完善相关政策,放开放宽准入限制。今后,中介组织、社会力量进入农村公共服务领域,振兴乡村发展的趋势将会更加明显,但是在相当长一段时期内,我国的农村公共服务供给仍将以基础服务、民生服务内容为主,仍以政府供给为主。

（四）城乡公共服务均等化水平将会不断提升

随着农业转移人口市民化工作不断推进,我国居住证制度的深入实施,农业转移人口进入城镇后在子女教育、社会保障、住房等方面享受的福利待遇与当地城镇居民差别已经不大。而且我国已经建立起统一的城乡居民基本医疗保险、养老保险等制度,城乡居民之间、不同区域之间、不同群体之间的公共服务水平差距逐渐减小。促进城乡居民公共服务均等化不仅是我国乡村振兴战略推进的目标,也是我国实现农业农村现代化,促进全体居民共同富裕的重要内容和目标。正如党的十九大提出的,到 2035 年我国基本公共服务均等化将基本实现。当前及今后一段时期,我国仍将加大力度完善城乡融合的公共服务和社会保障制度,促进城乡居民公共服务融合发展,在各项惠农政策的指导下,我国城乡公共服务均等化水平将会进一步提高,最终实现城乡公共服务均等化。

第六章 促进农村社会治理现代化

党的十八大以来,以习近平同志为核心的党中央坚持以人民为中心的发展思想,最大限度整合社会资源,凝聚全体人民意志,推动农村社会治理现代化建设迈向更高质量发展阶段。回顾党的十八大以来农村社会治理现代化取得的成就,总结宝贵经验和启示,对于今后深入推进农村社会治理现代化体系建设,全面提高国家治理能力和现代化水平,建设社会主义现代化国家具有重要意义。

第一节 农村社会治理现代化的理论分析

一、概念界定

农村社会治理现代化是国家治理体系和治理能力现代化的重要组成部分。从党的十八大到十九大,是以治理为抓手推进体制机制创新的重要时期。2013 年,党的十八届三中全会通过了《中共中央关于全面深化改革若干重大问题的决定》,确立了"全面深化改革的总目标是完善和发展中国特色社会主义制度,推进国家治理体系和治理能力现代化"[1]。加快形成科学

---

[1] 《中共中央关于全面深化改革若干重大问题的决定》,人民出版社 2013 年版,第 3 页。

有效的社会治理体制是更好保障和改善民生、促进社会公平正义的关键制度改革。从党的十九大到二十大,是"两个一百年"奋斗目标的历史交汇期。党的十九大作出了中国特色社会主义进入新时代的重大判断,明确了到 2035 年各方面制度更加完善,国家治理体系和治理能力现代化基本实现,到本世纪中叶实现国家治理体系和治理能力现代化的改革目标,明确要求"打造共建共治共享的社会治理格局"。"社会治理"概念的提出,是社会建设理论的重大创新,是党的执政理念和工作方式从传统社会管理向现代社会治理转型的重大改革。"治理和管理一字之差,体现的是系统治理、依法治理、源头治理、综合施策。"①

村庄是农村社会治理的基本单元,农村社会治理现代化水平直接影响党的方针政策在基层的贯彻落实。党的十九大报告突出强调了社会治理下沉到"社区"的重要性,提出"加强社区治理体系建设,推动社会治理重心向基层下移,发挥社会组织作用,实现政府治理和社会调节、居民自治良性互动"②。《中共中央国务院关于加强基层治理体系和治理能力现代化建设的意见》指出,"基层治理是国家治理的基石,统筹推进乡镇(街道)和城乡社区治理,是实现国家治理体系和治理能力现代化的基础工程"③。

农村社会治理现代化包含"社会治理"和"现代化"两个概念意涵。农村"社会治理"方法的转变通常与政府在农村发展中的角色变化有关,"社会治理"意味着政府角色从决策者转变为多元参与主体的协调者和管理者。"治理"最初是管理、控制的意思,经过中国本土化理论和实践检验,中国社会治理的内涵逐渐明晰,一般是指多元主体共同参与社会发展过程,建

---

① 中共中央文献研究室编:《习近平关于社会主义社会建设论述摘编》,中央文献出版社 2017 年版,第 127 页。

② 《习近平谈治国理政》第三卷,外文出版社 2020 年版,第 38—39 页。

③ 《中共中央国务院关于加强基层治理体系和治理能力现代化建设的意见》,人民出版社 2021 年版,第 1 页。

立起协调互动的关系状态。

"现代化"既是社会治理的目标,更是过程,法治、民主、协商和高效是现代化的一般属性。社会治理现代化包括社会治理体系现代化和治理能力现代化两个方面。社会治理体系和治理能力的现代化就是使社会治理体系制度化、科学化、规范化、程序化和精细化,使社会治理者善于运用法治思维、法治方式、法律制度治理社会,把中国特色社会主义各方面的制度优势转化为治理社会的效能。① 2017 年,在会见全国社会治安综合治理表彰大会代表时,习近平总书记指出"要着力推进社会治理系统化、科学化、智能化、法治化,深化对社会运行规律和治理规律的认识,善于运用先进的理念、科学的态度、专业的方法、精细的标准提升社会治理效能,增强社会治理整体性和协同性,提高预测预警预防各类风险能力,增强社会治理预见性、精准性、高效性,同时要树立法治思维、发挥德治作用,更好引领和规范社会生活"②。习近平总书记将社会治理现代化的属性概括为"系统化、科学化、智能化、法治化"四个方面。

总体来看,农村社会治理现代化是指在党的领导下,政府、国有或私有企业等市场力量、社会组织等多元主体,运用系统化、科学化、智能化、法治化方式,通过对农村社会生活的不同领域和社会发展的各个环节的组织、协调、服务、监督,推动农业、农村和农民实现现代化的过程。就社会治理模式而言,传统的农村社会治理模式表现为国家自上而下对农村社会的管理,这种管理体制主要由乡镇政府的行政管理权和村民委员会的社会自治权两部分构成,"乡政村治"是这一模式的典型特征。而现代化的农村社会治理模式的突出特征是共建、共治和共享,强调通过多元主体间协商互动,以自治、

---

① 徐猛:《社会治理现代化的科学内涵、价值取向及实现路径》,《学术探索》2014 年第 5 期。
② 中共中央文献研究室编:《习近平关于社会主义社会建设论述摘编》,中央文献出版社2017 年版,第 137—138 页。

法治与德治相结合的方式,让所有农民共享现代化发展成果。

二、理论基础

1989 年,世界银行发布的研究报告《撒哈拉以南的非洲:从危机到可持续增长》提出了"治理"理论,掀起了全球"治理"理论的研究热潮。该报告指出,20 世纪 60 年代和 70 年代,非洲的农业政策依赖于大规模的政府管理计划,这类由政府完全主导实施的发展农村金融、投资基础设施建设等相关政策均以失败告终,而通过发挥私营部门在农业市场营销、改善农村金融服务等方面的作用,鼓励农民和社会组织参与决策,却有效提升了农业生产效率、改善了农村发展状况。这让决策者开始反思,为了更好促进农业农村发展,政府究竟应该扮演何种角色。"治理"理论就是在这样的背景下提出的。该报告将好的"治理"界定为"高效的公共服务、可靠的司法系统、负责任的政府以及政府和治理对象之间的平衡关系"[1]。"治理"理论强调改变过去政府直接干预的发展模式,打破公共、私人与志愿组织之间的界限,发展社会资本,促进高水平的公民参与,因而被看作是政府、市场和社会互动的结果,是一种新的公共管理模式。西方国家的治理可以分为三种道路,一是市场机制作用下的治理,二是政府作用下的治理,三是社会自治模式下的治理。治理既被用作描述企业、社会组织、个人等不断适应社会环境变化的概念,也被用作强调国家不断调整社会制度以适应社会环境变化的理论概念。[2] 西方治理理论的主要议题在于政府、市场和社会的关系,个人、公共组织、私人机构如何协同参与社会事务管理。

中国社会治理的核心理念和价值根基是"以人民为中心"。习近平总

---

[1] *Sub-Saharan Africa:From Crisis to Sustainable Growth*,World Bank,1989,p.xii.

[2] Jinfa Liu,"From Social Management to Social Governance:Social Conflict Mediation in China",*Journal of Public Affairs*,Vol.14,No.2,2014,pp.93–104.

书记指出,"创新社会治理,要以最广大人民根本利益为根本坐标,从人民群众最关心最直接最现实的利益问题入手"①。党的十八大以来,以习近平同志为核心的党中央在坚持"以人为本"理念的基础上提出了"以人民为主体"的治理理念。②

中国农村社会治理的早期探索可以追溯到20世纪30年代前后的乡村建设运动,主办乡村建设的机构,既有学术机关、高等学校,也有民间团体和政府机构。"乡村建设工作所侧重的方面,有的侧重平民教育,有的侧重社会救济和社会服务,有的侧重农村经济事业,也有的侧重乡村自治。"③当时以梁漱溟和晏阳初为代表的"乡村建设学派"致力于改善农村长久以来在经济、教育、文化等方面落后面貌,通过平民教育、社会救济、社会服务等试验,尝试通过社会力量改变农村面貌。这场乡村建设运动是"乡村建设学派"对农村社会治理模式的初步探索,这场探索具有极为重要的社会价值。1978年改革开放后,各地自发探索农村经济发展模式,对农村社会治理模式的研究逐渐升温。随着中国城镇化进程加速和农业现代化水平的不断提高,农村生产和生活方式发生巨大变化,现代化对农村社会治理的影响逐渐显现出来,不断催生新的理论工具解释农村社会治理的新问题。

中国农村社会治理现代化研究可以概括为三种理论视角,一是"国家建设视角",这一视角关注国家在乡村社会治理过程中的作用。二是"村民自治视角",这一视角关注村民自治在建构乡村社会治理秩序过程中的作用。三是"国家与社会互动视角",这一视角关注"社会治理共同体"的

---

① 中共中央文献研究室编:《习近平关于社会主义社会建设论述摘编》,中央文献出版社2017年版,第129页。
② 张文显:《新时代中国社会治理的理论、制度和实践创新》,《法商研究》2020年第2期。
③ 郑杭生、李迎生:《中国早期社会学中的乡村建设学派》,《社会科学战线》2000年第3期。

建构。①"社会治理共同体"的理念目前在全国范围内得到广泛应用,学界就此议题也取得了较为丰富的研究成果。

第二节　农村社会治理现代化政策演进

党的十八大以来,中央围绕农村社会治理内容、治理主体、治理体系和治理方式进行了一系列政策改革,农村社会治理现代化的政策内容因历年中央关注领域的不同而有所差别。梳理 2013—2022 年中央一号文件关于农村社会治理现代化的政策内容,可以发现,农村社会治理的内容从"完善乡村治理机制"转变为"突出实效改进乡村治理",党作为农村社会治理的领导核心地位进一步加强,多元主体协同共治的现代化体制机制不断完善,农村社会治理体系由"村民自治"转向自治、法治和德治"三治融合",农村社会治理方式转向信息化、精细化、网格化和智慧化。

一、党对农村工作的全面领导机制不断完善

党对农村工作的全面领导是一项系统性工程,党的领导是农村社会治理现代化建设的根本保证。党的十八大以来,历年中央一号文件均将党的领导作为农村社会治理的领导核心。2013 年中央一号文件《中共中央国务院关于加快发展现代农业进一步增强农村发展活力的若干意见》提出,"完善乡村治理机制,切实加强以党组织为核心的农村基层组织建设"②。党的十九大以后,进一步了细化党管农村工作的具体要求。2018 年中央一号文

---

① 王万平、于明慧:《边疆民族地区乡村治理共同体建设路径研究——基于西双版纳傣族自治州勐润村的案例》,《湖北民族大学学报(哲学社会科学版)》2022 年第 1 期。

② 《中共中央国务院关于加快发展现代农业　进一步增强农村发展活力的若干意见》,《人民日报》2013 年 2 月 1 日。

件《中共中央　国务院关于实施乡村振兴战略的意见》提出,"毫不动摇地坚持和加强党对农村工作的领导,健全党管农村工作领导体制机制和党内法规,确保党在农村工作中始终总揽全局、协调各方,为乡村振兴提供坚强有力的政治保障"①。

2019 年《中国共产党农村工作条例》对坚持和加强党对农村工作的全面领导作出系统规定,强调"坚持党对农村工作的全面领导,确保党在农村工作中总揽全局、协调各方,保证农村改革发展沿着正确的方向前进"②。2021 年《中共中央　国务院关于全面推进乡村振兴加快农业农村现代化的意见》提出,"要坚持把解决好'三农'问题作为全党工作重中之重,把全面推进乡村振兴作为实现中华民族伟大复兴的一项重大任务,举全党全社会之力加快农业农村现代化,让广大农民过上更加美好的生活"③,细化了党对农村社会治理工作的全面领导机制,具体措施包括强化五级书记抓乡村振兴的工作机制、加强党委农村工作领导小组和工作机构建设、加强党的农村基层组织建设和乡村治理等。

二、以农民利益为核心的多元主体协同治理机制不断健全

坚持农民的社会治理主体地位是农村社会治理现代化的本质特征,是由党的性质和宗旨决定的。2013 年,党的十八届三中全会发布了《中共中央关于全面深化改革若干重大问题的决定》,明确指出,"创新社会治理,必须着眼于维护最广大人民根本利益"④。要让广大农民平等参与现代化进程、共同分享现代化成果。习近平总书记在《关于〈中共中央关于全面

---

①　《中共中央　国务院关于实施乡村振兴战略的意见》,《人民日报》2018 年 2 月 5 日。
②　《中国共产党农村工作条例》,《人民日报》2019 年 9 月 2 日。
③　《中共中央　国务院关于全面推进乡村振兴加快农业农村现代化的意见》,《人民日报》2021 年 2 月 22 日。
④　《中共中央关于全面深化改革若干重大问题的决定》,《人民日报》2013 年 11 月 16 日。

深化改革若干重大问题的决定〉的说明》中,对健全城乡发展一体化体制机制的内容作出重要论述,将农村合作经济的发展、农民"三权"的保障、社会资本投资、社会组织兴办事业、进城农民落户相关权益保障等确定为农村社会治理现代化的重要内容。① 党的十八届五中全会鲜明提出要坚持以人民为中心的发展思想,把增进人民福祉、促进人的全面发展、朝着共同富裕方向稳步前进作为经济发展的出发点和落脚点。② 党的十八届五中全会还提出共享发展理念,要保证全民共享,全面保障人民在各方面的合法权益。③2019 年《关于促进乡村产业振兴的指导意见》和 2021 年《中共中央 国务院关于全面推进乡村振兴加快农业农村现代化的意见》均强调,农民是农村社会治理实践的参与主体,是社会治理成果的获得者。

社会组织也是农村社会治理的重要主体。为推动社会组织发展,中央相继出台了《中共中央办公厅 国务院办公厅关于改革社会组织管理制度促进社会组织健康有序发展的意见》《"十四五"民政事业发展规划》,实施社会组织治理体系和治理能力建设工程,加强社会组织孵化和培育,为社会组织参与社会治理提供资金支持,引导社区社会组织在社区矛盾调解、促进社区协商、发展社区文化以及组织志愿者参与社会治理等方面发挥作用。

三、自治、法治和德治相结合的乡村治理体系不断优化

2018 年 9 月 27 日,中共中央、国务院印发的《乡村振兴战略规划(2018—2022 年)》指出,"加强农村基层基础工作,健全自治、法治、德治相

---

① 参见习近平:《关于〈中共中央关于全面深化改革若干重大问题的决定〉的说明》,《人民日报》2013 年 11 月 16 日。

② 参见中共中央文献研究室编:《习近平关于社会主义社会建设论述摘编》,中央文献出版社 2017 年版,第 12 页。

③ 参见中共中央文献研究室编:《习近平关于社会主义社会建设论述摘编》,中央文献出版社 2017 年版,第 39 页。

结合的乡村治理体系"①。该规划明确了现代乡村治理体系的内容,将其确定为加强农村基层党组织对乡村振兴的全面领导、促进自治法治德治有机结合、夯实基层政权等三个方面的内容。其中加强农村基层党组织对乡村振兴的全面领导包括健全以党组织为核心的组织体系、加强农村基层党组织带头人队伍建设、加强农村党员队伍建设、强化农村基层党组织建设责任与保障等四个方面内容。促进自治、法治、德治有机结合包括深化村民自治实践、推进乡村法治建设、提升乡村德治水平、建设平安乡村等四个方面内容。夯实基层政权包括加强基层政权建设、创新基层管理体制机制、健全农村基层服务体系等三个方面内容。②

2020 年中央农村工作会议提出要加强和改进乡村治理,加快构建党组织领导的乡村治理体系,深入推进平安乡村建设,创新乡村治理方式,提高乡村善治水平。加快乡村产业发展、精神文明建设、生态文明建设,深化农村改革,实施乡村建设行动,推动城乡融合发展等政策措施,都离不开乡村治理体系作用的发挥。2022 年中央一号文件提出"突出实效改进乡村治理"的要求,进一步明确,乡村治理体系建设是乡村振兴战略的重要保障。没有乡村治理体系作为保障,乡村治理的一系列措施都不能得到有效实施。

四、信息化、精细化和网格化的农村社会治理方式不断创新

2014 年习近平总书记在参加十二届全国人大二次会议上海代表团审议时,指出"加强和创新社会治理,关键在体制创新,核心是人,只有人与人和谐相处,社会才会安定有序。社会治理的重心必须落到城乡社区,社区服务和管理能力强了,社会治理的基础就实了。要深入调研治理体制问题,深

---

　　① 《习近平谈治国理政》第三卷,外文出版社 2020 年版,第 25 页。
　　② 参见《中共中央国务院印发〈乡村振兴战略规划(2018—2022 年)〉》,《人民日报》2018 年 9 月 27 日。

化拓展网格化管理,尽可能把资源、服务、管理放到基层,使基层有职有权有物,更好为群众提供精准有效的服务和管理"①。2015 年在十八届中央政治局第二十二次集体学习时,习近平总书记指出,"要高度重视农村社会治理,加强基层党的建设和政权建设,增强集体经济组织服务功能,提高基层组织凝聚力和带动力"②。党的十九大报告中提出"打造共建共治共享的社会治理格局",社会治理现代化的目标是"完善党委领导、政府负责、社会协同、公众参与、法治保障的社会治理体制,提高社会治理社会化、法治化、智能化、专业化水平"。③

2016 年,在十八届中央政治局第三十六次集体学习时,习近平总书记指出"随着互联网特别是移动互联网发展,社会治理模式正从单向管理转向双向互动,从线下转向线上线下融合,从单纯的政府监管向更加注重社会协同治理转变。我们要深刻认识互联网在国家管理和社会治理中的作用,以推行电子政务、建设新型智慧城市等为抓手,以数据集中和共享为途径,建设全国一体化的国家大数据中心,推进技术融合、业务融合、数据融合,实现跨层级、跨地域、跨系统、跨部门、跨业务的协同管理和服务"④。推动社会治理精准化,用信息化手段更好感知社会态势,是乡村社会治理方式的重大变革。2022 年,《数字乡村发展行动计划(2022—2025 年)》发布,"数字治理能力行动"在全国推开,该行动确立了完善农村智慧党建体系、推动"互联网+政务服务"向乡村延伸、提升村级事务管理智慧化水平、推动社会综合治理精细化、加强农村智慧应急管理体系建设等五个方面的改革任务。

---

① 中共中央文献研究室编:《习近平关于社会主义社会建设论述摘编》,中央文献出版社2017 年版,第 127 页。

② 中共中央文献研究室编:《习近平关于社会主义社会建设论述摘编》,中央文献出版社2017 年版,第 130 页。

③ 《习近平谈治国理政》第三卷,外文出版社 2020 年版,第 38 页。

④ 中共中央文献研究室编:《习近平关于社会主义社会建设论述摘编》,中央文献出版社2017 年版,第 134 页。

第三节　党的十八大以来我国农村社会治理现代化成效

党的十八大以来,为推动农村社会治理现代化水平的提升,全国各地不断创新治理方式、完善治理体制、健全治理体系、提升治理能力,大胆创新、大胆探索,及时对行之有效的治理理念、治理方式、治理手段进行总结和提炼,使得农村社会治理现代化各方面制度不断完善和发展,出现了多形态、多样态的农村社会治理模式,农村社会治理现代化取得了明显成效,表现在以下几个方面。

一、"内外兼修"的社会治理创新模式不断涌现

(一)聚焦要素整合,引导"共同治理"

一方面,政府通过培育乡村社会治理共同体,引导社会资本、社会组织、农民等多元主体共同治理,融入乡村治理全过程,有效增强全社会参与乡村建设的认同感,从而凝聚起农村社会治理现代化的强大合力。另一方面,政府通过整合社会资本等外部资源,充分发挥乡村特色优势,融入乡土情怀,发挥村民在乡村建设中的价值,提高农村吸引力和竞争力。比如,2017 年 6 月,江苏省在全国率先开展田园乡村建设试点,在特色田园乡村建设中运用"共同治理"理念,注重在村庄规划和建设中广泛收集村民意见,形成了"民事民议、民事民办、民事民管"①的多层次协商格局。试点至今,江苏省的特色田园乡村和美丽宜居村庄已遍布全省,形成"串点成片"的发展格局。江苏省淮安市黄庄是特色田园乡村的首批试点,通过政府主导推动和社会资本介入编制村庄规划,发挥村"两委"的协调作用,积极开展宣传教育,在帮

---

① 周岚、赵庆红等编著:《田园乡村:特色田园乡村建设——乡村振兴的江苏探索》,中国建筑工业出版社 2020 年版,第 11 页。

助村民了解村庄建设的内容和意义后,村民能够积极主动参与村庄改造和建设,自发改善院落环境,推动了乡村特色项目的实施。经过建筑和环境改造的提升,黄庄面貌焕然一新,村民年收入也得到很大提高。江苏省在推进田园乡村建设过程中,始终坚持政府主导地位,充分调动社会资源,引导社会资本投入乡村建设,为村庄提供全国顶尖的乡村建设规划设计团队,同时尊重村民意愿,守护村民的乡土情怀,探索出一条特色的乡村社会治理现代化新路。

(二)挖掘文化资本,构建"内生秩序"

文化资本是实现农村社会治理现代化的重要抓手。2018 年,民政部联同其他部委下发了《关于做好村规民约和居民公约工作的指导意见》(以下简称《意见》),对村规民约的制定给出指导意见。《意见》指出,村规民约对引导基层群众有序参与村、社区事务,加强村、社区治理,弘扬公序良俗,起到了积极作用。村规民约对村民自治具有重要的约束力,在乡风文明建设中,政府通过引导村庄制定村规民约,使村规民约兼具法律效力和道德约束力,形成村民自觉遵守村规民约的良好氛围。村规民约的制定,有效遏制了农村婚丧铺张浪费等陋习。在民族村落治理中,构建各民族之间互惠合作的文化资本结构至关重要。同时,充分发挥基层党组织的作用,发挥少数民族党员代表优势,能够有效化解矛盾纠纷。通过建立区域工作方法,充分发挥区域间协调作用,可以有效解决民族村落地域跨度较大的问题。以家庭为单位,实施积分制管理办法,以"小积分"实现"大治理",通过积分换购,引导村民积极主动参与村庄志愿服务和集体互动,有利于形成互帮互助的良好氛围。

(三)着眼长治长效,坚持"绿色治理"

党的十八大以来,我国重视加强生态文明建设的制度建设,2013 年党的十八届三中全会,首次提出要建立生态文明制度体系。习近平总书记多次谈到,绿水青山就是金山银山,坚决不能越过生态红线。逐渐兴起的"生态农业"理念对传统农业产生了巨大影响。作为中国第一村的"华西村",在早期村庄发展过程中,也曾经以牺牲环境为代价,在后来村庄建设中,转变思路,以生态为先,才发展成为现在的 5A 级旅游景区。生态环境是村庄发展的宝贵资源,村庄发展决不能以牺牲环境为代价。在生态文明建设的时代背景下,合理利用生态资源不仅能够成为农村产业发展的契机,也可以更有效激发村民干事创业的热情。坚持绿色发展理念,村庄生态系统得到修复,村庄面貌焕然一新,往往会产生意想不到的社会治理效果。浙江省台州市推出"绿色公约""绿色货币""绿色资产"等"三绿"模式,引导村民参与村庄绿色治理,取得了明显成效。浙江省瑞安市陈岙村坚持村庄生态环境整治与村庄建设发展相促进的发展战略,通过小流域整治,以治水护水充实集体经济改良生态,通过彻底的青山白化治理,集约化整合利用土地,通过农房聚落改造,变革村落布局,将村庄打造成为一个功能设施全、生态环境好,集乡村民俗、水上娱乐、温汤养生、露营探险、休闲度假于一体的美丽旅游乡村。[1]

（四）回应农民需求,推动"赋权增能"

能够有效回应农民需求是农村社会治理转型的重要内容。党的十八大以来,我国加强对农民需求的积极反映和回复,强化监督监管。为解决农民宅基地申请和流转需求,中共中央印发《关于进一步加强农村宅基地管理的通知》《关于规范农村宅基地审批管理的通知》《关于农村乱占耕地建房"八不准"的通知》等文件,建立了农村宅基地管理完整的制度体系,有效保障了农民宅基地使用和流转权益。

二、现代乡村治理体制的层级结构不断优化

（一）聚焦组织融合,创新领导体制

一是探索"三级政府、五级治理"社会治理模式。2022 年中央一号文件

---

① 洪文滨主编:《乡村振兴看浙江》,社会科学文献出版社 2020 年版,第 11 页。

强调要落实落细"五级书记抓乡村振兴"的具体要求,明确指出谁来领导、谁来负责、谁来落实等问题,把党管农村工作切实落到实处。为促进社会治理条块协同联动,浙江省、广东省在全省推广建立市、县、镇三级社会治理中心,理顺市、县、镇三级在社会治理中的权责关系,探索构建运转有序、高效顺畅、责任明晰的市县镇村组五级治理架构,满足社会治理工作的新要求和人民群众的新期待。市县镇三级政府主导的社会治理体系,可以更有效地从宏观上协调农村空间利用、农村规划编制等,在更大范围内整合功能相似的农村社区,促进资源要素的统筹安排。山东省制定了五级书记抓乡村振兴的实施细则,把乡村振兴和乡村治理纳入市县综合考核和省直部门绩效考核。2020 年,山东省济宁市成立全省首个市级社会治理服务中心,打通线上线下服务瓶颈,将调解组织等化解矛盾纠纷的组织部门汇聚到平台,直接收集群众意见和建议,通过市级平台的打造,实现诉求和建议的一口受理、一平台调处、一揽子解决。二是将党组织覆盖和网格精细化管理有效融合,做到支部引领,党小组与二级网格融合、党员骨干与三级网格融合,建立各级党组织、党员骨干加群众的网格化管理模式,着力构建矛盾纠纷"一网化解"、社会事务"一格统管"、便民事项"一格通办"的基层社会治理格局。

(二)聚焦党建引领,创建"联合党委"

一是探索乡镇"大党委"模式,发挥乡镇在联络社会组织方面的重要作用。乡镇通过在村庄、社区层面建立"联合党委",有效解决单个村庄基层党组织力量薄弱的问题,促进党组织有效沟通和链接,激活党组织活力。四川安州区花荄镇探索建立"1+N+1"片区治理模式,将全镇划分为四大片区,创新设立片区"大党委",带动盘活区域优势资源,促进党建与产业发展、社会治理相融互动,激活乡村振兴发展新潜能。2018 年浙江舟山市首家乡镇大党委诞生,普陀山镇"大党委"覆盖普陀山公用事业管理中心等全山机关事业单位、金融机构、学校、"两新"组织相关领域的 20 家单位党组织,实现资源共享、共驻共建、互联互动。二是坚持党建带群建,统筹基层党组织和群团组织资源配置。培育扶持基层公益性、服务性、互助性社会组织。支持党组织健全、管理规范的社会组织优先承接政府转移职能和服务项目。发挥平台效应,通过乡镇设立社区社会组织联合会,为村居和社会组织联络搭建平台。通过乡镇平台整合各方涉农资源,成立"农合联""智慧服农""农业众创空间"等平台,整合农业科技资源、金融服务、青年创业团队等,为社会组织参与社会治理提供平台。三是探索党支部领办合作社,实施农业产业链党建。浙江省温州市马屿镇积极引进外地经纪人,让本土农产品搭上品牌快车,与高端市场深入合作,积极拓展海内外市场,马屿镇开展以"党支部领办合作社"为核心的农业产业链党建,通过党员示范引领,实现党建帮扶、帮带、帮富。四是优化乡镇(街道)政务服务流程,全面推进一窗式受理、一站式办理,加快推行市域通办,逐步推行跨区域办理,增强乡镇议事协商能力。

（三）聚焦服务优化,搭建社区平台

实现乡村有效治理是乡村振兴的重要内容,需要从乡村治理的重要阵地和落脚点出发推动和探索乡村治理新模式。村级社区服务中心是新时代乡村治理的重要阵地和落脚点。随着社会治理的不断下沉和网格精细化管理的要求,建立规范的社区服务中心成为网格化治理的最基础环节。党的十八大以来,不断加强标准化社区服务中心建设,采取改建、扩建、新建三种形式建设城乡社区服务中心,不断提高社区服务中心建设标准,增加和改进服务设施。民政部公布的《2020 年民政事业发展统计公报》显示,截至 2020年年底,农村社区综合服务设施覆盖率达到 65.7%,全国共有 7 个农村社区服务指导中心,1.2 万个社区服务中心,31.8 万个社区服务站,1.9 万个社区专项服务机构和设施。随着城乡融合进程的加快,原有的以村委会自治为基础的社会治理组织体系受到冲击,通过建立村级社区服务中心,规范社区服务和工作,让农村居民享受和城市居民同等的社区服务。村级社区服务中心逐步成为开展公益事业、发展社区卫生、繁荣社区文化活动的重要平台。

（四）聚焦资源配置,优化村庄规模

优化调整村庄规模事关农村社会治理和农民群众切身利益。2013—2022 年,全国村委会数量逐渐下降,村庄规模不断得到优化和调整。乡村要振兴,合理确定行政村规模是前提、也是基础。2017 年以来,国务院和省委、省政府相继出台文件,明确提出要进一步加强基层群众性自治组织规范化建设,合理确定其管辖范围和规模,积极稳妥推进人口偏小村的调整。通过调整村庄规模,优化资源配置,可以解决"低小散"村庄的社会治理需求。规模调整是加强基层治理的需要。通过村规模优化调整,可以拓宽视野,选优配强村级班子;可以推进要素集聚、加速社会化进程,提升乡村治理的科学化、民主化、法治化、专业化水平。通过村规模优化调整,可以调优规模、整合资源,打破分散的低层次农村发展格局,可以促进产业发展,激发农村经济活力,为社会治理提供经济支撑。

（五）聚焦人才培养,增强社会参与

通过定期开展农村基层党组织干部培训,提升农村基层党组织组织力。通过开展干部下基层等活动,吸引大量优秀人才投身农村建设,为农村发展提供了强大外援。2018 年,习近平总书记在打好精准脱贫攻坚战座谈会上,指出"要吸引各类人才参与脱贫攻坚和农村发展,鼓励大学生、退伍军人、在外务工经商等本土人才返乡担任村干部和创新创业"[①]。2012—2022 年,全国各地通过实施"党政干部下基层""人才回乡工程""院士专家下基层"等措施,为农村社会治理现代化提供了强大支撑。老年人和妇女也是农村社会治理的重要群体。在农村治理中,妇女成为一支重要的主力军,成为村级治理的重要力量。女性村干部越来越多,提高他们的治理能力,有利

---

① 《习近平谈治国理政》第三卷,外文出版社 2020 年版,第 157 页。

于解决劳动力转移过程中农村干部流失的问题,有利于协调农村治理结构中的其他主体。①

三、"三治融合"的农村社会治理体系不断完善

(一)基层政权治理能力不断提升

一是推进乡镇综合执法体制改革,增强乡镇行政执行能力。2021 年中共中央、国务院印发《关于加强基层治理体系和治理能力现代化建设的意见》,依法赋予乡镇行政执法权,推动执法权力下移。农村的社会治理多依靠自治,法治意识相对淡薄,通过下放执法权力至乡镇,在乡镇搭建执法平台,整合资源,将村民代表纳入综合执法平台统一协调,能够有效打造群防群治的乡镇执法新格局。2015 年浙江省率先在全国开展综合行政执法改革,构建浙江省金字塔型行政执法结构,推动执法力量下沉乡镇。2022 年浙江省实行"大综合一体化"行政执法改革,进一步推进行政执法权力下移,试行 60% 以上执法力量下沉乡镇。二是探索"选育管用"机制,实行村党组织书记专业化管理。2022 年中央一号文件指出,要强化县级党委抓乡促村职责,深化乡镇管理体制改革,健全乡镇党委统一指挥和统筹协调机制,加强乡镇、村集中换届后领导班子建设,全面开展农村基层干部乡村振兴主题培训。围绕农村基层组织建设,山东省启动实施了农村基层党建分类推进整体提升三年行动计划,实施村党组织带头人"头雁领航"工程,对村党组织书记进行专业化管理。

(二)村民自治实践进一步深化

一是村民自治机制进一步健全。通过畅通村民反映意见和建议的渠道,提高村务协商工作效率。党的十八大以来,全国各地探索出"村民议事

---

① 雷国珍:《21 世纪以来中国农村治理结构改革研究》,人民出版社 2020 年版,第 368 页。

会"等协商平台,聚焦群众关心的民生实事和重要事项,定期开展民主协商,大大提高了村民参与村庄事务的积极性。二是村民委员会设立、撤销和规模调整程序逐步规范。2019 年中共中央办公厅、国务院办公厅印发《关于加强和改进乡村治理的指导意见》,要求建立基层群众性自治组织法人备案制度,为规范村委会的设立、撤销和规模调整提供有效制度支撑。为解决村改社区治理难点,各地制定村改社区工作实施细则,规范撤销村民委员会改设社区居民委员会的条件和程序。坚持研判先行,做好风险评估,尊重农民意愿,科学合理制订村庄撤并撤改方案,将社会稳定风险化解到最低。三是"物业进村"取得良好治理效果。通过创新"党建+物管"的治理方式,可以有效改善村庄人居环境。允许村民委员会增设环境和物业管理委员会,解决了村改社区物业管理委员会不规范的问题。北京大兴区西红门镇党委筛选有资质的物业公司进驻城中村,对村庄实行精细化管理,解决了城中村的安全隐患和脏乱差的环境问题。山东省莱西市日庄镇通过政府购买服务的方式,把物业公司引进村庄,提升了村庄的社会治理水平。引入物业企业进入乡村治理体系,使得农村社区像城市社区一样,拥有现代化的物业管理条件。四是村(居)民委员会下设的人民调解、治安保卫、公共卫生等委员会的作用进一步得到发挥。2022 年,贵州省下发了《关于加强村(居)民委员会公共卫生委员会建设的通知》,规定全省村(居)民委员会全面设立公共卫生委员会。鼓励在村委会下设委员会,能够精准改善公共服务,形成完善的社会服务体系。

(三)乡村治理法治化水平明显提高

一是基层公共法律服务体系不断完善。2020 年,中央全面依法治国委员会印发《关于加强法治乡村建设的实施意见》,要求着力推进乡村依法治理,教育引导农村干部群众依法办事、遇事找法、解决问题用法、化解矛盾靠法,建设法治乡村。目前,乡村公共服务法律体系更加完善,基层党员、干部法治素养明显提升,基层执法质量明显提高。山东、湖北等省份制定了公共服务法律条例,保障群众能够更加积极参与、依法支持和配合基层治理。2020年9月25日,山东省出台全国首部公共法律服务法规《山东省公共服务法律条例》,将公共法律服务工作纳入法治化轨道。该条例规定,县(市、区)人民政府应当为村民委员会、居民委员会配备法律顾问。法律顾问应当按照有关规定无偿为本村、居治理提供法律意见,为村民和居民提供法律咨询,开展法治宣传教育,参与人民调解等公共法律服务工作。山东全省有1.4万名律师、基层法律工作者等担任6.3万个村(居)法律顾问,2020年无偿提供法律咨询、开展法治宣传教育、参与人民调解等96万次,为村党组织领办合作社提供法律意见6.8万次,为扶贫项目提供法律意见2.5万次。①

　　二是村(居)法律顾问覆盖率不断提升。司法部、民政部开展全国民主法治示范村评比,对民主法治建设成绩突出的村给予荣誉称号,通过"巡回法庭"、现场调解、法治文艺演出、建设"法治书屋",畅通司法便民"最后一公里"。司法部公开发布的《2020年度律师、基层法律服务工作统计分析报告》显示,2020年,律师为60多万个村(居)担任法律顾问,建立村(居)法律顾问微信群24万多个,截至2020年年底,全国共有基层法律服务机构1.4万多家,其中乡镇所8700多家,占59.5%;街道所5900多家,占40.5%。全国基层法律服务工作者6.3万人,其中在乡镇所执业的基层法律服务工作者2.8万多人,占44.4%;在街道所执业的基层法律服务工作者3.5万多人,占55.6%。广东省设立"驻村律师"制度以来,截至2021年上半年,广东省村(社区)法律顾问为村居"两委"和镇街党委政府提供法律服务超10

---

①　姜东良、梁平妮:《山东公共法律服务体系建设驶入快车道》,《法治日报》2021年7月12日。

万次,为村(居)民提供法律服务超 34 万人次。① 另外,一些地区还通过打造"视频调解平台",让居民足不出户接受专业调解。

(四)德治传统治理优势充分彰显

一是充分发挥德治的传统优势,不断更新德治理念,使其符合现代化治理要求。德治具有柔性化、人性化的治理理念,帮助我们在社会治理的过程中选择凸显人文关怀的治理方式。② 二是发挥"村规民约"的传统治理效力。利用好村规民约、道德评议会等抓手,充分发挥其引导和监督作用。适时调整村规民约,使其符合国家法律和公序良俗以及社会道德观念,以增强"村规民约"的实用性和约束力。三是抓好基层党组织的政治、思想、作风和制度建设,发挥好基层党组织在新时代乡村德治建设中凝聚民心和统领的作用。比如,山东省莱西市是山东省文明办确定的德治体系建设联系点。莱西市按照"以农村党组织统领乡村发展融合、治理融合、服务融合"的要求,注重以党组织为核心,搭建组织协调体系,协同推进全市乡村德治工作。四是培育践行社会主义核心价值观,推动习近平新时代中国特色社会主义思想进社区、进农村、进家庭。通过开展村庄道德模范评比和积分制奖励,在村庄形成塑造良好家风的风潮,使道德模范评比成为群众广泛参与的社会活动。五是定期组织开展科学常识、卫生防疫知识、应急知识普及和诚信宣传教育,深入开展爱国卫生运动,遏制各类陈规陋习,抵制封建迷信活动,让乡村民俗焕发新的活力。

(五)"三治融合"治理模式不断完善

自治是法治和德治的基础,同时也离不开法治和德治。实现自治、法治和德治的融合,关键是找准自治、法治和德治在社会治理中的结合点。随着

---

① 陈创中、文芳芳:《广东省司法厅用法治乡村建设打通乡村善治路》,《民主与法制时报》2021 年 10 月 15 日。
② 李军主编:《传统文化与国家治理现代化》,人民出版社 2020 年版,第 108 页。

农村土地经营权流转常态化,农村劳动力流动更加频繁,农村社会结构发生深刻变迁,仅用过去"自治"这种单一的社会治理方式,已经很难满足现代化社会治理的要求。党的十八大以来,通过不断探索村规民约与法律的衔接方式,道德观念和法律文化的融合方法,我国已经初步形成自治、法治和德治相融合的治理体系。比如,浙江省桐乡市高桥街道越丰村在全国率先开展了"三治融合"治理模式的实践,其典型做法是在农村内部设立百姓议事会、法律顾问团、道德评判团、百事服务团等,全面覆盖农村社会服务,形成了"三治融合"的治理合力。党的十九大报告将"三治融合"理念在全国推广,各地也探索出各具特色的"三治融合"治理理念。浙江省义乌市七一村经过 20 多年努力,变成全国乡村振兴样本村,其经验来自构建了党建引领下的自治、法治、德治"三治融合"的新型基层社会治理模式,该模式的特点是规范党组织领导,发挥老年协会作用,重视外来建设者意见和建议。创立村"两委"干部公开承诺制度、党内约谈制度以及党员"十二分制管理"制度。七一村以共建共享激发村民群众参与村庄建设发展,走出了独具特色的"三治融合"之路。①

四、农村社会治理的智慧化、信息化水平不断提升

(一)农村数字治理能力不断提升

村镇信息化是信息化建设的重要组成部分。党的十八大以来,我国不断推进村庄信息化基础设施和规划建设,提高农村数字治理能力。一方面,通过实施"互联网+基层治理"行动,完善镇村地理信息等基础数据,将村庄的房屋、土地、产业信息纳入"一张图",有效整合涉农信息资源,方便政府实时掌握涉农资源底数,对村庄发展进行统一规划安排,同时方便了市场、

—————————

① 洪文滨主编:《乡村振兴看浙江》,社会科学文献出版社 2020 年版,第 62 页。

社会组织和农村居民等多元主体更有效参与农村治理,在相互合作、协商的基础上提升社会治理水平。另一方面,通过开发智慧社区系统平台和应用终端,应用智能感知等技术,合理收集传感数据,借助软件平台进行信息化管理,强化系统集成、数据融合和网络安全保障,有效改善了农村社会治安。比如,应用5G无人机、5G智能球机和各种物联网智能前端,充分运用前端智能分析、热成像、多目视全景采集等技术,实现土地监测与管理。从基本农田保护、非法占用土地行为分析、耕地自动监测定位、实时预警、无人机巡查等方面,开展对各类违法行为的监测和治理,确保农村土地资源的有效利用。应用5G热成像云台、5G无人机等设备,可以实时监控、智能上报各种焚烧行为,并通知管理人员及时处理,通过远程报警、实时呼救等手段阻止焚烧行为。还可以应用传感技术,监测燃烧秸秆、雾水排放等行为,实现实时监测。通过数字技术助力农村网格化治理,聚焦农村数据资源共享,探索共建全国基层治理数据库,推动基层治理数据资源共享,根据需要向基层开放使用。

(二)信息化平台应用场景不断拓展

应用新技术开展农村社会治理成为一种新趋势。近年来我国加快农村信息化基础设施建设,网农群体规模不断壮大,根据《中国互联网络发展状况统计报告》,2021年我国农村网民规模已达2.84亿,农村地区互联网普及率为57.6%。[①] 农村居民正加速融入网络社会。利用互联网的虚拟性、无边界性等特征,"农业物联网""互联网+""信息进村入户""农业大数据""农业电子商务"等的发展为农村社会治理现代化带来了机遇和挑战。一方面,数字治理平台将多元治理主体纳入到一张网中,有效解决了乡村基层治理中的痛点和难点问题。通过对宅基地等进行数字化管理,打造集审批、

---

① 《CNNIC发布第49次〈中国互联网络发展状况统计报告〉》,《新闻潮》2022年第2期。

监管、产权交易于一体的宅基地信息化平台,有效解决了数字化应用前宅基地权属不明、测算不清、审批缓慢、监管不力等方面的问题。另一方面,互联网的普及也提升了农村社会治理的现代化水平,提高了乡村治理效能。微信群议事增加了村民之间的互动,也让远在村庄外的居民能实时参与村庄事务。线上线下互动更加频繁,大大提升了基层治理效率。比如,上海宝山区开发了"社区通"平台,将村务工作从线下移到线上,村务工作在网上一览无余,村民可以通过该平台查看村规民约和办事指南,也可以在后台留言,方便村庄及时收集和反馈村民意见,村民之间也可以通过该平台相互交流、协商议事。甘肃省临夏市打造了"智慧农村"系统平台,开发平台应用终端,实现了线上说事议事、线上联动解决,全力推动为民服务一体化、智慧化、最大化。

第四节　农村社会治理现代化未来展望

党的十八大以来,农村社会治理现代化改革取得了非凡成效,但在优化多元主体协同治理机制、深化"三治融合"实践探索、整体性升级数字乡村治理技术等方面还有改进的空间。一是多元主体协同治理机制亟待优化。在多元治理主体介入的情况下,如何有效协调治理主体之间的关系,实现资源整合,以实现社会治理效能的最大化,可能仍是未来乡村社会治理的难点。社会治理具有跨界协同的特征,所面对的问题往往不是单一部门或系统所能化解的,需突破主体的边界和局限,用跨界的思路、跨界的方法、跨界的机制进行协商对话、协调互动、协力共治。二是"三治融合"实践探索亟待深化。自治需要借助法治的"硬约束"和德治的"软约束"来提升农村社会治理水平,实现乡村社会的善治。但法律的抽象化与农村社会生活的具体化存在差异,要将传统的约定俗成的规则转变为法律规则,不仅要明确法治和村规民约的界限,还要解决农民对规范的法律条文的适应性问题。三是数字乡村治理亟待整体性升级。数字治理效能提升需要打通各部门数据库之间的壁垒,形成互联互通的治理效应,但是在实际操作过程中,各部门往往因为自身利益排斥数据互联,形成"信息孤岛"。移动终端对老年人群体产生"技术排斥",导致老年人群体较难参与到数字化乡村治理的过程中。

随着乡村振兴、数字乡村以及城乡融合发展等改革发展战略的深入推进,中国农村社会治理水平不断提升。在以往改革成效的基础上不断探索和实践,建立起新型农村社会治理的现代化模式是未来实现农业农村现代化的重要任务。

一、以党建为龙头构建农村基层社会治理组织网络

中国共产党在社会治理体制创新过程中始终处于核心领导地位,在社会治理实践中,党的领导不是事无巨细的领导,而是通过对其他社会治理主体的引导,实现农村社会治理现代化的目标。当前,全国各地探索试验出多种可复制、可推广的社会治理模式,这些模式为现阶段社会治理水平不高的农村地区提供了宝贵的经验教训,具有借鉴和指导意义。一方面,农村基层社会党组织通过理论学习、实地考察等形式,了解先进地区的治理模式,通过地域合作、专家指导等方式,选择适合本地的治理模式,更好地满足居民需求。这对农村基层党组织的领导力和组织力均提出了更高的要求。通过贯彻落实联席议事制度、民主评议制度等,切实推行党务公开、财务公开,提升村民自治实效。另一方面,通过培育支持和引入社会组织,发挥社会组织的作用,明晰基层党组织和社会组织的权责利,构建起由各种类型的社会组织联结而成的社会治理网络,将政府组织、非营利组织、社会企业、志愿者组织纳入治理网络,形成网络化的社会组织体系。农村基层社会治理组织网络形成后,可以为村庄治理提供多种类型的规划、引入高质量发展项目,精准定制满足村庄居民需求的社会治理模式。

二、建立多元治理主体协同共治的社会治理契约体系

协调多元治理主体利益、厘清各种利益关系是全面深化改革时期提升农村社会治理现代化水平的客观要求。伴随着城乡融合体制机制改革,将多元治理主体的各种利益有效整合起来,建立协调多元治理主体利益的社会治理契约体系,符合市场经济规律的客观要求,因此,要制定多层次制度规则协议,全面构建以多元利益表达、疏导、协调、实现为主要特征的社会治理契约体系。[1] 首先,要以农民利益为核心建立契约体系。农民是农村社会治理现代化的直接受益者,也是最重要的参与者。在村庄集体经济体制改革、农村新型社区建设等过程中,在法律许可的范围内,通过设立契约的形式,明确农民利益和村庄集体利益边界,促进个体和集体的协调发展。其次,畅通多元治理主体的表达渠道,尊重多元治理主体的差异,避免过度依赖单一主体,完善对多元主体治理行为的监管,通过契约形式完善多元主体协商机制。

三、树立"全域治理"理念,提高农村社会治理效能

当一定区域范围内的农村社会治理面临问题时,区域治理最有效。"全域治理"理念为推动区域合作和共同解决农村社会治理问题提供了方案。一方面,进一步完善"三级政府、五级治理"模式,打破行政壁垒,在更高层级行政范围内,统筹推进农村社会治理,从局部农村治理转向全域治理。注重提高县城辐射带动乡村能力,促进县乡村功能衔接互补。基于村

---

[1] 白雪秋、聂志红、黄俊立等:《乡村振兴与中国特色城乡融合发展》,国家行政学院出版社2018年版,第234页。

庄共同利益,有序推进村庄合并,集中优势资源开展村庄联合整治,发挥区域联合治理效能。另一方面,提高政策集成度,加大对农村社会组织扶持力度,扩大政府购买社会组织服务范围,使社会组织更广泛地覆盖农村地区。加强政府和社会组织资源对接,形成合作协同机制。

四、健全"三治融合"治理体系,形塑乡村治理秩序

"三治融合"不是简单的制度叠加,也不是治理方式的混同,而是通过健全自治、法治与德治相互融合的治理体系,激发乡村公共精神,塑造农村居民自发参与社会治理和村庄建设的乡村秩序。一方面,塑造法治和自治耦合的治理秩序。推动农村社会治理法治化进程,完善细化农村矛盾纠纷化解、农民社会权益保障方面的法律法规,完善村民自治相关法律法规,使其满足村庄转型过程中农民的多方位需求。通过完善法律法规,进一步明确基层党组织、村民委员会和农民的责权利,保障农民对村庄公共事务的参与权、知情权和监督权,形成乡村自发秩序的"一般规则"。在农村开展形式多样的法治文化宣传活动,为农村社会治理法治化提供文化环境支撑。另一方面,以"村规民约"为载体促进自治、法治和德治的融合。构建村庄道德体系,依法制定村规民约。在村规民约制定过程中,充分发动群众,广泛征求群众意见,为村规民约注入道德正能量。

五、不断完善乡村数字化治理体系

数字化、信息化、智慧化治理是未来农村社会治理的发展方向。一方面,统筹推进数字治理的基础设施、平台建设和技术开发工作,全面提升社区的信息化管理水平,推动农村社区服务中心与市、乡镇等服务中心的联网对接,健全区域性一体化网上服务机制。打破部门之间的职能壁垒,整合各部门利益,破解数字治理的"碎片化"问题。另一方面,扩大乡村数字治理

应用范围。完善面向政府和乡村的双向智慧治理终端,既能为政府科学决策提供支撑,也能有效推动乡村治理数字化,解决乡村治理难题。做好政府、企业或社会组织等多方治理平台的数据监管,防止商业资本采集公民信息,保护公民隐私。

第 三 篇
农民富裕富足

第七章　打赢脱贫攻坚战

　　消除贫困,既是全面建成小康社会的底线任务,也是社会主义的本质要求。党的十八大以来,随着脱贫攻坚的开展,我国举全党全国之力开展大规模的减贫攻坚行动,取得了举世瞩目的减贫成效。2021 年 2 月 25 日习近平总书记在全国脱贫攻坚总结表彰大会上庄严宣告,我国脱贫攻坚战取得了全面胜利,现行标准下 9899 万农村贫困人口全部脱贫,832 个贫困县全部摘帽,12.8 万个贫困村全部出列,区域性整体贫困得到解决,完成了消除绝对贫困的艰巨任务。[①] 脱贫攻坚战的全面胜利,为我国如期全面建成小康社会扫清了底线障碍,也为推动农民农村共同富裕奠定了坚实基础。

第一节　贫困的理论分析

一、贫困的理解

　　对贫困的理解和认识是开展贫困研究的重要前提,贫困是一个具有多维学科属性的研究对象。经济学主要从收入、消费以及资产的角度探讨贫困,认为贫困的产生是由于家庭总收入不足以支付维持家庭成员生存需求

---

① 参见习近平:《在全国脱贫攻坚总结表彰大会上的讲话》,人民出版社 2021 年版,第 1 页。

最低必需品开支的情况。发展经济学主要从平等和能力的角度着手,认为社会和经济的不平等与贫困是一种循环累积的因果关系,贫困是对可行能力的剥夺。一方面,社会学从贫困文化的角度分析认为贫困不仅仅是一种经济现象,也是一种文化现象,处于长期贫困状态的群体所形成的行为方式、心理定式、生活态度等使贫困得以维持和繁衍,这也是代际贫困产生的重要原因;另一方面,社会学从社会功能的角度分析认为贫困是社会机能中的一部分,为贫困的持续存在提供了一种解释。人口学则从数量和素质两个维度讨论人口要素对贫困的挤压效应。综合来看,贫困不仅指依靠所得收入和财产难以获得生存所必要的衣、食、住条件和基本的教育、医疗服务,亦指缺乏权利和发声机会以及遭遇意外情况时的无力应对。

二、贫困标准的界定

(一)国际贫困标准

贫困线是确定贫困人口规模的衡量标准,目前国际上确定贫困线的方法主要有恩格尔系数法、马丁法、支出法、基本需求法等。世界银行确定国际贫困线主要采用的是支出法,即在一定社会发展阶段维持人们基本生存所必需物品和服务的最低消费费用。1990 年世界银行采用年人均消费支出 370 美元作为衡量各国贫困状况的通用标准,将 275 美元作为通用极端贫困标准,并按照 1985 年购买力平价计算简化为"1 天 1 美元",为世界广泛接受。此后,世界银行根据消费结构和物价水平对贫困线不断进行调整,以 1993 年购买力平价计算调整为 1.08 美元,以 2005 年购买力平价计算调整为 1.25 美元,以 2011 年购买力平价计算调整为 1.90 美元,以 2017 年购买力平价计算 2022 年秋将调整为 2.15 美元。除了极端贫困标准外,世界银行对中低收入经济体和中高收入经济体分别制定了 3.2 美元和 5.5 美元的贫困标准。

（二）国内贫困标准

从 20 世纪 80 年代我国开始有计划的、大规模的扶贫开发以来，为了掌握我国农村贫困人口数量和农村贫困发生率，国家统计局参照国际贫困线的制定方法，从满足个人生存需求的热量出发，确定每人每天维持正常生活的热量标准为 2100 大卡，然后根据底层 20%最低收入人群的消费结构测算出满足 2100 大卡营养标准所需的各种食物数量以及相应的消费支出，此外，再加上通过牺牲食物消费换取的必要非食物支出最终构成收入性标准。至今为止，我国主要采用过三个国家级贫困标准。第一，1984 年贫困标准，即农民年人均收入 200 元。根据 1984 年全国农村住户调查资料，以每人每天摄入 2100 大卡作为热量标准，选取了农村居民生活必需的食品消费如粮食、蔬菜、猪油等，并根据消费量与消费单价计算出人均最低食品消费总金额为 119.73 元，在此基础上，除以国家统计局根据当年农村居民消费结构以及恩格尔系数确定的 60%的食品支出占比，获得 1984 年农村贫困线为 199.6 元，约定为 200 元。第二，2008 年贫困标准，即按 2000 年不变价农民年人均收入 865 元。第三，2010 年贫困标准，即 2011 年提出的按 2010 年不变价农民年人均收入 2300 元。其中食品支出在维持 2100 大卡热量的同时，为保障基本健康需求，增加了每人每天 60 克左右的蛋白质支出。从支出类别看，2010 年标准中食物支出比重有所降低，按 2014 年价格计算实际食物支出比重为 53.5%。[1]

与广泛接受的由世界银行制定的国际贫困线相比，2015 年根据购买力平价计算，我国现行贫困标准约相当于每天 2.2 美元，略高于世界银行 1.9 美元的贫困标准。脱贫攻坚以来，在收入标准的基础上，增加了以"两不愁三保障"为判断标准的脱贫要求，对贫困人口吃、穿、教育、医疗、住房和饮

---

① 李培林、魏后凯主编：《中国扶贫开发报告（2016）》，社会科学文献出版社 2016 年版，第 8 页。

水安全予以保障,形成了一个综合性的脱贫标准。

第二节　党的十八大以来我国的减贫进程

从党的十八大到二十大,我国实现了从开启脱贫攻坚战到脱贫攻坚战全面胜利的历史跨越。随着农村贫困状况与我国社会主要矛盾变化,我国在总体战略、减贫节奏、减贫政策、减贫目标、减贫对象等方面及时进行调整,对助力打赢脱贫攻坚战以及巩固拓展脱贫攻坚成果与乡村振兴有效衔接提供了方向引导与实施方案。

一、总体战略演进:从脱贫攻坚到乡村振兴

党的十八大以来,以习近平同志为核心的党中央把消除贫困摆在治国理政更加突出的位置,将扶贫开发工作纳入"五位一体"总体布局和"四个全面"战略布局,作为实现第一个百年奋斗目标的重点工作,以精准扶贫、精准脱贫为基本方略,举全党全国之力投入到扶贫开发之中,开启脱贫攻坚战。随着如期完成脱贫攻坚任务,我国"三农"工作重心全面转向乡村振兴,在全面推进乡村振兴的同时设置五年过渡期,巩固拓展脱贫攻坚成果与乡村振兴有效衔接。

2013 年习近平总书记在湖南湘西土家族苗族自治州花垣县十八洞村考察期间首次提出"精准扶贫"思想,作出了"实事求是、因地制宜、分类指导、精准扶贫"的重要指示。2014 年习近平总书记参加两会代表团审议时强调,要实施精准扶贫,瞄准扶贫对象,进行重点施策。2015 年习近平总书记在云南、贵州调研期间指出扶贫开发"贵在精准,重在精准,成败之举在于精准"。由此,以"扶贫对象精准、措施到户精准、项目安排精准、资金使用精准、因村派人精准、脱贫成效精准"为基本要求的"精准扶贫"被确定为

中国扶贫开发的基本方略。

随着扶贫工作的开展,2015 年我国仍有 7000 多万的农村贫困人口,我国扶贫开发进入了啃硬骨头、攻坚拔寨的冲刺期,为了如期完成脱贫攻坚任务,2015 年 11 月我国公布了《中共中央 国务院关于打赢脱贫攻坚战的决定》,指出要采取超常规举措,拿出过硬办法,举全党全社会之力,坚决打赢脱贫攻坚战。由此开启了脱贫攻坚战的序幕。在党中央对脱贫攻坚的集中统一领导下,充分发挥我国社会主义制度集中力量办大事的政治优势,我国农村减贫进程有序推进。随着整体上农村贫困人口减少、贫困地区发展情况持续改善,深度贫困地区脱贫难度加大,脱贫形式主义、官僚主义、弄虚作假等现象仍然存在。面对新形势、新问题、新挑战,2018 年 8 月,我国出台了《中共中央 国务院关于打赢脱贫攻坚战三年行动的指导意见》,指出必须清醒地把握打赢脱贫攻坚战的困难和挑战,集中力量攻克贫困的难中之难、坚中之坚,确保到 2020 年贫困地区和贫困群众同全国一道进入全面小康社会,为实施乡村振兴战略打好基础。

党的十九大作出了实施乡村振兴战略的重要部署,《乡村振兴战略规划(2018—2022 年)》指出要"把打好精准脱贫攻坚战作为实施乡村振兴战略的优先任务,推动脱贫攻坚与乡村振兴有机结合相互促进"。从脱贫攻坚战略与乡村振兴战略间的关系来看,两者从实施时间上尾首衔接,脱贫攻坚战略的收尾期是乡村振兴战略的启动期;两者从战略作用上相互促进,摆脱贫困是乡村振兴的前提,乡村振兴战略的实施有助于脱贫攻坚成果的巩固。在全党全国人民的共同努力下,2020 年年底我国如期完成脱贫攻坚任务。脱贫摘帽不是终点,而是新生活、新奋斗的起点。2021 年我国公布了《中共中央 国务院关于实现巩固拓展脱贫攻坚成果同乡村振兴有效衔接的意见》,指出"打赢脱贫攻坚战、全面建成小康社会后,要在巩固拓展脱贫攻坚成果的基础上,做好乡村振兴这篇大文章,接续推进脱贫地区发展和群众生活改善"。脱贫地区要做好过渡期内领导体制、工作体系等方面的有效衔接,从解决建档立卡贫困人口"两不愁三保障"为重点转向实现乡村产业兴旺、生态宜居、乡风文明、治理有效、生活富裕,从集中资源支持脱贫攻坚转向巩固拓展脱贫攻坚成果和全面推进乡村振兴。由此,我国在减贫方面的总体战略从脱贫攻坚转向在乡村振兴中巩固衔接开展。

二、减贫对象演进:从农村贫困人口到农村低收入人口

开展脱贫攻坚以来,我国扶贫对象是现行标准下农村贫困人口(以2010年不变价农村年人均收入低于2300元的农村人口)。贫困人口建档立卡和退出均以户为单位,具体指居住在同一住宅内,常住或者与户主共享开支或收入的成员。包括由本家庭供养的在外学生、未分家农村外出从业人员或随迁家属、轮流居住的老人、因探亲访友等原因临时外出人员、无户籍或户籍未及时申报登记但实际共同居住生活的家庭成员。贫困户具体又分为一般贫困户、低保贫困户、特困供养贫困户等。全国各地在精准识别农村贫困人口的过程中,以国家标准为基本要求,结合各地发展实际,探索出"五看六不评六优先""五比五看三优先"以及"五查五看八不纳"等多种地方性识别方法,既做到了"应纳尽纳"又避免了对象瞄准失误带来的资源浪费。以"五看六不评六优先"为例,"五看"是指:一看房、二看粮、三看劳力强不强、四看有没有读书郎、五看有没有大病卧在床。"六不评"是指家庭成员中有以下六种情形之一的,一般不纳入建档立卡贫困户。其一,在国家机关或企事业单位工作且有稳定工资收入的;其二,任支部书记或村委主任的;其三,在城镇购买商品房或门市房的;其四,拥有小轿车(含面包车)及大型机械的;其五,注册有企业或长期雇用他人从事生产经营活动的;其六,举家常年在外(1年以上)并且失联的。"六优先"是指有重病人的优先,有重度残疾的优先,有在校学生的优先,无壮劳力的优先,住危房的优先,重灾

户优先。

脱贫攻坚完成后,我国全面消除绝对贫困,在巩固拓展脱贫攻坚成果同乡村振兴有效衔接的同时,将重点帮扶对象转向农村低收入人口。农村低收入人口不是农村脱贫人口的同义转换,国内外划定低收入人口的标准主要有以下三种:其一,收入指标。多采用收入中位数的 40%、50%、60%,或收入均值的一定比例。其二,多维指数。如采用"1+3-N"多维指标,1 即收入,3 即健康、教育、生活等方面指标,N 即否决性指标。其三,低保参照。多采用最低生活保障标准的 1—2 倍。2021 年 5 月,民政部发布的《低收入人口动态监测和常态化救助帮扶工作指南》对低收入人口进行了明确约定,低收入人口范围包括:低保对象、特困人员、低保边缘等易返贫致贫人口、因病因灾因意外事故等刚性支出较大或收入大幅缩减导致基本生活出现严重困难人口、当地人民政府确定的其他特殊困难家庭或者人员。2021年中央一号文件明确指出要加强农村低收入人口常态化帮扶,开展农村低收入人口动态监测,实行分层分类帮扶。2021 年发布的《中共中央　国务院关于实现巩固拓展脱贫攻坚成果同乡村振兴有效衔接的意见》指出要建立农村低收入人口和欠发达地区帮扶机制。通过以上可以看出,随着脱贫攻坚战的全面胜利,以及乡村振兴的全面推开,我国农村的重点帮扶对象,从农村贫困人口转向农村低收入人口。

三、减贫目标演进:从消除绝对贫困到缓解相对贫困

2015 年发布的《中共中央　国务院关于打赢脱贫攻坚战的决定》制定了"到 2020 年,稳定实现农村贫困人口不愁吃、不愁穿,义务教育、基本医疗和住房安全有保障"的总体目标。从贫困标准来看,现行标准下我国农村贫困人口是根据维持人们基本生存所必需物品和服务的最低消费费用所设定的绝对贫困标准,经过精准识别最终确定的绝对贫困人群。党的十八大

以来我国扶贫工作开展的根本立意在于消除农村贫困人口的基本生存问题。

随着脱贫攻坚的开展,党和国家逐步认识到贫困不仅是最低生理需求的无法满足,也是基于社会的相对比较。2019年10月,十九届四中全会提出坚决打赢脱贫攻坚战,巩固脱贫攻坚成果,建立解决相对贫困的长效机制。在全面推进脱贫攻坚战的同时,开始探索全面消除农村绝对贫困后存在的相对贫困问题。相对贫困超越了生存问题,聚焦社会剥夺以及收入分配,分配体系中的正义失序和针对弱势群体的社会排斥导致相对贫困的产生,改善低收入群体在社会地位、生活福祉、公共服务等方面的现实困难,为减贫提供了一个不受收入水平绝对量控制的长期目标。在我国全面建成小康社会、开启第二个百年奋斗目标新征程的发展阶段,"十四五"规划制定了"脱贫攻坚成果巩固拓展,乡村振兴战略全面推进,全体人民共同富裕迈出坚实步伐"的经济社会发展主要目标。2020年12月制定的《中共中央国务院关于实现巩固拓展脱贫攻坚成果同乡村振兴有效衔接的意见》指出,要坚持共同富裕方向,到2035年脱贫地区经济实力显著增强,乡村振兴取得重大进展,农村低收入人口生活水平显著提高,城乡差距进一步缩小,在促进全体人民共同富裕上取得更为明显的实质性进展。共同富裕的关键在于缩小收入差距、城乡差距、区域差距,具有缓解相对贫困的内涵属性,由此,我国扶贫重心由消除以基本生存需求为导向的绝对贫困,逐渐转变为以缓解收入、城乡和地区差距为主的相对贫困。

四、减贫节奏演进:从战役式攻坚到常态化推进

党的十八大以来,面对剩余农村贫困人口众多、致贫因素复杂、脱贫难度较大的情况,为如期保质保量完成脱贫攻坚任务,必须下大力气攻坚克难。为此,我国实施了脱贫攻坚战略,从资金投入、人员保障、政策支持等方

面给予扶贫工作大力支持保障,呈现出战役式攻坚农村贫困问题的特点。

从扶贫资金投入看,我国开展大规模扶贫开发以来,1986—1993 年中央政府累计安排扶贫专项资金 416 亿元。1994—2000 年"国家八七扶贫攻坚计划"期间,中央政府通过发展资金、以工代赈资金和扶贫贴息贷款形式提供扶贫资金累计达到 1130 亿元。① 2012—2020 年,中央、省、市、县财政专项扶贫资金累计投入近 1.6 万亿元,中央财政累计投入 6601 亿元,达到我国扶贫开发以来中央财政扶贫资金阶段性投入的最高值。

从扶贫人员保障看,2015 年 11 月在中央扶贫开发工作会议上,中西部 22 个省(区、市)党政主要负责同志向中央签署了脱贫攻坚责任书,这也是党的十八大以来唯一一项由党政一把手向中央立"军令状"的工作。在此基础上,省、市、县、乡、村层层签订责任状,层层压实脱贫责任,以"军令状"的方式表明坚决如期完成脱贫攻坚任务的决心和承诺。市县作为脱贫攻坚工作机制中主抓落实的行政层级,为保障脱贫攻坚期县级党委、政府对贫困县的管理与责任,2016 年我国印发《脱贫攻坚责任制实施办法》,明确规定中西部 22 个省(自治区、直辖市)保持贫困县党政正职稳定,做到不脱贫不调整、不摘帽不调离。极大地保障了贫困县脱贫工作的继续性与稳定性。此外,驻村工作队队员、第一书记、扶贫干部、帮扶责任人以及社会力量等各行各业人员广泛参与到脱贫攻坚之中,参与人数之多、投入力量之大前所未有。

从扶贫政策支持看,扶贫政策是扶贫工作开展的方向指导与实施指南,为保障脱贫攻坚的有序开展,我国从中央政府到行业部门在脱贫攻坚期均出台了相应的扶贫政策。2012—2020 年我国出台的扶贫政策总量是自1986 年开展大规模扶贫开发以来,阶段性扶贫政策总量最多的时期。

---

① 李培林、魏后凯主编:《中国扶贫开发报告(2016)》,社会科学文献出版社 2016 年版,第 11、12、13 页。

通过战役式攻坚,我国如期完成消除农村贫困人口的举世壮举。随着全面推进乡村振兴的开展,我国扶贫工作开始由集中作战式的减贫节奏调整为嵌套在农村发展体系中的常态化推进。2020 年 12 月出台的《中共中央 国务院关于实现巩固拓展脱贫攻坚成果同乡村振兴有效衔接的意见》进一步从加强农村低收入人口监测、分层分类实施社会救助、合理确定农村医疗保障待遇水平、完善养老保障和儿童关爱服务、织密兜牢丧失劳动能力人口基本生活保障底线等方面提出健全农村低收入人口常态化帮扶的具体举措。随后出台的 2021 年中央一号文件指出要加强农村低收入人口常态化帮扶。由此,我国的减贫工作从战役式攻坚开始转向常态化推进。

五、减贫政策演进:从超常规举措到普惠式举措拓展

为如期打赢脱贫攻坚战,攻克脱贫难点、重点、堵点,我国在脱贫攻坚期采取超常规举措,不断创新扶贫开发思路和办法,持续加大财政资金在扶贫方面的倾斜投入力度,在短时间内发挥了重要作用。打赢脱贫攻坚战后,脱贫攻坚期的减贫政策有的已经到了政策的有效时点,具备了退出条件;有的在乡村振兴中仍能发挥重要作用,有的需要结合农业农村发展现状进行调整创新。总体来说,随着巩固拓展脱贫攻坚成果与乡村振兴有效衔接的推进,我国减贫政策从专注贫困人口、贫困地区的超常规举措开始转向面向全体农村居民、广大农村地区的普惠式举措拓展。

(一)医疗保障政策方面

从我国农村贫困人口的致贫因素看,2015 年年底全国建档立卡扶贫对象中有 44.1% 是因病致贫,占各类致贫因素的比重最高。为有效提升农村贫困人口医疗保障水平,我国积极开展健康扶贫,对患有重病、慢性病的扶贫对象予以充分就医保障。

2016 年,国家卫生和计划生育委员会、原国务院扶贫办等多个部门联

合印发《关于实施健康扶贫工程的指导意见》，指出针对农村贫困人口因病致贫、因病返贫问题，突出重点地区、重点人群、重点病种，进一步加强统筹协调和资源整合，采取有效措施提升农村贫困人口医疗保障水平和贫困地区医疗卫生服务能力，全面提高农村贫困人口健康水平。2017年出台《关于印发健康扶贫工程"三个一批"行动计划的通知》，指出对患有大病和长期慢性病的农村贫困人口大病集中救治一批、慢病签约服务管理一批、重病兜底保障一批。

2018年，国家卫生健康委员会联合多部门出台《健康扶贫三年攻坚行动实施方案》，实施贫困人口大病和慢性病精准救治三年攻坚行动，贫困地区重点传染病、地方病综合防控三年攻坚行动，贫困地区妇幼健康和健康促进三年攻坚行动，医疗保障扶贫三年攻坚行动，贫困地区基层医疗卫生机构能力提升三年攻坚行动以及深度贫困地区健康扶贫三年攻坚行动。同年国家医保局联合财政部和原国务院扶贫办出台《医疗保障扶贫三年行动实施方案（2018—2020年）》，制定了"到2020年，农村贫困人口全部纳入基本医保、大病保险、医疗救助范围，医疗保障受益水平明显提高，基本医疗保障更加有力"的任务目标。

打赢脱贫攻坚战后，我国开始逐步调整在健康扶贫与医疗保障方面的政策措施。2021年国家卫健委与国家发展和改革委员会等部门联合发布《巩固拓展健康扶贫成果同乡村振兴有效衔接实施意见》，从扩大签约服务重点人群范围、扩大先诊疗后付费政策对象的覆盖范围、调整脱贫人口医疗救助资助参保政策、坚决治理医保扶贫领域过度保障政策、扩大医疗救助对象范围五方面提出调整意见，为巩固拓展健康扶贫成果，推动健康乡村建设提供了指导。

（二）住房安全政策方面

住房安全有保障是"两不愁三保障"的重要组成部分，开展脱贫攻坚以来,我国将农村危房改造工作作为扶贫的重要内容。

2016年,住房和城乡建设部联合多部门制定了《关于加强建档立卡贫困户等重点对象危房改造工作的指导意见》,将建档立卡贫困户、低保户、农村分散供养特困人员和贫困残疾人家庭作为"十三五"期间农村危房改造的重点和难点。随着农村危房改造的推进,危房改造对象认定不准确、深度贫困户无力建房、补助资金拨付和使用不规范等问题逐步显现。为进一步加强和完善农村危房改造工作的有序推进,2017年住房和城乡建设部、财政部以及国务院制定了《关于加强和完善建档立卡贫困户等重点对象农村危房改造若干问题的通知》,明确了危房改造对象的认定办法,对单纯将补助资金用于房屋粉刷、装饰等与提升住房安全性无关的用途明令禁止。2018年住房和城乡建设部与财政部联合出台《农村危房改造脱贫攻坚三年行动方案》,全力推进建档立卡贫困户、低保户、农村分散供养特困人员和贫困残疾人家庭4类重点对象危房改造,制定了确保2020年前完成现有200万户建档立卡贫困户存量危房改造任务,基本解决贫困户住房不安全问题的目标任务。

全面建成小康社会后,2021年住房和城乡建设部联合财政部、民政部和国家乡村振兴局制定了《关于做好农村低收入群体等重点对象住房安全保障工作的实施意见》,将农村住房安全保障对象分两方面设定。在巩固拓展脱贫攻坚成果方面,农村住房保障对象为农村低收入群体;在接续推进乡村振兴方面,对农村低保边缘家庭和未享受过农村住房保障政策支持且依靠自身力量无法解决住房安全问题的其他脱贫户给予支持。与脱贫攻坚期的住房保障政策相比,现阶段农村住房保障对象从4类重点对象拓展到易返贫致贫户、突发严重困难户、农村低保边缘家庭等。

(三)金融支持政策方面

党的十八大以来,原国务院扶贫办联合中国银保监会、财政部、中国人民银行等多个部门,综合运用多种金融工具,引导金融资源更多投向贫困地区、贫困人口,为打赢脱贫攻坚战作出了重要支撑。

扶贫小额信贷是金融扶贫的重要创新,以"5 万元以下、3 年期以内、免担保免抵押、基准利率放贷、财政贴息、县建风险补偿金"为核心要点,在解决建档立卡贫困群众融资难融资贵问题、支持贫困地区产业发展等方面发挥了积极作用。2014 年原国务院扶贫办联合财政部等多家单位联合制定了《关于创新发展扶贫小额信贷的指导意见》,对有贷款意愿、就业创业潜质、技能素质和一定还款能力的建档立卡贫困户提供小额信贷服务。2017 年原中国银监会联合多部门印发《关于促进扶贫小额信贷健康发展的通知》,进一步对资金使用不合理、贷款发放不合规、风险管理不到位等问题进行规范与约束。2019 年中国银保监会、财政部等联合印发《关于进一步规范和完善扶贫小额信贷管理的通知》,根据新形势新任务,对扶贫小额信贷进一步制定了规范管理办法,风险补偿机制不断完善。在此之前,扶贫小额信贷的保障对象明确为建档立卡贫困户,已脱贫的建档立卡贫困户,在脱贫攻坚期内保持支持政策不变、力度不减。2021 年 3 月,中国银保监会、财政部、中国人民银行和国家乡村振兴局联合发布《关于深入扎实做好过渡期脱贫人口小额信贷工作的通知》,将小额信贷的支持对象在建档立卡脱贫人口的基础上,拓展到边缘易致贫户。贴息方式由原来的全额贴息调整为财政资金对贷款适当贴息,地方财政部门根据需要和财力状况,合理确定贴息比例。边缘易致贫户作为人均可支配收入低于国家扶贫标准 1.5 倍左右,以及因病、因残、因灾、因新冠肺炎疫情影响等引发刚性支出明显超过上年度收入和收入大幅缩减的家庭,具有较大的潜在致贫因素,面对致贫风险有较强的脆弱性。将小额信贷的支持对象拓展到边缘易致贫户,有助于支持边缘易致贫户发展产业生产,获得可持续生计与收入来源,在一定程度上降低了致贫风险。

（四）产业发展政策方面

发展产业是实现脱贫的根本举措,脱贫攻坚以来,我国在扶贫过程中把产业发展作为推进贫困户实现稳定可持续脱贫的重要抓手。消除贫困后,实现产业增收也是防止脱贫户返贫和促进农业农村共同富裕的重要举措。

一是资金支持从倾斜贫困地区转向农业农村整体。2016 年原农业部出台的《关于加大贫困地区项目资金倾斜支持力度促进特色产业精准扶贫的意见》指出,"十三五"期间,着力在农业生产基础设施、农业科技推广服务、现代农业产业体系、新型经营主体发展、农业防灾减灾等方面,加大农业项目资金向贫困地区倾斜支持力度,助推贫困地区特色产业发展。据统计,2016—2019 年,中央财政专项扶贫资金的 40% 投入到产业扶贫之中,贫困县统筹整合财政剩余资金超过 1.2 万亿元,其中用于产业发展资金 4 千多亿元。2021 年中央一号文件《中共中央　国务院关于全面推进乡村振兴加快农业农村现代化的意见》明确中央预算内投资进一步向农业农村倾斜,发挥财政投入引领作用,支持以市场化方式设立乡村振兴基金,撬动金融资本、社会力量参与,重点支持乡村产业发展。

二是帮扶产业发展的重点对象从贫困户向农户普遍受益转变。脱贫攻坚期为加强对贫困户的就业指导,进一步落实到村到户到人精准帮扶举措,2018 年农业农村部与原国务院扶贫办联合发布《关于建立贫困户产业发展指导员制度的通知》,提出建立贫困户产业发展指导员制度,从贫困村驻村工作队队员和第一书记、结对帮扶干部、村组干部、县乡基层农技推广队伍、大专院校和科研教学单位一线服务专家、当地乡土专家、种养能手、致富带头人等之中选聘产业指导员,进村入户指导贫困户产业发展。此时,帮扶产业发展的重点对象是建档立卡贫困户。随着农村贫困人口的全面消除,产业帮扶的重点对象逐步拓展。2020 年 3 月原国务院扶贫办出台的《关于建立防止返贫监测和帮扶机制的指导意见》指出,对具备发展产业条件的监测对象,即包括建档立卡已脱贫但不稳定户,以及收入略高于建档立卡贫困户的边缘户,加强生产经营技能培训,提供扶贫小额信贷支持,动员龙头企业、专业合作社、贫困村创业致富带头人等带动其发展生产。2021年农业农村部联合多个部门出台《关于推动脱贫地区特色产业可持续发展的指导意见》,指出巩固拓展脱贫攻坚成果同乡村振兴有效衔接,要保持产业帮扶政策总体稳定,由重点支持贫困村贫困户向支持产业集中连片发展、农户普遍受益转变。随着乡村振兴的全面推进,在持续关注脱贫人口发展的同时,普通农户广泛受益成为新发展阶段农业产业发展的现实要求。

(五)动态监测政策方面

"精准扶贫"方略提出以来,为了精准定位扶贫对象,分析致贫原因,摸清帮扶需求,明确帮扶主体,2014年4月原国务院扶贫办发布了《扶贫开发建档立卡工作方案》,将建档立卡对象设定为贫困户、贫困村、贫困县和连片特困地区,明确了建档立卡对象的建档立卡方法、步骤以及时间安排等。2013—2014年,全国共动员80万人左右开展建档立卡工作,识别贫困人口8800多万人。为进一步提高识别精准度、修正建档立卡过程中存在的问题,2015—2016年,全国动员200多万人,开展建档立卡"回头看",进村入户摸底排查,共剔除识别不准人口929万人,补录贫困人口807万人,精准识别出农村贫困人口。从2015年开始至2020年原国务院扶贫办连续每年下发关于开展当年扶贫对象动态管理和信息采集工作的通知,对扶贫对象进行动态调整,对其生产生活情况等相关数据进行年度更新,形成了建档立卡对象连续的、系统的、全面的大数据跟踪。

在脱贫攻坚取得决定性成就的发展阶段,2020年3月原国务院扶贫办出台《关于建立防止返贫监测和帮扶机制的指导意见》,就建立防止返贫监测和帮扶机制作出部署。监测对象范围从建档立卡贫困户转变为建档立卡已脱贫但不稳定户以及边缘易致贫户。2020年年底全面打赢脱贫攻坚战后,党和国家清楚地认识到一些脱贫户的发展基础比较脆弱,一些边缘户仍然存在致贫风险,一些农户会因病因灾因意外事故等导致基本生活出现严重困难。为巩固脱贫攻坚成果,守住防止大规模返贫的底线,2021年中央农村工作领导小组制定了《关于健全防止返贫动态监测和帮扶机制的指导意见》,进一步将监测对象明确为脱贫不稳定户、边缘易致贫户,以及因病因灾因意外事故等刚性支出较大或收入大幅度缩减导致基本生活出现严重困难户。重点关注有大病重病和负担较重的慢性病患者、重度残疾人、失能老年人口等特殊群体的家庭,相比2020年监测对象范围进一步扩大。

第三节　党的十八大以来我国的减贫成效

党的十八大以来,在以习近平同志为核心的党中央坚强领导下,全党全国各族人民以"上下同心、尽锐出战、精准务实、开拓创新、攻坚克难、不负人民"的精神为指导,以脱贫攻坚为战略部署,构建起专项扶贫、行业扶贫、社会扶贫等多方力量参与的大扶贫格局,取得了举世瞩目的减贫成就,创造了彪炳史册的人间奇迹。

一、农村贫困人口全面消除

2012年我国现行标准下农村贫困人口共9899万人,贫困发生率为10.2%,2019年我国农村贫困人口剩余551万人,贫困发生率降低为0.6%,2020年年底我国农村贫困人口全部消除(见图7-1)。2012—2020年我国农村贫困人口年均减少1237.38万人,相当于一个中等国家的人口脱贫,贫困发生率年均下降1.275个百分点。

从区域分布的情况来看,2012年我国东部地区贫困人口1367万人,贫困发生率为3.9%;中部地区贫困人口3446万人,贫困发生率为10.6%;西

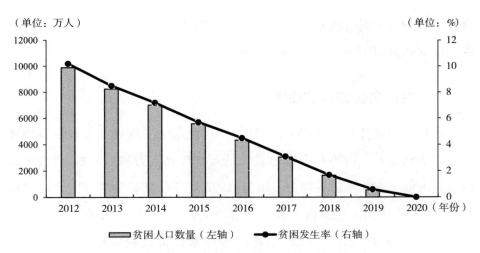

图 7-1 党的十八大以来我国农村贫困状况（2010 年标准）

资料来源：国家统计局编：《中国统计年鉴 2021》，中国统计出版社 2021 年版。

部地区贫困人口 5086 万人，贫困发生率为 17.5%。2019 年东部地区贫困人口 47 万人，贫困发生率为 0.1%；中部地区贫困人口 181 万人，贫困发生率为 0.6%；西部地区贫困人口 323 万人，贫困发生率为 1.1%。与 2012 年相比，2019 年我国东中西部地区农村贫困人口分别减少 1320 万人、3265 万人、4763 万人；贫困发生率分别减少 3.8%、10%、16.4%。

从我国扶贫重点县的情况看，2012 年我国扶贫重点县农村贫困人口数量为 5105 万人，贫困发生率为 24.4%，2019 年我国扶贫重点县农村贫困人口数量为 307 万人，贫困发生率为 1.5%。2012 年以来我国 592 个扶贫重点县累计减少农村贫困人口 4798 万人，减少数量占同期全国减贫数量的 51.33%，贫困发生率累计下降 22.9 个百分点。

从我国连片特困地区看，2012 年我国连片特困地区农村贫困人口共 5067 万人，2019 年减少为 313 万人。其中，六盘山区由 532 万人减少到 45 万人；秦巴山区由 684 万人减少到 27 万人；武陵山区由 671 万人减少到 49 万人；乌蒙山区由 664 万人减少到 41 万人；滇黔桂石漠化区由 685 万人减少到 36 万人;大别山区由 566 万人减少到 32 万人;等等。连片特困地区贫困发生率则由 2012 年的 24.4%,降低到 2019 年的 1.5%。

二、贫困县全部脱贫摘帽

在我国的扶贫开发过程中,县级层面一直是予以重点关注和落实具体政策的实施单元。1986 年我国以县农民人均纯收入为基本依据,将农民人均纯收入低于 150 元的县列为贫困县,1992 年年底共确定了 331 个国家级贫困县;1994 年国家层面根据收入标准重新调整为 592 个;2001 年调整了重点县名单,但数量维持不变,名称改为国家扶贫开发重点县(以下简称"重点县");2011 年再次进行调整,重点县数量不变,在重点县的基础上,根据地理连片等原则,在全国划定了 680 个片区县,其中 240 个片区县与重点县不重复,最终确定 592 个重点县和 240 个片区县共 832 个,统称为贫困县。

在开展脱贫攻坚的同时,为切实提高扶贫工作的针对性和有效性,我国对贫困人口、贫困村、贫困县制定了严格的退出机制,对退出标准、退出流程以及退出操作予以明确。其中,贫困县退出以贫困发生率为主要衡量标准,当县级贫困发生率降到 2%以下(西部地区降至 3%以下),由县级扶贫开发领导小组提出退出申请,经市级初审、省级核查,确定退出名单后向社会公示无异议的,由各省(自治区、直辖市)扶贫开发领导小组向国务院扶贫开发领导小组报告,国务院扶贫开发领导小组组织中央和国家机关有关部门以及相关力量对地方退出情况进行专项检查评估,对符合退出条件的贫困县,由省级政府正式批准退出。

2016 年年底江西省井冈山市、河南省兰考县等 28 个贫困县首批提出退出申请,并通过国家专项评估检查,顺利摘帽,自此拉开了我国贫困县有序退出的序幕。2016 年年底贫困县脱贫摘帽 28 个,2017 年 125 个,2018 年

283 个,2019 年 344 个,2020 年 52 个。2020 年 11 月 23 日,随着贵州省宣布紫云县、纳雍县、威宁县等 9 个贫困县符合国家贫困县退出标准,同意退出贫困县序列,至此,我国 832 个贫困县全部脱贫摘帽。

三、农村居民福祉水平显著提高

2012 年以来,我国采取多种方式提高农村贫困人口收入,取得显著成效。我国贫困地区农村常住居民人均可支配收入由 2013 年的 6079 元增长到 2020 年的 12588 元,年均增长 11.6 个百分点。贫困地区农村常住居民人均可支配收入占全国农村常住人口可支配收入的比例由 2012 年的 64.46%增长到 2020 年的 73.48%,呈现出逐年增长的发展态势。

从我国连片特困地区来看,2013 年连片特困地区农村常住居民人均可支配收入为 5956 元,2020 年增长为 12420 元,累计增长 6464 元,年均增长 11.5 个百分点。2013 年连片特困地区农村常住居民人均消费支出为 5327 元,2020 年增长为 10620 元,累计增长 5293 元,年均增长 10.37 个百分点。

在贫困人口收入水平显著提高的同时,我国贫困地区基础设施和公共服务日益完善。我国扶贫重点县居住竹草土坯房的农户比重由 2013 年的 7.7%降低到 2019 年的 1.3%;使用管道供水的农户比重由 53.1%增长到 89.7%;使用经过净化处理自来水的农户比重由 30.9%增长到 61.9%;所在自然村能接收有线电视信号的农户比重由 80.0%增长到 99.2%;所在自然村进村主干道路硬化的农户比重由 88.6%增长到 99.4%;所在自然村能便利乘坐公共汽车的农户比重由 56.1%增长到 75.8%;所在自然村垃圾能集中处理的农户比重由 29.1%增长到 86.3%;所在自然村有卫生站的农户比重由 84.3%增长到 96.1%;所在自然村上小学便利的农户比重由 79.1%增长到 91.7%(见表 7-1)。此外,从公共卫生服务的情况来看,2012 年扶贫重点县医疗卫生机构床位数为 60 万床,2018 年增长到 100 万床,各种社会福利收养性单位数由 7666 个增长为 8353 个,各种社会福利收养性单位床位数由 50 万床增长为 67 万床。

表 7-1　扶贫重点县农户生产生活条件变化

指标名称	2013 年	2019 年
居住竹草土坯房的农户比重(%)	7.7	1.3
使用管道供水的农户比重(%)	53.1	89.7
使用经过净化处理自来水的农户比重(%)	30.9	61.9
所在自然村能接收有线电视信号的农户比重(%)	80.0	99.2
所在自然村进村主干道路硬化的农户比重(%)	88.6	99.4
所在自然村能便利乘坐公共汽车的农户比重(%)	56.1	75.8
所在自然村垃圾能集中处理的农户比重(%)	29.1	86.3
所在自然村有卫生站的农户比重(%)	84.3	96.1
所在自然村上小学便利的农户比重(%)	79.1	91.7

资料来源:《中国农村贫困监测报告 2020》。

从我国连片特困地区农户生产生活条件的变化情况看,居住竹草土坯房的农户比重由 2013 年的 7.5%降低到 2020 年的 0.9%;使用管道供水的农户比重由 53.6%增长到 91.3%;使用经过净化处理自来水的农户比重由 29.3%增长到 62.3%;所在自然村能接收有线电视信号的农户比重由 2013 年的 76.8%增长到 2019 年的 99.0%;所在自然村进村主干道路硬化的农户比重由 88.4%增长到 99.4%;所在自然村能便利乘坐公共汽车的农户比重由 53.5%增长到 75.7%;所在自然村垃圾能集中处理的农户比重由 30.3%增长到 85.1%;所在自然村有卫生站的农户比重由 83.6%增长到 96.1%;所在自然村上小学便利的农户比重由 79.5%增长到 92.3%(见表 7-2)。

表7-2 连片特困地区农户生产生活条件变化

指标名称	2013 年	2019 年或2020 年
居住竹草土坯房的农户比重(%)	7.5	0.9*
使用管道供水的农户比重(%)	53.6	91.3*
使用经过净化处理自来水的农户比重(%)	29.3	62.3*
所在自然村能接收有线电视信号的农户比重(%)	76.8	99.0
所在自然村进村主干道路硬化的农户比重(%)	88.4	99.4
所在自然村能便利乘坐公共汽车的农户比重(%)	53.5	75.7
所在自然村垃圾能集中处理的农户比重(%)	30.3	85.1
所在自然村有卫生站的农户比重(%)	83.6	96.1
所在自然村上小学便利的农户比重(%)	79.5	92.3

注:带 * 的为 2020 年数据。
资料来源:《中国农村贫困监测报告 2020》,《人间奇迹——中国脱贫攻坚统计监测报告》。

党的十八大以来,随着扶贫工作的开展,在贫困人口收入水平和生活条件改善的同时,也提高了我国整体发展指数。2012 年我国人类发展指数位列全球第 101 位,2020 年则上升至第 85 位,提升了 16 个位次,人类发展指数由 0.699 上升为 0.761。

四、农村基层治理效能大幅提升

脱贫攻坚以来,我国始终坚持党中央对脱贫攻坚的集中统一领导,制定了中央统筹、省负总责、县抓落实的工作机制,构建起省、市、县、乡、村五级书记抓扶贫的攻坚局面,促进了国家贫困治理体系的完善,贫困地区基层治理体系进一步健全、治理能力显著提升。[1] 这也为全面推进乡村振兴和农村基层治理体系和治理能力现代化建设积累了宝贵经验。

---

[1] 参见中华人民共和国国务院新闻办公室:《人类减贫的中国实践》,人民出版社 2021 年版,第 29 页。

从加强基层党组织建设看,为有效推进扶贫工作的开展,我国制定了向党组织软弱涣散村庄和贫困发生率比较高的村庄选派第一书记和驻村工作队的帮扶制度。以精准选派的原则,根据干部能力与熟悉领域派驻他们到不同需求的贫困村,以此充分发挥派出单位和驻村干部的自身优势,切实帮助不同类型的贫困村解决实际问题。截至 2020 年年底,我国累计选派了25.5 万个驻村工作队、300 多万名第一书记和驻村干部。第一书记和驻村工作队在推动落实脱贫攻坚政策、组织实施扶贫项目、激发贫困群众内生动力、提升贫困村治理水平等方面发挥了重要作用,与广大基层干部及扶贫干部一同把基层党组织建设成为带领群众脱贫致富的坚强战斗堡垒,切实提高了党的向心力和凝聚力,赢得了脱贫群众的认可。

从农村群众治理能力的情况看,我国脱贫攻坚过程中始终坚持以人民为中心的基本原则,在"输血"的同时注重"造血",更加注重农村贫困人口可持续生计的获得。在激发贫困人口内生发展动力方面,我国坚持扶志与扶智相结合的减贫方略,在通过培训、干中学等方式提高贫困人口技能水平、知识储备、综合素质的同时,加强对贫困人口发展思想、发展观念、发展信心的引导与倡树,把贫困群众对美好生活的向往转化为依靠勤劳双手和顽强意志摆脱贫困的强大动力,激发了贫困群众脱贫致富的积极性、主动性与创造性。在提高贫困群众治理能力方面,从确定建档立卡贫困户到致贫因素分析、帮扶措施到户、脱贫退出认定等,均有贫困人口参与,充分尊重贫困人口意愿,使贫困人口在脱贫的过程中,逐步提升了参与农村公共事务的相关能力。

五、为国际减贫作出巨大贡献

从减贫人口数量来看,以改革开放为起点,按照现行贫困标准我国共有7.7 亿农村贫困人口摆脱贫困,减贫人数占同期全球减贫人数 70% 以上,提前 10 年完成《联合国 2030 年可持续发展议程》制定的"到 2030 年将贫困发生率下降到 3% 以下"的减贫目标。

从减贫经验来看,党的十八大以来随着我国扶贫工作的开展,既有具备中国特色的脱贫方式与脱贫路径,也形成了可复制、可借鉴的脱贫经验。坚持以人民为中心的发展思想,用发展的办法消除贫困根源,调动广大贫困群众的积极性、激发脱贫内生动力,营造全社会扶危济困的浓厚氛围,坚持求真务实、较真碰硬的工作作风等经验对世界其他国家减缓贫困具有有益借鉴作用。2019 年年底新冠肺炎疫情发生以来,对全球经济社会发展带来巨大冲击,对减贫进程带来巨大挑战。我国为如期打赢脱贫攻坚战,确保到 2020 年剩余的 551 万农村贫困人口脱贫,巩固拓展脱贫攻坚成果,避免大规模返贫和新增贫困的产生,在原有政策的基础上,面对新冠肺炎疫情带来的负面影响采取应对措施,有效确保了剩余贫困人口如期脱贫,避免了因为新冠肺炎疫情导致的大规模致贫。由于新冠肺炎疫情、地区冲突、气候变化等不确定性因素的激增,2020 年全球陷入贫困的人口数量增加 1.2 亿人左右,极端贫困发生率自 1998 年以来首次上升,从 2019 年的 8.4% 上升为 9.5%,总数近 8 亿人。中国在新冠肺炎疫情下的减贫做法以及巩固拓展脱贫攻坚成果的相关措施对于新时期世界减贫工作的开展具有重要意义。

第四节 我国巩固拓展脱贫攻坚成果未来展望

打赢脱贫攻坚战,为我国全面建成小康社会扫清了底线障碍。在开启建设社会主义现代化新征程的发展阶段,乡村振兴战略的全面推进为巩固拓展脱贫攻坚成果提供了战略衔接。

一、未来发展的底线与目标

(一)确保不发生规模性返贫

党的十八大以来,我国将脱贫攻坚作为一号民生工程,投入了大量的人力物力财力,在提高脱贫人口收入、改善居住条件、保障教育医疗服务等方面取得了积极成效。农村脱贫人口解决了基本生存问题,生活水平得到了较大的边际改善,但仍然存在部分脱贫人口发展基础薄弱,资本储备不足,抵御灾害及抗风险能力较差,存在较大的脆弱性,一旦生活中面临一些实际困难或突发意外导致短期内支出剧增或收入骤减,有可能再次陷入贫困。随着我国"三农"工作重心全面转向乡村振兴,我国农业农村发展的战略重点开始转移。2022年中央一号文件指出,做好2022年"三农"工作,要牢牢守住保障国家粮食安全和不发生规模性返贫两条底线。巩固拓展脱贫攻坚成果,不发生规模性返贫,既是乡村振兴的必然前提,也是未来我国农业农村发展的必然要求。

(二)以共同富裕为发展目标

在全面建成小康社会的基础上,我国制定了"十四五"时期全体人民共同富裕迈出坚实步伐的目标;到2035年人民生活更加美好,人的全面发展、全体人民共同富裕取得更为明显的实质性进展的远景目标。农村贫困人口的消除为推动共同富裕奠定了坚实基础,新发展阶段,以国家"让脱贫群众生活更上一层楼"的指示精神为指导,要充分把握新发展阶段坚持人民主体地位,坚持共同富裕方向,促进社会公平,增进民生福祉,不断实现人民对美好生活向往的新要求。在我国从消除绝对贫困迈向解决相对贫困的调整过程中,缩小农村低收入人口与全体农村居民、城市居民的发展差距,缩小欠发达地区与农村发达地区、城镇地区的发展差距,通过先富帮后富,为农村低收入人口提供发展条件、保障发展权利,使其能够有效参与到社会经济发展之中,共享发展成果,逐步实现共同富裕,是未来巩固拓展脱贫攻坚成果与促进农村低收入人口发展的目标导向。

二、未来展望

2021年,在全面建成小康社会、实现第一个百年奋斗目标的基础上,我国开启了全面建设社会主义现代化国家的新征程。新发展阶段,我国仍然存在经济发展下行压力加大、农村低收入人口内生发展动力不足以及城镇低收入人口帮扶支持不足等挑战。随着巩固拓展脱贫攻坚成果与乡村振兴有效衔接的开展,我国将农村低收入群体作为重点帮扶对象,在坚决守住不发生规模性返贫的底线的同时,更加注重农村低收入群体可持续生计的获得,注重缩小城乡收入差距,推进公共服务均等化,以共同富裕为基本方向,推动城乡协同发展。

(一)推进脱贫攻坚向乡村振兴平稳过渡

习近平总书记指出"要提升人民生活品质,巩固提升脱贫攻坚成果,加强同乡村振兴有效衔接"[①]。过渡期内,在保持现有帮扶政策总体稳定及"四个不摘"基本要求的情况下,应尽早制定脱贫攻坚政策退出和调整的时间表与路线图,评判脱贫攻坚政策退出与调整的风险并制定应对的预案,减少政策衔接可能产生的震荡和负面影响。分类确定需要退出的、接续的以及调整的政策,推进乡村振兴、脱贫攻坚及农村综合改革的政策集成,促进超常规政策向普惠式政策转变,进一步增强对农村低收入群体的支持力度。推进脱贫攻坚与乡村振兴责任体制、资金投入、监督考核等方面的有效衔接,确保2025年后在实现平稳过渡的同时,形成长效化的减贫帮扶机制。

(二)持续稳步提高农村低收入人口收入

面对新冠肺炎疫情以及国际局势动荡等不确定性因素对我国经济发展

---

① 习近平:《论把握新发展阶段、贯彻新发展理念、构建新发展格局》,中央文献出版社2021年版,第441页。

的不利影响,以共同富裕为指导方向,共克时艰持续稳步提高农村低收入人口收入,是当前和未来我国农业农村发展的重点。以推进县域城镇化建设为契机,大力发展县域富民产业,培育发展县域范围内具备比较优势与特色优势的产业,带动农业农村能力强、就业容量大的产业,稳定扩大县城就业岗位。逐步完善县域范围内农村物流快递网点布局,根据需求增加养老服务机构数量,培育发展家政服务、物流配送、养老托育等生活性服务业,鼓励农村低收入人口多渠道灵活就业。统筹政府机构、职业学校、企业、社会组织的作用,面向农村低收入人口定期开展职业技能培训,根据市场需求以及个人意愿通过培训提高农村低收入人口的就业概率。对于因故无法外出务工的农村低收入人口,依托乡村振兴车间、社区工厂、公益岗位等实现就近就地就业。

(三)激发农村低收入人口内生发展动力

在外部环境提供发展机会与健全发展保障的同时,农村低收入人口对美好生活的向往、自我发展能力的提升以及内生动力的激发是实现其增收致富的关键。继续加强思想、文化、道德、法律、农村发展政策等方面的宣传教育,依托新时代文明实践中心(所、站)开展丰富多彩的寓教于乐活动,开展学习身边榜样活动,提高农村低收入人口的思想认识与发展信心。在农村公共治理中广泛推广积分制,通过建立正向激励机制,提高农村低收入人口在农村社区公共事务中的参与意愿、参与程度以及参与效果,树立"主人翁"意识与社区认同感的同时,激发农村低收入人口的发展动力。以乡村建设行动为契机,通过以工代赈方式,组织有劳动能力的农村低收入人口参与当地小型基础设施建设,使其依靠自身劳动获取报酬,激发自力更生、艰苦奋斗的向上精神,提高增收致富的内生动力。

(四)逐步将城镇低收入群体纳为帮扶对象

在我国农村绝对贫困全面消除的基础上,伴随新冠肺炎疫情以及自然灾害等负面因素的影响,我国城镇低收入群体的发展问题日益凸显。在开展社会救济的同时,逐步将城镇低收入群体纳为发展帮扶对象,借鉴脱贫攻坚经验,开展城镇低收入群体精准帮扶。建立城镇低收入人口识别标准与动态监测机制,根据基本生存需求以及城镇生活所需基本服务的货币表现,科学测算并制定识别标准。如以目前城市低保最高额的 2 倍以下作为收入标准界定城市低收入群体范围。联合医疗机构、民政部门、教育部门、人社部门等大数据平台,建立城镇低收入人口主动发现机制,依托数据时时比对主动发现城镇低收入人口,明确致困因素,及时提供相匹配的帮扶措施。完善城镇低收入群体就业和再就业政策,鼓励国营企业吸纳有劳动能力的城镇低收入群体中的困难就业人员,并给予相应补贴;鼓励城镇社区拓展开发公益性岗位,就地就近安排城镇低收入群体;对城镇低收入群体开展就业技能培训和创业贷款扶持,提高其就业能力与创业资金保障。建立完善的住房保障体系,切实解决城镇低收入群体的基本住房需求,完善保障性住房小区的基本配套服务。建立城镇低收入群体退出标准,当满足退出要求时有序退出。

(五)加快提升欠发达地区综合发展能力

脱贫人口返贫以及低收入人口陷入贫困与地区经济发展滞后、抵御风险能力较差等一系列因素相关。地区发展不平衡是我国经济发展和推进共同富裕面临的重要挑战,区域经济发展不平衡表现为发达地区经济增长快于欠发达地区的经济增长,其结果是加大地区间的贫富差距,使得欠发达地区经济发展条件更加恶劣,进而对整体经济增长产生负面影响。我国欠发达地区总体承载能力弱,地区发展基础差异大,在区域性整体贫困彻底解决后,我国东中西部地区发展差距依然存在,巩固脱贫成果的任务依然艰巨,转入乡村振兴的经济社会基础仍显不足。为进一步提升脱贫地区整体发展水平,我国在西部地区处于边远或高海拔、自然环境相对恶劣、经济发展基础薄弱、社会事业发展相对滞后的脱贫县中,确定了一批国家乡村振兴重点帮扶县,从多方面给予集中支持,以增强这些欠发达地区的发展能力。不断缩小区域发展差距是共同富裕取得阶段性进展的必然要求,欠发达地区需要根据自身条件持续提升地区经济、政治、社会、文化、生态等方面的综合发展能力。

第八章　促进农民持续增收

促进农民持续稳定快速增收,是我国推进乡村振兴战略的中心任务,是农民农村共同富裕的重要物质基础。党的十八大以来,以习近平同志为核心的党中央高度重视农民增收问题,提出了一系列政策举措,"十三五"期间,农民收入年均实际增长 6%,比城镇居民收入增速高 1.24 个百分点,收入来源结构持续优化。进入新发展阶段,农民增收面临新形势,既有发展机遇,也有现实挑战。但从长远来看,随着我国城乡加速融合、乡村产业支撑力度不断加大和农村改革深入推进,农民持续稳定快速增收的长效机制将有效建立,农民生活水平和民生福祉将持续改善。

第一节　农民收入增长的理论分析

农民收入增长问题,一直以来是学术界的一个重要研究议题。梳理国内外学者的相关研究,对于正确理解与认识我国的农民收入问题,进而与时俱进提出促进农民增收的建议,具有重要的借鉴意义和参考价值。

一、概念界定

农民收入是重要的统计指标,可真实反映农民家庭的消费能力、生活水平与扩大再生产能力。对农民收入的衡量,2013 年之前主要采用"农民人均纯收入"指标,2013 年国家统计局开始实施城乡一体化的住户收支与生活状况抽样调查,自此"农民人均纯收入"被"农村居民人均可支配收入"所取代。对比两个指标,纯收入指标更多反映的是初次分配的结果,是居民家庭总收入扣除相应各项费用支出后的人均实际所得,是一个效益核算指标;而人均可支配收入是个人获得收入经过初次分配与再分配后形成的人均可用于自由支配的部分,反映的是国民收入分配的最终结果。根据国家统计局的统计指标体系,农村居民人均可支配收入按照收入来源,分为工资性收入、家庭经营性净收入、财产性净收入和转移净收入四大部分。

二、农民收入增长的理论基础

农民收入问题,因其重要的政治和经济学意义,受到国内学者的普遍关注。改革开放后,对农民收入的影响因素、收入水平、结构特征、城乡收入差距等问题的探讨,构成有关农民收入增长议题的主要内容。从农民增收动力及其影响因素看,农民增收动力,既有来自农业内部的增收动力,也有来自农业外部的增收动力。尹成杰指出,我国应坚持内部增收动力与外部增收动力并举的方针,并逐步增强外部增收动力,构建农民增收的长效机制。[①] 宋元梁、肖卫东则从城镇化的视角,重点考察了农民收入增长与城镇化的关系,认为加快推进我国城镇化进程,是持续促进农民增收的根本路径和重要途径。[②] 也有学者着重从加强农民增收内生动力的视角,重点研究了农村土地产权制度改革、农民人力资本投资、农业科技进步等因素对农民

[①] 尹成杰:《农民持续增收动力:内部动力与外部动力相结合》,《中国农村经济》2006 年第 1 期。

[②] 宋元梁、肖卫东:《中国城镇化发展与农民收入增长关系的动态计量经济分析》,《数量经济技术经济研究》2005 年第 9 期。

增收的促进作用。当前,受到我国城乡关系演进、农业农村改革和乡村数字化转型的影响,农民收入增长的主要影响因素也在不断变化,农村产业融合、农村电子商务、普惠金融等要素和模式的农民增收效应及其机理,越来越成为考察的重点。农民增收的形势与结构变动,是农民增收问题的又一重要研究内容。特别是,近年来随着我国农业农村加速改革,加快农村要素市场化改革,保障与激活农民的财产性收益①,也进入学者的研究视野,成为我国优化农民收入结构的一个重要研究方向。在重点关注农民收入问题的同时,对与之紧密相关的城乡居民收入差距问题,国内学者也给予了持续的跟踪研究。一方面,是对城乡居民收入差距水平的测度与衡量②;另一方面,从城市化进程、数字经济、财产性社会保障支出③等不同视角,重点探讨引起城乡居民收入差距的主要因素,并认为通过促进农村三产融合、普及互联网等举措,能够有效缩小城乡居民收入差距。

第二节　我国农民增收的政策演进

2018 年习近平总书记在山东考察时强调:"农业农村工作,说一千、道一万,增加农民收入是关键。要加快构建促进农民持续较快增收的长效政策机制,让广大农民都尽快富裕起来。"④"十四五"时期是我国全面建成小康社会、实现第一个百年奋斗目标,又要乘势而上开启全面建设社会主义现

① 陈晓枫、翁斯柳:《"三权"分置改革下农民财产性收入的特点和发展趋势》,《政治经济学评论》2018 年第 2 期。
② 李实、罗楚亮:《中国城乡居民收入差距的重新估计》,《北京大学学报(哲学社会科学版)》2007 年第 2 期。
③ 袁春晓、边恕:《财政性社会保障支出对城乡居民收入差距的影响研究——以河南省为例》,《管理世界》2019 年第 1 期。
④ 《习近平在山东考察时强调　切实把新发展理念落到实处　不断增强经济社会发展创新力》,新华社,2018 年 6 月 14 日。

代化国家新征程,向第二个百年奋斗目标进军的重要转折期。党中央从现实"三农"问题出发,立足我国由小康社会迈向共同富裕社会的新发展阶段要求,遵循乡村发展基本规律,确立了与不同历史发展阶段相适应的农民收入增长目标。围绕这一目标,党中央、国务院出台了一系列相关的政策举措,致力于打造有利于农民持续较快增收的政策环境,积极培育与增强农村内外并举的农民增收动力,重点激活农民财产性权利,优化农民收入来源结构,加快构建农民收入持续稳定快速增长的长效机制。

一、确立与不同发展阶段相匹配的农民增收目标

持续增加农民收入,是农村发展的主旋律。以 2021 年 7 月 1 日习近平总书记在庆祝中国共产党成立 100 周年大会上庄严宣告"我们实现了第一个百年奋斗目标,在中华大地上全面建成了小康社会,历史性地解决了绝对贫困问题,正在意气风发向着全面建成社会主义现代化强国的第二个百年奋斗目标迈进"[①]为重要分水岭,我国农民收入增长的重点难点发生历史性转变,国家确立的农民增收目标也在发生改变。

(一)全面小康目标导向的农民增收

自 20 世纪 70 年代末邓小平同志提出建设"小康社会"的战略构想以来,建成小康社会成为党和国家的奋斗目标。2012 年党的十八大明确指出,"我国进入全面建成小康社会决定性阶段";2017 年党的十九大进一步提出"决胜全面建成小康社会"。但是,面对"农业还是'四化同步'的短腿,农村还是全面建成小康社会的短板"[②],2015 年 7 月,习近平在吉林调研时

---

① 习近平:《在庆祝中国共产党成立 100 周年大会上的讲话》,人民出版社 2021 年版,第 2 页。

② 中共中央文献研究室编:《十八大以来重要文献选编》(上),中央文献出版社 2014 年版,第 658 页。

强调,"必须始终坚持强农惠农富农政策不减弱、推进农村全面小康不松劲,在认识的高度、重视的程度、投入的力度上保持好势头"①。

然而,解决农村贫困问题,是我国实现全面建成小康社会和第一个百年奋斗目标必须予以突破的重大现实挑战。"小康不小康,关键看老乡。脱贫攻坚质量怎么样、小康成色如何,很大程度上要看'三农'工作成效。"②"党的十八大以来,党中央把脱贫攻坚作为全面建成小康社会的底线任务和标志性指标,作出一系列重大部署。党的十九大后,党中央把打好精准脱贫攻坚战作为全面建成小康社会的三大攻坚战之一。"③以习近平同志为核心的党中央把脱贫攻坚摆到治国理政的突出位置,把脱贫攻坚作为全面建成小康社会的底线任务与标志性工程,实施了人类历史上规模空前、力度最大、惠及人口最多的精准扶贫攻坚战。

(二)共同富裕目标导向的农民增收

共同富裕,作为中国共产党人的初心使命,自新中国成立之日起,对共同富裕的探索与追求从未停止。特别是党的十八大以来,党中央把逐步实现全体人民共同富裕摆在更加重要的位置上。2017年党的十九大提出,到2035年基本实现社会主义现代化时,全体人民共同富裕迈出坚实步伐。2020年党的十九届五中全会提出,到2035年我国基本实现社会主义现代化时,全体人民共同富裕取得更为明显的实质性进展。可见,我国2035年社会主义现代化目标,从"迈出坚实步伐"到"取得更为明显的实质性进展"向前推进了一大步,说明我国继全面建成小康社会之后,促进共同富裕的条件更加成熟,促进全体人民共同富裕的进程明显加快。

---

① 《保持战略定力增强发展自信　坚持变中求新变中求进变中突破》,《人民日报》2015年7月19日。

② 中共中央党史和文献研究院编:《十九大以来重要文献选编》(中),中央文献出版社2021年版,第356页。

③ 习近平:《在解决"两不愁三保障"突出问题座谈会上的讲话》,《求是》2019年第16期。

2021 年 8 月,习近平总书记主持召开的中央财经委员会第十次会议,对促进共同富裕的具体思路做了总体安排,提出的"提高发展的平衡性、协调性、包容性""促进农民农村共同富裕"等奋斗目标,也为农民增收设定了更高要求。一方面,稳步提高农民收入水平,是对"扩大中等收入群体比重,增加低收入群体收入……形成中间大、两头小的橄榄型分配结构"共同富裕思路要求的有效贯彻与落实。① 对此,党的十九届五中全会对增加居民收入提出明确目标,要求"十四五"时期居民收入增长和经济增长基本同步,到 2035 年城乡居民收入再迈上新的大台阶。2022 年中央一号文件进一步指出,稳定农民增收好势头,促进农民富裕富足。另一方面,要缩小与城市居民的收入差距。城乡居民收入差距的缩小,是更为直观度量农民收入增长水平与增长速度的显性指标。2020 年党的十九届五中全会进一步提出推动共同富裕,聚焦的一个主要问题就是城乡收入差距依然较大,因此在 2021 年中央一号文件中,对"城乡居民收入差距持续缩小"予以着重强调并加强落实。

二、优化更有利于促进农民增收的制度环境

党的十八大以来,伴随我国经济发展阶段和社会主要矛盾的转化,农民增收面临的内外部环境也发生巨变。为更好发挥农民增收的政策效应,我国坚持城乡融合发展理念,"外"从改善城乡关系促进城乡协调融合互动发展、"内"从坚持农业农村优先发展和推进乡村振兴战略入手,不断优化更有利于促进农民增收的制度环境。

(一)从推动城乡发展一体化到城乡融合发展

城乡融合发展,是推进农业农村现代化、促进农民收入增长的基础环境

---

① 《习近平主持召开中央财经委员会第十次会议》,新华社,2021 年 8 月 17 日。

支撑。改革开放初期,中国工业和城市优先发展政策,是制约农村经济发展和农民收入增长的重要因素。21 世纪以来,城乡关系从城乡统筹、城乡一体化走向城乡融合发展,农民增收环境持续优化。2012 年党的十八大报告指出,城乡发展一体化是解决"三农"问题的根本途径,2017 年党的十九大进一步提出,建立健全城乡融合发展体制机制和政策体系的城乡融合发展战略。2019 年,中共中央、国务院发布了《中共中央 国务院关于建立城乡融合发展体制机制和政策体系的意见》,这是国家从重塑新型城乡关系的高度推进乡村振兴和农业农村现代化的战略思路转变,其中,就如何建立健全有利于农民收入持续增长的体制机制也给予了重点阐述。2021 年 8 月,习近平总书记在河北承德考察时对此予以强调,"我们全面建设社会主义现代化国家,既要建设繁华的城市,也要建设繁荣的农村,推动形成工农互促、城乡互补、协调发展、共同繁荣的新型工农城乡关系"[①]。

城乡融合发展和新型工农城乡关系的建立,在促进农民增收方面,至少表现为三大正向效应。一是在城市地域,城市为农村富余劳动力提供越来越多、越来越平等的就业机会与就业岗位,拓宽了农民增收的渠道,显著提高了农民收入水平;二是在农村地域,在我国"人多地少"的现实国情之下,通过城市对农村富余劳动力的转移与吸纳,扩大了农村经营性农民的人均土地利用规模,推动现代农业的规模化、专业化发展,从而提高劳动生产效率和经营性收入;三是在城乡融合互动界面上,通过促进城乡资源要素的自由流动与平等交换、创新发展乡村新产业、增加农村公共服务供给、提高农村人力资本水平、提升高附加值农产品上行能力等途径,为农民收入增长提供更广阔空间。

---

① 《贯彻新发展理念弘扬塞罕坝精神 努力完成全年经济社会发展主要目标任务》,《人民日报》2021 年 8 月 26 日。

（二）坚持农业农村优先发展和实施乡村振兴战略

2017 年,党的十九大报告指出,坚持农业农村优先发展,实施乡村振兴战略。2018 年,中共中央、国务院正式印发了《乡村振兴战略规划(2018—2022 年)》。对乡村振兴的战略意义与总定位,习近平总书记这样强调,"民族要复兴,乡村必振兴"①,实施乡村振兴战略是中国特色社会主义进入新时代做好"三农"工作的总抓手。有关乡村振兴的战略目标和总要求,2018 年 9 月 21 日,习近平总书记在主持中共中央政治局第八次集体学习时指出,"农业农村现代化是实施乡村振兴战略的总目标,坚持农业农村优先发展是总方针,产业兴旺、生态宜居、乡风文明、治理有效、生活富裕是总要求,建立健全城乡融合发展体制机制和政策体系是制度保障"②。作为全党工作的重中之重,为更有效地全面推进乡村振兴战略,习近平总书记在不同场合、从不同侧面给予重点阐释。乡村振兴是一项庞大的系统工程,2018 年 9 月,习近平总书记对实施乡村振兴战略作出指示时强调,"乡村振兴是包括产业振兴、人才振兴、文化振兴、生态振兴、组织振兴的全面振兴,是'五位一体'总体布局、'四个全面'战略布局在'三农'工作的体现"③。以上不同论述表明,农业农村优先发展理念和乡村振兴国家战略,不仅涵盖农民增收和农民富裕这一核心目标,也是新时代推动农民收入稳定增长的行动纲领和动力支撑。

三、培育与增强内外并举的农民增收动力

农民增收动力,包括农村外部增收动力和农村内部增收动力两大组成。

---

① 《坚持把解决好"三农"问题作为全党工作重中之重　促进农业高质高效乡村宜居宜业农民富裕富足》,《人民日报》2020 年 12 月 30 日。
② 《习近平谈治国理政》第三卷,外文出版社 2020 年版,第 257 页。
③ 《习近平谈治国理政》第三卷,外文出版社 2020 年版,第 259 页。

增加农民收入,"要构建促进农民持续较快增收的长效政策机制,通过发展农村经济、组织农民外出务工经商、增加农民财产性收入等多种途径增加农民收入,不断缩小城乡居民收入差距,让广大农民尽快富裕起来①,2016 年4 月 25 日,习近平总书记在农村改革座谈会上的重要讲话,全面刻画了我国有关促进农民增收的动力制度设计及其政策努力。

(一)从农民工外出务工到农民就地就近就业创业

农民工,是我国经济社会转型进程中受到农村推力和城市拉力共同作用,形成的一个规模庞大的独特群体。农民工外出务工获得的工资性收入,逐步上升为农民可支配收入构成的最大来源。但是,如果把观测时间锁定在近十年,我们会发现,农民工就业与收入来源的相关政策也经历了一次大的转变,这种转变与我国的宏观制度背景与农民增收环境塑造密不可分。

党的十八大提出、十八届三中全会再次重申,要"加快户籍制度改革,有序推进农业转移人口市民化,努力实现城镇基本公共服务常住人口全覆盖",让农业转移人口共享改革发展成果,成为农民工政策的首选政策目标。农民工市民化成为重要的政策语言,频繁出现在中共中央、国务院至各职能部门的政策文件中。比如,2014 年国务院印发了《关于进一步做好为农民工服务工作的意见》,2014 年中共中央、国务院印发了《国家新型城镇化规划(2014—2020 年)》,2015 年人社部会同国家发展改革委等部门印发了《关于做好进城落户农民参加基本医疗保险和关系转移接续工作的办法》,2016 年国务院办公厅印发了《推动 1 亿非户籍人口在城市落户方案》,2016 年国务院印发了《关于实施支持农业转移人口市民化若干财政政策的通知》。这些政策的出台,加大了对农民工权益的保障力度,不仅为农民工争取了更好的生存环境,也为获取更高的收入提供了制度保证。

---

① 《谱写农业农村改革发展的华彩乐章——习近平总书记关于"三农"工作重要论述综述》,新华社,2021 年 9 月 23 日。

与此同时,促进农民工返乡创业和就地就近就业创业,成为新的政策取向和农民就业的新选择。2015 年、2016 年国务院办公厅分别印发了《关于支持农民工等人员返乡创业的意见》《关于支持返乡下乡人员创业创新促进农村一二三产业融合发展的意见》,2020 年农业农村部、人力资源社会保障部印发了《扩大返乡留乡农民工就地就近就业规模实施方案》,2022 年把"促进农民就地就近就业创业"明确写入中央一号文件。以促进返乡留乡农民工就地就近就业创业为抓手,开创农民增收、共建共享的新局面,为实现农民农村共同富裕提供有力支撑。

(二)从提升农业发展质量到推进县域富民产业发展

为强化现代农业对农民增收的动力支撑,政策体系紧紧围绕发展现代农业,围绕农村一二三产业融合发展,构建乡村产业体系,实现产业兴旺,把产业发展落到促进农民增收上来,全力以赴消除农村贫困,推动乡村生活富裕。为此,国务院办公厅、农业农村部等多部门印发了《关于推进农村一二三产业融合发展的指导意见》《全国农业现代化规划(2016—2020 年)》《关于支持返乡下乡人员创业创新促进农村一二三产业融合发展的意见》《关于促进乡村产业振兴的指导意见》等一系列政策文件,引导和支持我国现代农业发展,以实现农业强、农村美和农民富目标。

这一过程中,我国对农业现代化的理解与认知不断深化。农业现代化的政策实践,在提升生产效率、推进农村三产融合、促进生态绿色发展等多重维度的基础上,进一步强调了农民收入增长这一重要维度,进而在 2020 年中央一号文件中首次产生了"富民乡村产业"的提法。发展富民乡村产业的政策指向,一是要提升不同地区各具特色的农业全产业链水平,建立健全农民分享产业链增值收益机制;二是以农村现代农业产业园和农村产业融合发展示范园"双创"基地为依托,做好富民支撑平台建设;三是重点培育新型农业经营主体和农业产业化联合体,健全完善利益联结机制；四是从增加优质绿色农产品供给、农产品流通体系建设以及农产品质量安全和食品安全监管三大层面，促进农产品供需有效对接的高水平动态平衡。经过 2021 年中央一号文件提出"加快县域内城乡融合发展"，2022 年中央一号文件创新提出"大力发展县域富民产业"。县域富民产业，进一步强调了城乡产业的融合互动与布局优化，是对富民乡村产业理论认知的再次升华，为富民乡村产业发展确立了更契合城乡加速融合趋势的最优路径。

四、深化农村土地改革增加农民财产性收入

党的十八届三中全会提出要赋予农民更多财产权利、探索农民增加财产性收入渠道，"十三五"规划纲要强调激活农村要素资源，增加农民财产性收入。党的十九大报告进一步指出要拓宽居民劳动收入和财产性收入渠道，"十四五"规划纲要中又明确提出要多渠道增加城乡居民财产性收入。为增加农村居民财产性收入、促进收入来源结构多元化，习近平总书记强调，"要全面推进乡村振兴，加快农业产业化，盘活农村资产，增加农民财产性收入，使更多农村居民勤劳致富"[1]。

回顾党的十八大以来农业农村发展政策的演进，可以发现，最大限度释放与保障农民的财产性权利，贯穿于我国农村改革的全过程。其中，农村土地制度改革既是农村改革的焦点、重点和难点，也是农民财产性收入的主要来源。2013 年年底，习近平总书记在中央农村工作会议上的讲话中首次提出农地产权制度"三权"分置改革，这是我国农村改革的又一次重大制度创新。2014 年中央一号文件进一步深化农村土地制度改革，对农村集体经营性建设用地入市、农村土地承包经营权抵押担保权能和农民住房财产权进

---

① 习近平：《扎实推动共同富裕》，《求是》2021 年第 20 期。

行了专门的制度设计。2016 年 10 月,中共中央办公厅、国务院办公厅印发《关于完善农村土地所有权承包权经营权分置办法的意见》,是我国第一部针对农地"三权"分置的专门性政策文件。2020 年颁布的《中共中央 国务院关于构建更加完善的要素市场化配置体制机制的意见》,引导要素向先进生产力集聚。而"资源变资产、资金变股金、农民变股东"的农村"三变"改革,是这一时期激活农民财产性权利的重要政策举措,在 2017—2019 年的中共中央一号文件以及《乡村振兴战略规划(2018—2022 年)》《中共中央 国务院关于打赢脱贫攻坚战三年行动的指导意见》等重要文件均有所体现。习近平生态文明思想中"绿水青山就是金山银山"的重要论述,也蕴含着生态资产创造经济财富、促进农民增收的丰富内涵,"绿水青山就是金山银山,改善生态环境就是发展生产力。良好生态本身蕴含着无穷的经济价值,能够源源不断创造综合效益,实现经济社会可持续发展"[①]。

第三节 党的十八大以来我国农民 增收取得的重要成效

党的十八大以来,在我国城乡加速融合、农业农村优先发展以及乡村振兴战略深入实施等国家战略和具体政策举措支撑下,全国农民收入增长保持良好态势,农民收入水平显著增长,城乡收入差距持续缩小。收入结构不断优化,工资性收入和经营性收入是农民增收的两大支柱,财产性收入和转移性收入对促进农民增收的作用不断提升。

---

① 中共中央党史和文献研究院编:《十九大以来重要文献选编》(中),中央文献出版社 2021 年版,第 24 页。

一、农民收入水平平稳快速增长

2012 年以来,农业农村进入发展快车道,农民收入水平持续快速稳步提高(见图 8-1)。数据显示,2012—2021 年,我国农村居民人均可支配收入以年均 7.65% 的实际增长率,从 2012 年的 8389 元提高至 2021 年的 18931 元,提前实现党的十八大提出的到 2020 年实现城乡居民人均收入比 2010 年翻一番的目标。

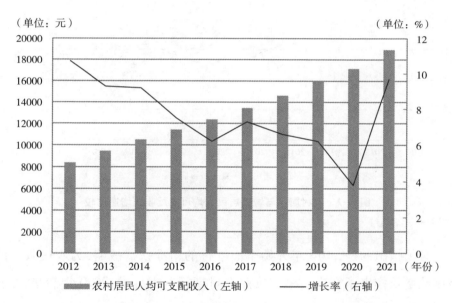

（单位：元）　　　　　　　　　　　　　　　　　　　　　（单位：%）

■ 农村居民人均可支配收入（左轴）　　　—— 增长率（右轴）

图 8-1　党的十八大以来农村居民人均可支配收入及其增长率

资料来源:笔者自绘。

对比城乡居民收入差距,能够更为真实客观地反映农村居民收入增长的速度和水平。图 8-2 表明,按可比价格计算,过去十年间,农村居民人均可支配收入增速连续高于城镇居民收入增速,年均增速高于城镇居民 1.55 个百分点。得益于农村居民收入的持续较快增长,城乡居民收入差距不断缩小,城乡居民人均可支配收入比连年下降(见图 8-3),已经从 2012 年的

2.88 回落至 2021 年的 2.50。与此对应的是,2012 年农村居民人均可支配收入相当于城镇居民人均可支配收入的 34.8%,2021 年这一比例提高至39.9%,增长了 5.1 个百分点,为新时代加快推进农民农村共同富裕奠定了坚实的物质基础。

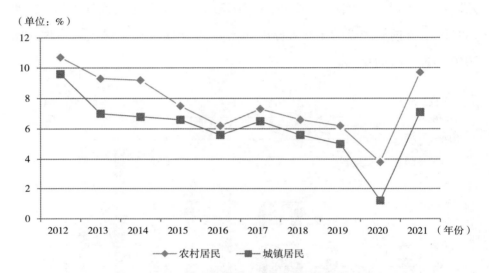

（单位：%）

图 8-2　农村居民与城镇居民人均可支配收入增速比较

资料来源:笔者自绘。

必须指出的是,2013 年开始全面推行的精准扶贫战略,为农民收入的整体性增长作出了突出贡献。按照农村现行贫困标准,2020 年 9899 万农村贫困人口全部脱贫,我国历史性地整体消除了绝对贫困。脱贫地区农村居民人均可支配收入,从 2013 年的 6079 元增长到 2020 年的 12588 元,年均增长 11.6%,增长持续快于全国农村,增速比全国农村高 2.3 个百分点①,比全国农村居民平均水平高 4.6 个百分点。

---

① 中华人民共和国国务院新闻办公室:《人类减贫的中国实践》,人民出版社 2021 年版,第15 页。

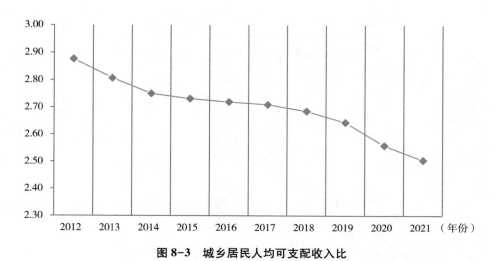

图 8-3　城乡居民人均可支配收入比

资料来源:笔者自绘。

二、工资性收入上升为农村居民增收的最大来源

如表 8-1 所示,2012—2020 年,工资性收入和经营净收入两大收入占农民可支配收入的比例始终保持在 76%—80%,对农民增收的总贡献为 71.7%,是居民收入的两大支柱。2012 年,工资性收入占比低于经营净收入占比 6.4 个百分点,是农民收入构成的第二大来源。但是,党的十八大以来,两大收入并非保持同步增长态势,工资性收入始终以高于经营净收入的速度快速增长。2015 年,工资性收入占比首次超过经营净收入占比,之后一直保持领先优势,上升为农民增收的最大来源,2020 年,工资性收入占比超过经营净收入占比 5.2 个百分点。

表 8-1　农村居民可支配收入构成及其变化

收入 ＼ 年份	2012	2013	2014	2015	2016	2017	2018	2019	2020
农民可支配收入(元)	8389	9430	10489	11422	12363	13432	14617	16021	17131

续表

收入 \ 年份	2012	2013	2014	2015	2016	2017	2018	2019	2020
工资性收入（元）	3123	3653	4152	4600	5022	5498	5996	6583	6974
增速（%）	—	17.0	13.7	10.8	9.2	9.5	9.1	9.8	5.9
占比（%）	37.2	38.7	39.6	40.3	40.6	40.9	41.0	41.1	40.7
贡献（%）	—	50.9	47.1	48.0	44.8	44.5	42.0	41.8	35.2
经营净收入（元）	3660	3935	4237	4504	4741	5028	5358	5762	6077
增速（%）	—	7.5	7.7	6.3	5.3	6.1	6.6	7.5	5.5
占比（%）	43.6	41.7	40.4	39.4	38.3	37.4	36.7	36.0	35.5
贡献（%）	—	26.4	28.5	28.6	25.2	26.8	27.8	28.8	28.4
财产净收入（元）	165	195	222	252	272	303	342	377	419
增速（%）	—	18.2	13.8	13.5	7.9	11.4	12.9	10.2	11.1
占比（%）	2.0	2.1	2.1	2.2	2.2	2.3	2.3	2.4	2.4
贡献（%）	—	2.9	2.5	3.2	2.1	2.9	3.3	2.5	3.8
转移净收入（元）	1441	1648	1877	2066	2328	2603	2920	3298	3661
增速（%）	—	14.4	13.9	10.1	12.7	11.8	12.2	12.9	11.0
占比（%）	17.2	17.5	17.9	18.1	18.8	19.4	20.0	20.6	21.4
贡献（%）	—	19.9	21.6	20.3	27.8	25.7	26.8	26.9	32.7

资料来源：根据国家统计局相关数据整理。

农村居民工资性收入快速增长的背后，是我国农民工规模和月均收入的持续性增长。2012—2021 年《农民工监测调查报告》显示，2021 年外出就业农民工总量比 2012 年增长 11%，同期外出农民工月均收入水平增长近 2 倍（见图 8-4）。

三、非农经营净收入增长整体态势良好

家庭经营净收入一直以来都是农民收入的主要构成。从表 8-1 可见，2012—2020 年间，农村居民经营性收入变动呈现典型的"双降双升"特征。"双降"，表现为农村居民经营净收入增速从"十二五"时期的高速增长转向

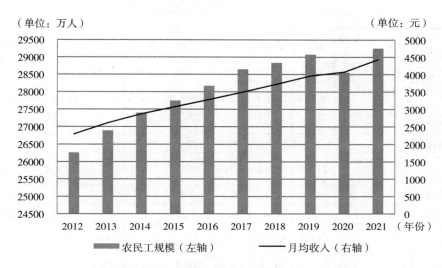

（单位：万人）
（单位：元）

图 8-4　2012—2021 年我国农民工规模与收入情况

资料来源：根据 2012—2021 年我国《农民工监测调查报告》整理所得。

"十三五"时期的中高速增长，以及经营净收入占比从 2012 年的 43.6% 降低至 2020 年的 35.5%。"双升"，表现为农村居经营净收入水平从 2012 年的 3660 元提升至 2020 年的 6077 元，同期经营净收入对农民增收的贡献提高约 2 个百分点。应该说，经营净收入增速和可支配收入占比的双降，更多受到宏观经济形势变动和农民收入来源多元化的影响。

进一步分解来看（见表 8-2），经营净收入构成中，以农林牧渔业为主的第一产业经营净收入始终保持在 64% 以上，是农民经营净收入的主要来源。但农村第二产业和第三产业发展带动的非农经营净收入增长趋势明显，占总经营性净收入的比重，从 2013 年的 27.8% 提高至 2020 年的 34.5%，成为经营性净收入增长的重要支撑。其中，第三产业非农经营净收入表现尤为亮眼，大体以年均 10.3% 的名义增速快速增长，对经营净收入增长的贡献率高达 38.6%。

表 8-2　农民经营性净收入构成及其变动

收入 ＼ 年份	2013	2014	2015	2016	2017	2018	2019	2020
经营性净收入(元)	3935	4237	4504	4741	5028	5358	5762	6077
第一产业经营性净收入(元)	2839.8	2998.6	3153.8	3269.6	3391.0	3489.5	3730.2	3978.1
增速(%)	—	5.6	5.2	3.7	3.7	2.9	6.9	6.6
占比(%)	—	72.2	70.8	70.0	69.0	67.4	65.1	64.7
第二产业经营性净收入(元)	252.5	259.1	276.1	287.9	318.9	378.4	413.4	430.6
增速(%)	—	2.6	6.6	4.3	10.8	18.7	9.2	4.2
占比(%)	—	6.4	6.1	6.1	6.1	6.3	7.1	7.2
第三产业经营性净收入(元)	842.5	979.6	1073.7	1183.8	1318.0	1490.5	1618.6	1668.7
增速(%)	—	16.3	9.6	10.3	11.3	13.1	8.6	3.1
占比(%)	—	21.4	23.1	23.8	25.0	26.2	27.8	28.1

资料来源:根据 2013—2021 年《中国农村统计年鉴》整理而成。

四、财产净收入增长红利开始逐步释放

根据国家统计局的指标解释,财产净收入指住户或住户成员将其所拥有的金融资产、住房等非金融资产和自然资源交由其他机构单位、住户或个人支配而获得的回报并扣除相关的费用之后得到的净收入。财产净收入包括利息和红利收入、储蓄性保险净收益、转让承包土地经营权租金净收入、出租房屋净收入、出租其他资产净收入、自有住房折算净租金等。[①] 随着农村改革的深入,农民土地和宅基地等财产性权利得到有效保障与落实,财产性净收入以年均 12.4%的超高速迅速增长,位列四大收入构成增速之首,超过农村居民人均可支配收入增速 4.8 个百分点,2020 年的财产性净收入是 2012 年的

---

① 《人民生活》,国家统计局,见 http://www.stats.gov.cn/tjsj/zbjs/201912/t20191202_1713055.html。

2.6 倍。党的十八大以来,财产性净收入对农民增收的贡献明显提高,据测算,2016—2020 年,财产性收入对农民增收的贡献率为 2.8%,比 2012—2015 年提高了 0.7 个百分点。并且,财产性收入渠道更为多元,例如,浙江农民人均 949 元的财产净收入中,最大构成的出租房屋净收入 421 元,占比 44.4%,其次是红利收入和转让承包土地经营权租金净收入,两者之和占比 45.2%。

五、转移净收入成为促进农民增收的重要构成

转移净收入是转移性收入减去转移性支出之差。转移性收入涵盖公共转移和私人转移两大部分,养老金或离退休金、社会救济和补助、惠农补贴、报销医疗费等项目属于公共转移,家庭外出从业人员寄回带回收入和赡养收入等属于私人转移范畴。随着农业农村优先发展和扶贫攻坚战略的有效实施,农村公共转移规模持续增长,农民民生福祉不断改善,农民转移性净收入水平显著提升。2012 年农民转移性净收入为 1441 元,2020 年提高至3661 元,其增长幅度明显高于工资性收入、经营性净收入和财产性净收入,对农民增收的贡献为 25.4%。转移性净收入在可支配收入中的比重持续提升,从 2012 年的 17.2%提高至 2020 年的 21.4%。

虽然我国农民收入增长显著,但由于我国正处于关键的转折发展时期,农民增收形势正在发生明显的趋势性变化,农民增收面临的问题也在增多。持续缩小城乡居民收入差距,保持工资性收入的稳定增长、增强乡村产业、支撑农民增收的内生动力,进一步激活农民财产性权益、农村"提低扩中"壮大中等收入群体等问题。

第四节　我国农民增收未来展望

立足新发展阶段,保持农民持续增长态势,破解农民增收存在的问题,

亟须有新的应对举措。总体上看,我国农民收入增长正进入一个新的发展时期,增收环境、增收目标与增收动力正在经历深刻调整与优化,农民持续稳定快速增收的长效机制加快构建,农民增收的新局面加快形成。

一、共同富裕为整体性农民增收设定时间表和路线图

共同富裕,是"社会整体进入富裕社会、全体人民都富裕、全面富裕、消除了两极分化但存在合理差距的普遍富裕"[①]。马克思主义作为中国共产党的重要指导思想,勾勒了一个各尽所能、按需分配、每个人实现自由且全面发展的共产主义社会,为中国共产党确立共同富裕的初心使命奠定了理论根基与行动指南。随着中国特色社会主义进入新时代,习近平总书记在 2021 年中央财经委员会第十次会议上明确指出,共同富裕是社会主义的本质要求,是中国式现代化的重要特征。为此,中国政府明确了实现全体人民共同富裕的时间表和路线图,党的十九大报告中提出从 2020 年到 2035 年,在全面建成小康社会的基础上,再奋斗十五年,基本实现社会主义现代化……全体人民共同富裕迈出坚实步伐……从 2035 年到本世纪中叶,在基本实现现代化的基础上,再奋斗十五年,把我国建成富强民主文明和谐美丽的社会主义现代化强国……全体人民共同富裕基本实现。[②] 2021 年 8 月召开的中央财经委员会第十次会议,进一步明确了共同富裕的总思路。促进农民稳定快速增收、持续缩小城乡居民收入差距,成为我国开启社会主义现代化建设新征程、实现共同富裕战略目标的基本要求和重要任务。

[①] 李军鹏:《共同富裕:概念辨析、百年探索与现代化目标》,《改革》2021 年第 10 期。

[②] 参见习近平:《决胜全面建成小康社会 夺取新时代中国特色社会主义伟大胜利——在中国共产党第十九次全国代表大会上的报告》,人民出版社 2017 年版,第 28—29 页。

二、城乡融合为农民增收提供新机遇和新动力

促进农民收入稳定增长,必须促进城乡融合发展,为真正缩小城乡收入差距创造基础前提。经过四十余年的改革开放,中国不仅从"乡土中国"转向"城乡中国",也加快进入城乡融合发展的新时代。特别是新型城镇化与乡村振兴的良性互动,构建"工农互促、城乡互补、协调发展、共同繁荣"的新型工农城乡关系,将为农村居民提供良好的增收环境,重塑农民增收空间,创造和巩固农民收入的新增长点。一是持续放松人口流动限制,加快农民工市民化进程,一方面使农村富余劳动力通过空间转移,参与更具效率和价值的劳动创造过程,实现就业结构和收入结构的平衡,另一方面有利于缓解农村"人多地少"的矛盾以及农村公共服务的不足,提高农村居民的人均资源使用量,推动农业的规模化、集约化发展,有利于增强农民增收的内生动力。二是城乡融合加快推进城乡要素的自由流动与平等交换,加快农村旅游路、产业路、资源路建设以及农产品骨干冷链物流基地、仓储保鲜冷链物流设施和不同网络销售平台建设,畅通"农产品进城"和"现代要素下乡"的双向通道,推动农业供给侧结构性改革,增强农民增收的内生动力。三是城乡融合一方面加大城市对农村教育培训、文化科技、金融、医疗养老、法律服务等多方面的服务输送,另一方面推动城市道路交通、网络宽带、环保环卫、水电暖、燃气污水处理等基础设施向农村延伸,有利于提高农村人力资本水平,完善农村创新创业环境。我国提出推进就地就近城镇化、就地就近创业就业,就是希望依靠本地产业支撑使农民在周边地区能够实现更充分更高质量的就业,使农村就业人员实现就业岗位转换和工资性收入增长。四是城乡融合将最大限度激活消费市场对农民增收的拉动能力。2021 年年底,我国常住人口城镇化率为 64.72%,按照中国社科院人口与劳动经济研究所完成的《人口与劳动绿皮书:中国人口与劳动问题报告 No.22》推断,

到 2035 年,我国城镇化率峰值大概率在 75%—80%。这意味着,未来我国城镇人口仍将保持上升态势,不断增长的庞大城镇人口为了美好生活需要,对乡村产品和服务多样化、个性化、特色化的消费需求将越来越旺盛。在我国城乡加速融合和加快建设国内统一大市场的现实情况下,消费需求将有效转换为促进乡村产业发展和农民增收的强劲外驱动力。

三、现代乡村产业体系为农民增收提供根本性支撑

我国致力于打造富有竞争力的现代乡村产业体系,将从根本上支撑农民收入的稳定快速增长。第一,农业供给侧结构性改革加快推动,不断强化创新引领,积极推动农业的规模化、专业化、标准化、市场化发展,将通过生产效率提升降低生产成本、农产品质量优化提高产品市场利润、农业劳动力节约推进劳动资源优化配置等途径,促进农民经营性收入增长。第二,持续挖掘与创新利用农业农村多维功能和价值,促进农业产业链的横向融合、纵向融合以及与生态、文化等要素的融合,将推动新产业、新业态、新模式加快发展,最大限度释放三产融合的提质增效和富民效应。第三,运用社会化产业化思维和市场化运作,持续推进农业生产性服务业发展,将进一步提高农业生产性服务的规模、质量和效率,努力将已有的相对小、散、弱的农业生产性服务,打造为引领农业现代化的新载体、农村发展的新动能以及农民增收的新增长点。第四,现代乡村物流产业快速发展,加快农产品骨干冷链物流基地和仓储保鲜冷链物流设施建设,有效扩大鲜活农产品的市场交易半径和市场规模,并降低物流损耗和交易成本,提升产品流通效率,推动农民收入增长。第五,数字赋能农民增收。近年来,我国将数字赋能乡村产业,作为农民持续增收的重要"助推器",得到了中央和各级地方政府的大力支持。未来我国将持续推进科技下乡、农村新型基础设施建设等,降低技术应用门槛,尤其强调在涉农关键共性技术、小型生产组织技术、低门槛创业技

术等方面重点布局,使农民更好地分享数字红利。

四、农业农村改革进一步释放财产性收入的发展潜力

我国正处于城乡经济社会的加速融合期、城乡居民消费结构转换提升期、现代乡村产业结构调整优化期以及农村产权制度改革的创新期,农业农村改革持续推进,城乡资源要素自由流动与平等交换的市场化配置水平不断提高,财产性收入增长仍有很大的上升空间和发展潜力。当前农村集体产权制度改革和农村土地、宅基地的确权颁证工作积极稳妥推进,农村土地加速流转,农村征地制度改革不断完善,农村集体产权制度改革将带给农民巨大的改革红利,最大限度释放农村土地制度改革的增收效应。同时,农村要素市场化配置改革不断深化。在我国加快构建新发展格局、建设全国统一大市场的新发展时期,农村市场化的深度和广度将拓展至一个全新的高度。植根于农村市场化的宏观背景,以市场消费需求为导向,积极发挥市场机制在配置农村资源和资产以及所需的技术、管理等现代要素方面的决定性作用,农民的财产性权利有效激活,农业技能人才、小微创业者、新型农民等农民群体中的高收入者加快进入中等收入群体行列。

五、国民收入分配格局优化增强转移性收入的增收效应

共同富裕的基础是社会财富的创造与科学分配,优化调整国民收入分配格局是处理好效率与公平关系、稳步推进农民农村共同富裕的必然要求。我国全面践行以人民为中心的发展思想,逐步建立全国统一的城乡居民基本养老保险制度、基本医疗保险制度以及城乡统筹的最低生活保障等社会救助制度,农村的民生福祉大幅提升。但是,与城市相比,农村社会保障标准、基本公共服务水平还存在差距。未来我国将持续完善再次分配的政府调节作用,建立健全广覆盖、多系统、多层次的农村社会保障体系,为农民收

入增长的机会公平和能力公平提供基础保障。同时，重新认识县域在连接城乡中的独特作用，通过加大政策扶持和差异化发展，使县域成为缩小城乡差距、优化收入分配的前沿"堡垒"；进一步优化财政支出结构，以缩小乃至消除居民收入分配的区域、城乡差距为核心，持续提高教育、健康、就业和社会保障等社会消费的支出规模和投入强度；提供更多的社会公益性岗位，将新增就业、转移性收入增长与社会保障兜底功能相结合；等等。越来越多的政策举措，不单单是"授人以鱼"，而是从根本上促进农民人力资本水平提高以及推动实现就业的"授人以渔"，转移性收入的增收效应更加显著。

第九章　健全农村社会保障体系

我国农村面积广大,农村居民数量庞大,"三农"问题是党和国家工作的重中之重。"三农"问题所言之农业、农村、农民问题的具体内容是不断变化、与时俱进的。党的十八大以来,"三农"问题主要围绕农业繁荣与现代化、农村稳定与发展、农民增收与福利提升等几个方面展开。"三农"问题的解决最终将会落实和体现在农民生活水平的提高和社会福祉的提升等方面。

党中央一直将提升农村居民社会福利放在重要位置,党的十八大以来,农村社会保障体系不断完善,农民福祉不断提高,农民生活水平的提升有目共睹。回顾近十年来走过的路,从社会保障理念的转变到社会保障待遇的提升,农村社会保障体系的发展和完善经历了历史关键期。

经过艰苦卓绝的奋斗,农村社会保障体系形成了覆盖广泛、保障全面、分配公正的格局。2021年2月26日,习近平总书记在主持十九届中央政治局第二十八次集体学习时,发表了《促进我国社会保障事业高质量发展、可持续发展》的重要讲话,对党的十八大以来我国社会保障事业的发展历程进行了回顾和总结,对城乡社会保障制度整合发展取得的成绩给予了充分的肯定。回顾党的十八大以来农村社会保障体系发展与完善的过程,农村的社会保险、社会救助、社会福利、社会优抚等方面均取得了重大进步。

第一节　农村社会保障体系的理论分析

社会保障的重要性不言而喻,它是一个国家平稳运行和长久发展的稳定器。改革开放之前,我国的社会保障与计划经济体制紧密相连。改革开放后,现代社会保障体系经历了从无到有、从城镇到农村,再到城乡整合的过程。尽管漫漫求索的过程中伴随着诸多挫折,但是在中国共产党的领导下,在汇聚全民智慧的基础上,我国的社会保障体系建设走出了一条中国特色之路。党的十八大以来,我国社会建设的目标转向全面建成小康社会和全面深化改革。我国广大农村地区群众的生活、生产、收入、消费等情况,是关系我国社会发展总体目标能否实现的关键点,社会保障在国民经济分配中的作用显得更加重要。这一阶段,党和国家注重我国农村发展的内外兼修,既注重乡村振兴,又注重精准扶贫,在新农村建设政策的大框架下,农村社会保障工作的推进取得了重大突破。

一、农村社会保障制度的构成

我国农村社会保障制度体系的建立,是党和国家的伟大创举之一。改革开放之后,现代社会保障体系建立面临着城乡基础完全不同的前提,社会保障制度的二元化特征十分明显。随着改革开放的深入,经济发展进入快车道,城乡流动人口的数量剧增,对我国的社会保障制度建设提出了更高的要求。党的十八大以来,党和国家在推动城乡社会保障整体化的方向上越走越坚实,农村社会保障体系的构成越来越完善,保障较为全面、覆盖较为广泛,为农村群众提供了不可或缺的社会支持。

将农村社会保障制度的发展置于我国经济、政治和社会变革的整体进程中,可以发现我国农村社会保障制度经历了从无到有、从试点先行、单向发展到顶层设计、统筹推进,从聚焦于解决农村温饱问题到共享发展、促进社会公平和服务于社会发展的转变过程。① 目前,我国农村社会保障体系形成了社会保险、社会救助、社会福利、社会优抚四大支柱的框架结构,均发挥着十分重要的作用。《中华人民共和国2021年国民经济和社会发展统计公报》显示,截至2021年年底,参加城乡居民基本养老保险人数54797万人,参加城乡居民基本医疗保险人数101002万人,其中参加工伤保险的农民工9086万人,享受农村最低生活保障人数为3474万人,享受农村特困人员救助供养人数为438万人。②

(一)农村社会保险

社会保险是对国民收入进行再分配的一种重要方式,是国民收入在不同人群中的转移,即从高收入者转移到低收入者,从健康者转移到疾病者和残疾者,从就业者转移到失业者等。③ 改革开放后经过若干年的探索,我国农村建立起由新型农村社会养老保险和新型农村合作医疗制度构成的社会保险体系,实现了从无到有,为广大农民提供了基本保障。这一时期城乡社会保险格局具有二元化特征,甚至多元化特征,一度形成了农村社会保险、城市社会保险、农民工社会保险单列的复杂局面,一地一策、一地多策的现象十分普遍。这一时期农村社会保障体系存在碎片化严重、统筹层次低、转移接续困难等问题,与快速发展的经济社会需求不相匹配。党的十八大之后,党中央开始推动新农保与城镇居民社会养老保险并轨、新农合与城镇基本居民医疗保险并轨,分别形成城乡居民基本养老保险和城乡居民基本医

---

① 王立剑、代秀亮:《新中国70年中国农村社会保障制度的演进逻辑与未来展望》,《农业经济问题》2020年第2期。

② 国家统计局:《中华人民共和国2021年国民经济和社会发展统计公报》,国家统计局官网,2022年2月28日。

③ 林嘉:《公平可持续的社会保险制度研究》,《武汉大学学报(哲学社会科学版)》2017年第4期。

疗保险,推动城乡社会保险制度整合,推动社会政策建设进步。

(二)农村社会救助

农村社会救助是政府与社会按照特定的程序及标准为农村中由于社会变革、自然环境和个人条件等因素而处于生活困境的成员提供一定的资金、实物或服务,使其基本生活得到保障的利民性政策。[①] 农村社会救助的资金主要来源于国家救助、集体补助和社会互助相结合的方式。当前,我国的社会救助主要包括最低生活保障、特困人员供养、受灾人员救助、医疗救助、教育救助、住房救助、就业救助、临时救助等 8 项内容。党的十八大以来,农村社会救助制度的发展更加系统和全面,救助种类更加多样,救助范围不断扩大。

(三)农村社会福利

社会福利有广义和狭义之分,广义的社会福利所涵盖的内容与我国理论界所言之社会保障体系存在较高的吻合性。但此处提及的农村社会福利,则是采用了其狭义内涵。狭义的社会福利基本上指为困难群体提供的带有福利性的社会支持,包括物质支持和服务支持。[②] 实际上,狭义社会福利的定义并不容易界定,因为其模糊的边界容易与社会救助等概念发生混淆。狭义的农村社会福利可以看作除社会保险、社会救助、社会优抚之外的有助于提升农村居民幸福感的社会保障内容,如一些普惠性公共设施、公共物品以及针对特殊人群福利提升的资金和服务支持等。

(四)农村社会优抚

社会优抚是国家和社会对有贡献者及其家属提供带有褒扬和优惠性质

---

① 王贤斌、苏蒙蒙:《中华人民共和国 70 年农村社会救助政策回顾、反思与展望》,《宁波大学学报(人文科学版)》2020 年第 1 期。

② 王思斌主编:《社会工作概论》(第三版),高等教育出版社 2014 年版,第 10 页。

的物质帮助,以保障其生活不低于当地居民一般的生活水平的制度。① 社会优抚的对象是法定特殊群体,社会优抚主要由优待制度和抚恤制度组成,具有褒扬性和优待性。城乡社会优抚统一运作。

二、农村社会保障制度的理论基础

农村社会保障制度构建的过程,也是对不同社会保障理论进行验证、反思和创新的过程,实践的过程与理论发展的过程相统一。鉴于西方的社会保障制度发源较早,众多理论流派的发展相对成熟,一些理论为我国社会保障制度的发展提供了启示和借鉴。但是,我国社会保障体系的构建与西方的社会保障制度存在较大的差异,我国农村社会保障制度的理论探索具有十分鲜明的本土化特征。

(一)马克思主义社会保障思想

我国农村社会保障制度理论深植于马克思主义理论的土壤。相对于西方社会保障理论中存在的经济理性价值观,马克思的社会保障理论是整体化方法,它涉及了社会生产(效率)和社会公平两者,与西方理论的"实践理性"有本质区别。② 马克思在《哥达纲领批判》中指出,"劳动的解放要求把劳动资料提高为社会的公共财产,要求集体调节总劳动并公平分配劳动所得"③。他的二次扣除理论指出,在社会总产品中进行扣除,初次分配当中要扣除"用来应付不幸事故、自然灾害等后备基金或保险基金",再分配当中要扣除"第一,同生产没有直接关系的一般管理费用……第二,用来满足公共需求的部分,如学校、保健设施……第三,为丧失劳动能力的人等等设

---

①　王全兴:《经济法基础理论专题研究》,中国检察出版社 2002 年版,第 749 页。

②　李怡、宋军:《对西方和马克思社会保障理论的现代诠释》,《马克思主义研究》2009 年第 12 期。

③　《哥达纲领批判》,人民出版社 2018 年版,第 69 页。

立的基金,总之,就是现在属于所谓官办济贫事业的部分"①。马克思的社会保障思想强调了按劳分配和分配公正,将全体劳动者和弱势群体纳入保障范围,将"每个人自由发展"作为社会保障追求的目标。

我国农村社会保障体系的构建始终以马克思主义社会保障思想的核心价值为指导,在推动农村社会保障制度建设、城乡社会保障制度整体化的进程中,贯彻公平正义和与生产力相适应的原则,在充分认识经济与社会发展阶段的基础上,有条不紊地推动农村社会保障制度建设。马克思指出,社会保障水平与生产力水平相关,随着经济和社会的发展而提高。我国农村社会保障制度在发展的过程中,既贯彻了社会保障水平与生产力发展阶段相适应的原则,又规避了福利过高包袱过重的风险。列宁曾经指出,"实行国家保险是最好的保险形式,由国家政府进行管理,明确了社会保障的责任主体,以国家政府的权威性,保证社会保障制度的公平性和有效性"②。在我国农村社会保障制度建设中,国家作为社会保障的责任主体,扮演了社会制度构建者和主要出资人的角色,推动了社会分配公平正义以及分配效率提升,保障了农村居民的社会福祉。

(二)我国社会保障理论的发展

无论是以马克思社会保障思想为指导,还是以西方社会福利思想为借鉴,我国社会保障制度的建设和完善都要以我国的具体国情和在此基础上进行的独立的理论探索为基础。一个国家在不同的历史发展阶段所形成的多样性保障项目必然会受到某种社会保障理论作为指导,理论规定着社会保障制度建立的原则与要求、途径和目标、结构及内容等。③ 我国农村社会

---

① 《马克思恩格斯选集》第 3 卷,人民出版社 2012 年版,第 362 页。
② 朱楠:《马克思主义经济学与西方经济学社会保障理论比较研究》,《经济纵横》2009 年第 7 期。
③ 高和荣:《论中国特色社会保障理论的构建》,《吉林大学社会科学学报》2008 年第 4 期。

保障制度的现实土壤更加具有独特性,在城乡生产、生活和消费方式存在巨大差异的前提下,社会保障理论的构建需要对社会事实予以足够的认知和尊重。

1. 我国社会保障理论的价值理念

在我国社会保障制度发展完善的过程中,首先明确了价值定位和发展理念,"公平正义"是我国社会保障理论的价值诉求。我国社会保障体系所追求的"公平",不是将西方的理论释义直接拿来用之,而是结合我国国情的重新解读。中国特色社会保障理论所依据的公平是体现并追求那种以解决民众最基本生存需求的生存公平、机会公平,也就是底线公平。① 近年来,在公平正义的价值框架下,我国的社会保障建设,尤其是农村社会保障的建设取得了快速发展,有助于缩小城乡差距,推动了农村地区建成小康的社会进程。在推动"公平"性建设的过程中,还需要处理好公平与效率的关系,做好农村社会保障体系完善工作并扩大保障覆盖范围。

2. 农村社会保障的供给主体与责任

国家和政府作为社会福利主要供给主体的地位是无法动摇的。一些学者从我国农村的经济基础、保障需求、政府责任等角度出发,得出了政府在农村社会保障制度中充当主导角色的结论。② 从农村和农民的经济状况来看,农村的经济基础薄弱,农民的整体收入偏低,农村社会保障制度运行中的资金缺口还需要政府通过分配和再分配予以经费支持。此外,我国政府还承担着制定发展目标、推进制度建设、落实具体措施、实现资源整合、资金筹集和管理等工作,一方面展现了资源集中、效率较高的优势,另一方面容易造成政府压力过大、经济发展包袱过重的不利影响。在城乡融合的进程中,还应该发挥第三部门和市场的优势,建立以政府、第三部门和市场互相

---

① 高和荣:《论中国特色社会保障理论的构建》,《吉林大学社会科学学报》2008 年第 4 期。

② 李迎生:《论政府在农村社会保障制度建设中的角色》,《社会科学研究》2005 年第 4 期。

依赖和合作的多元社会保障供给模式。[①]

3. 农村社会保障供给路径的突破

从路径演进的视角来看,制度变迁的过程即是从路径依赖、突破到路径创造,动态的、持续的并且不断循环往复的过程。[②] 我国农村社会保障制度的输送路径曾过于依赖土地保障和家庭保障,后来农村社会福利供给主体的多元化趋势从最基本的层面上突破了路径依赖。但路径突破更加核心的问题在于丰富多元主体的合作模式,探索相对稳定、效率较高的供给通道。王立剑等指出,社会保障责任分担,不仅决定了社会保障的责任主体、基金筹集,也体现了社会保障的产权特性,决定了它的覆盖范围、待遇发放和经办管理。他们将社会保障的合作模式概括为互助保障、公助保障、国助保障、共助保障、团体保障和国家保障六种。[③] 我国农村社会保障供给路径的突破需要在不同模式的比较中寻找可操作性强、效率较高、可持续的道路。此外,农村社会保障路径突破还包含另一层意思,曾经农村的社会保障以经济保障为主,未来随着经济社会的进步,可能会出现多样化的服务保障,不同种类社会保障的输送也会对输送路径提出更多要求。

第二节 农村社会保障体系的政策演进

经过不断的尝试和探索,党的十八大之前我国农村社会保障制度的发展框架已经基本形成。党的十八大之后,我国农村社会保障进入方向明确、相对成熟、不断完善的快速发展期。这一阶段,在党和国家的领导下,新政

[①] 王妍:《城乡一体化进程中农村社会保障供给主体多元模式构建》,《农业经济》2014 年第10 期。

[②] 黄清峰、刘艺戈:《农村社会保障制度变迁的演进逻辑与路径选择——从路径依赖到路径创造》,《社会保障研究》2014 年第 2 期。

[③] 王立剑、代秀亮:《社会保障模式:类型、路径与建议》,《治理研究》2018 年第 5 期。

策陆续出台,新举措得以落实,农村社会保障覆盖面不断扩大、保障种类更加全面、保障水平不断提升。

2012年,党的十八大报告提出,"要坚持全覆盖、保基本、多层次、可持续方针,以增强公平性、适应流动性、保证可持续性为重点,全面建成覆盖城乡居民的社会保障体系"[1]。党的十八大关于社会保障的论述,给我国农村社会保障体系的发展提出了新要求和新目标。首先,基于当时农村社会保险制度的两大组成部分,"新农合"与"新农保"制度进入稳定期不久,尽快将更多农民纳入社会保障的覆盖范围,是当时社会政策建设的重要出发点。其次,"保基本、多层次"的方针有助于广大农民参保,由于农业生产收入相对偏低、农村集体经济基础薄弱等原因,门槛偏低、选择性大的保障设置更加具有包容性。再次,提出社会保障制度应适应流动性,有助于推动农民工群体参保,使其社会福利得到保障。党的十八大闭幕后,习近平总书记在面见中外记者时指出人民需要"更可靠的社会保障","人民对美好生活的向往,就是我们的奋斗目标"。习近平总书记的郑重宣示,向世界各国人民展示了中国共产党人以人民利益和人民诉求为重,带领中国人民全面建设小康社会的信心和决心。

2017年,党的十九大报告指出,要"加强社会保障体系建设。按照兜底线、织密网、建机制的要求,全面建成覆盖全民、城乡统筹、权责清晰、保障适度、可持续的多层次社会保障体系,全面实施全民参保计划"[2]。党的十八大以来我国城乡社会保障体系接轨已经颇有成效,党和政府更加坚定了推动城乡社会保障整体化的信心。党的十九大报告中关于社会保障体系建设

---

① 胡锦涛:《坚定不移沿着中国特色社会主义道路前进　为全面建成小康社会而奋斗——在中国共产党第十八次全国代表大会上的报告》,人民出版社2012年版,第36页。

② 习近平:《决胜全面建成小康社会　夺取新时代中国特色社会主义伟大胜利——在中国共产党第十九次全国代表大会上的报告》,人民出版社2017年版,第47页。

的论述,更加关注社会保障体系的完善、关注运行机制的稳定、关注城乡统筹发展。党的十九大以来,党中央进一步更新社会政策理念,顶层设计更加科学合理,切实推动了农村社会保障体系的完善,极大地改善了农村居民生活,促进了农村、农业共同发展。

回顾十年历程,我国农村社会保障制度建设在社会保险、社会救助、社会福利等方面均取得了重大进步,加强了立法保障和政策创新,增强了社会保障制度的稳定性。

一、完善农村社会养老保险制度

进入 21 世纪,中国人口老龄化问题日益凸显,对我国的经济发展和社会建设形成了挑战。党中央高度重视人口老龄化问题,党的十八大以来,习近平总书记针对老龄事业发展和养老保障建设,作出了很多重要指示。2013 年元旦前夕,习近平在北京市看望一线职工和老年群众时指出,"要完善制度、改进工作,推动养老事业多元化、多样化发展"[1]。

2013 年 9 月,国务院颁布了《国务院关于加快发展养老服务业的若干意见》,目标定位于"建成以居家为基础、社区为依托、机构为支撑的,功能完善、规模适度、覆盖城乡的养老服务体系"。其中强调了加强农村养老服务,要健全服务网络,拓宽筹资渠道。提升"五保供养"的范围和标准,推进互助养老,开展老年服务,鼓励村集体和外来资源支助农村老人养老。

2014 年 2 月,国务院颁布了《国务院关于建立统一的城乡居民基本养老保险制度的意见》,部署推动新型农村社会养老保险(以下简称"新农保")和城镇居民社会养老保险(以下简称"城居保")并轨,打通城乡壁垒,到 2020 年前,将"新农保"与"城居保"合并成为公平、统一、规范的"城乡居

---

[1] 《习近平元旦前夕在北京市看望一线职工和老年群众》,《人民日报》2013 年 12 月 29 日。

民基本养老保险制度",在制度名称、政策标准、管理服务、信息系统四个方面达成一致,统一运作、统一管理。在随后的《关于印发〈城乡养老保险制度衔接暂行办法〉的通知》中,对"城居保"和"新农保"衔接细节进行了规定,包括适用对象、转换方式、转换程序、复缴清退等内容。

2016 年 12 月,国务院办公厅印发的《国务院办公厅关于全面放开养老服务市场提升养老服务质量的若干意见》指出,要"加快推进养老服务业供给侧结构性改革,保障基本需求,繁荣养老市场,提升服务质量,让广大老年群体享受优质养老服务"①。该意见对"提升农村养老服务能力和水平"给予了充分关注,鼓励开展互助养老、集体养老、集中供养、养老服务等多种养老形式,鼓励多元化主体参与农村养老服务,并首次关注了农村老年人的心理问题、安全问题、应急处置等方面。

2022 年 4 月,国务院办公厅印发的《国务院办公厅关于推动个人养老金发展的意见》指出,"推动个人养老金发展坚持政府引导、市场运作、有序发展的原则",个人养老金的设立推动了我国养老保险制度的多层次、多支柱布局。其中规定,在中国境内参加城镇职工基本养老保险或者城乡居民基本养老保险的劳动者均可参加个人养老金制度,实行个人账户,个人完全缴费,完全积累,现阶段参加人每年缴纳个人养老金的上限为 12000 元。个人养老金制度意味着我国社会养老保险体系进一步完善,增加了农民、农民工社会养老的选择空间。

2021 年 10 月 12 日重阳节来临之际,习近平对老龄工作作出重要指示,"健全完善老龄工作体系,强化基层力量配备,加快健全社会保障体系、养老服务体系、健康支撑体系"②。我国农村社会养老保障体系建设在取得重

---

① 《国务院办公厅关于全面放开养老服务市场提升养老服务质量的若干意见》,中国政府网,2016 年 12 月 23 日。

② 《习近平对老龄工作作出重要指示》,新华社,2021 年 10 月 13 日。

大进步的基础上,还有待持续创新和不断完善。

二、完善农村基本医疗保险制度

党的十八大报告中提出了"提高人民健康水平"的总体要求,以"健康"服务为方向,坚持预防为主、以农村为重点、中西医并重,按照保基本、强基层、建机制要求,重点推进医疗保障、医疗服务、公共卫生、药品供应、监管体制综合改革,完善国民健康政策。党的十八大以后,党和国家以"健康"理念指导我国医疗体系发展,强调预防、关注农村,将医疗保障、医疗服务等具体内容纳入综合框架,推动了新型农村合作医疗与城镇居民基本医疗保险制度相整合,推动了大病保险制度整合。习近平总书记曾经指出,"没有全民健康,就没有全面小康。医疗卫生服务直接关系人民身体健康。要推动医疗卫生工作重心下移、医疗卫生资源下沉,推动城乡基本公共服务均等化,为群众提供安全有效方便价廉的公共卫生和基本医疗服务,真正解决好基层群众看病难、看病贵问题"①。

2015年7月,国务院办公厅印发《关于全面实施城乡居民大病保险的意见》,大病保险是基本医疗保障制度的拓展和延伸,覆盖所有城乡居民基本医保参保人群,参保人因病产生高额医疗费用时,大病医保可以为之提供保障,能够有效防止因病致贫、因病返贫的发生。大病保险的出台,完善了我国医疗基本保障体系,推动新型农村合作医疗重大疾病保障向大病保险平稳过渡,增强了农民及其家庭的抗风险能力。

2016年1月,国务院发布了《国务院关于整合城乡居民基本医疗保险制度的意见》,推动城镇居民基本医疗保险和新农合统一为城乡居民基本医疗保险。实现二者并轨之后,除职工基本医疗保险应参保人员以外,包括

---

① 《主动把握和积极适应经济发展新常态　推动改革开放和现代化建设迈上新台阶》,《人民日报》2014年12月15日。

农民工在内的所有城乡居民都可以参保,并争取尽快统一筹资政策、保障待遇、医保目录、定点管理和基金管理。这一政策的出台,是我国全面深化医疗体制改革中具有里程碑意义的举措,进一步推动了城乡社会保障一体化,消除了社会保障体系碎片化造成的转移接续困难、农民工群体利益受损等问题,是社会保障制度建设的重大进步。

2021 年 11 月,国务院办公厅发布了《国务院办公厅关于健全重特大疾病医疗保险和救助制度的意见》,聚焦减轻困难群众特大疾病医疗费用负担,建立健全防范和化解因病致贫返贫长效机制,强化基本医保、大病保险、医疗救助综合保障。该意见指出,除低保对象、特困人员、低保边缘家庭成员以外,要完善农村易返贫致贫人口医保帮扶措施,巩固拓展医疗保障脱贫攻坚成果同乡村振兴有效衔接。该意见促进了三重制度(基本医保、大病保险、医疗救助)的相互衔接,为困难群众解决就医难、就医贵的问题,既推动了医疗保障建设的提升,也推动了医疗救助建设的提升,弥补了政策短板、完善了农村易返贫致贫人口的相关规定与脱贫攻坚和乡村振兴相关政策相衔接,展示了近年来我国在社会政策建设中综合施策能力的提升。

2022 年 6 月 6 日,《人民日报》发表了《全民医保守护全民健康》一文,回顾了党的十八大以来,在以习近平同志为核心的党中央领导下,我国全民医保工作取得的伟大成绩,我国建成世界上规模最大的医疗保障体系。习近平总书记指出:"要继续加大医保改革力度,常态化制度化开展药品集中带量采购,健全重特大疾病医疗保险和救助制度,深化医保基金监管制度改革,守好人民群众的'保命钱'、'救命钱'。"[1]在党中央的带领下,今后我国的全民医保工作定将迎来更快更好的发展。

---

① 孙秀艳、杨彦帆:《我国建成世界上规模最大的医疗保障体系　全民医保守护全民健康(谱写新篇章)》,《人民日报》2022 年 6 月 6 日。

三、完善农村社会救助制度

社会救助是社会保障体系非常重要的组成部分,如果说社会保险主要解决的是劳动风险,那么社会救助则针对化解社会个体的生存风险,在个体遭遇突发事件或者因个体原因生活无法为继的情况下,帮助其渡过难关的重要社会支持。社会救助涵盖的范围很广,发挥的作用十分关键,是社会和谐稳定运行的"安全阀"。党的十八大报告中指出,我国应"完善社会救助体系,健全社会福利制度,支持发展慈善事业,做好优抚安置工作"。党的十九大报告提出了"统筹城乡社会救助体系,完善最低生活保障制度"两大政策目标。十年来,我国农村社会救助制度不断完善,在助力精准扶贫和乡村振兴中发挥了重要作用。

2014 年 2 月,国务院颁布《社会救助暂行办法》,第一次以行政法规的形式规定了最低生活保障、特困人员供养、受灾人员救助、医疗救助、教育救助、住房救助、就业救助、临时救助等 8 项社会救助,该法令明确了城乡居民享有一体化社会救助,在城乡社会保障整合的道路上又迈出了关键一步。此外,该办法还规定了社会力量参与、监督管理、法律责任等方面的细则,具有较高的指导性和可操作性,从法律层面保障了社会救助政策的落地。为了提升社会救助体系的及时性、有效性,补齐救助体系中的短板,2014 年 10 月,国务院发布了《国务院关于全面建立临时救助制度的通知》,解决城乡困难群众突发性、紧迫性、临时性生活困难。我国社会救助体系力争形成城乡一体化运作、涵盖内容全面,常规救助与应急救助相互补充的良好局面。

近年来,国家先后出台了《关于进一步完善医疗救助制度全面开展重特大疾病医疗救助工作意见的通知》《国务院关于进一步健全特困人员救助供养制度的意见》《国务院办公厅关于印发国家自然灾害救助应急预案的通知》《国务院关于建立残疾儿童康复救助制度的意见》等政策文件,不断完善各类社会弱势群体的救助政策,并推动各类社会救助政策的城乡整合。2020年,中共中央办公厅、国务院办公厅印发《关于改革完善社会救助制度的意见》,对社会救助体系建设作出新的规划和整体部署。

第三节　党的十八大以来我国农村社会保障体系建设成效

党的十八大以来,在以习近平同志为核心的党中央领导下,我国社会保障制度不断发展完善,取得了令人瞩目的成绩,不仅在社会政策建设层面取得了突破性进展,在各项具体的社会保障项目上也收获了显著成效。

一、农村社会保障政策建设取得重大成绩

党的十八大以来,我国农村社会保障政策建设目标明确、多措并举、持续创新,在社会保障领域取得的成绩有目共睹。2016年11月,国际社会保障协会(ISSA)授予中国政府"社会保障杰出成就奖"(2014—2016),对我国扩大社会保障覆盖面所取得成绩予以高度肯定。这一阶段正是我国"新农合""新农保"两项制度创新推进并开始与城市社会保险体系接轨的重要时期,农民的参保积极性空前高涨。回顾十年路程,我国农村社会保障网织得更牢更密,城乡社会保障体系覆盖的人群越来越多,农村社会保障水平不断提高,城乡社会保障管理经办服务更加规范精简,其中的成功经验有必要进行梳理和总结。

第一,城乡社会保障制度整合进程取得巨大进展。党的十八大之后,国务院先后出台了多项文件,促进养老社会保障、医疗社会保障、社会救助等工作的城乡整合,给出了实现双轨合并的时间节点和对接思路,对申报流程、审核程序、筹资募资、基金管理、保障发放等若干环节进行了规范。十年

来,社会保障待遇节节提升,统筹层次不断提高,转移接续手续不断简化,城乡社会保障体系变得更加包容,广大农村群众和农民工群体从城乡社会保障制度整合中受益。

第二,兜住底、多层次的设计思路惠及广大农村群众。与城市相比,广大农村居民收入较低,且大部分地区农村集体经济薄弱,因此农民在参加社会保险时可能会感受到很大压力。在城乡居民基本养老保险设立之初,我国在缴费档次上设置了 100—2000 元共 12 个档次,增加了政策的适应性、包容性,体现了兜住底、多层次的设计思路,能够满足广大农民的参保需求。近年来,我国社会救助制度不断发展完善、持续健全分层分类的社会救助体系,增强了我国社会保障制度的兜底保障作用,对保障广大农民的基本生活发挥了十分重要的作用。

第三,主体多元化、路径多元化建设具有重要现实意义。近年来,为适应经济社会的发展和保障广大农民的社会福利水平,农村社会保障水平不断提升,农村社会保障供给形式日益多样化,一方面带来了巨大的财政压力,另一方面政府在提供社会服务和精神服务等方面确实力有不逮。党的十八大以来,我国农村社会保障政策建设十分注重筹资主体多元化以应对农民参保压力较大的社会事实,也非常关注激发各类社会力量丰富农村社会福利的供给方式,切实为广大农民享有社会保障权利提供了社会支持。

第四,机制建设为农村社会保障政策护航。我国农村社会保障体系是一个十分庞大的系统,其整体的运作和各项政策的推进都离不开机制建设。十年来,我国在社会养老保险、社会医疗保险、社会救助、社会福利等方面十分重视机制建设,注重管理制度革新,注重运作流程的精简和规范,对保障供给主体、保障供给路径、保障供给方式等方面的规定,确保了社会保障的政策目标得以实现。此外,十年来我国农村社会保障的立法工作取得了卓越成效,废止不再符合经济社会规律的旧法律,颁布尊重社会事实和符合发展规律的新法律,兼顾公平和效率,注重可操作性和可持续性,确保我国农村社会保障各项政策措施规范执行。

二、各项农村社会保障制度不断完善创新

我国农村社会保障体系的建设和完善,所取得的成绩并非一蹴而就,农村的养老保障、医疗保障、社会救助及其重要的组成部分最低生活保障制度建设,是这个时代进步的烙印。

(一)农村社会养老保障水平提升、保障内容更加全面

党的十八大以来,我国农村社会养老保障的发展进入良性快车道,制度建设不断创新,保障水平不断提高,保障内容逐渐丰富,发挥了良好的保障作用。

首先,农村社会养老保障水平不断提升。2018 年,人力资源和社会保障部、财政部印发《关于建立城乡居民基本养老保险待遇确定和基础养老金正常调整机制的指导意见》,建立起基础养老金调整机制和个人缴费档次标准调整机制,保证农村社会养老保障水平随经济社会的进步而逐步上涨。全国各省市基于本省经济发展状况,纷纷提高了基础养老金金额并调整了个人缴费档次上限。城乡居民社会养老保险制度确立以来,全国范围的基础养老金上调共有三次。当前,山东省农村老年人基础养老金最低标准为每月 150 元。

其次,推动农村医养结合保障建设。随着农村老龄化进程不断加快,农村老年人的医养需求变得更加迫切,除了保障养老的资金来源,日常照料与医疗护理等服务也开始变得不可或缺。2019 年 10 月国家卫健委等部门颁布的《关于深入推进医养结合发展的若干意见》中提出,农村地区可探索乡镇卫生院与敬老院、村卫生室与农村幸福院统筹规划,毗邻建设,力争基本满足农村老年人健康养老服务需求。目前,已有部分地区对农村老年人医

养结合进行了多种尝试,取得了一定成效。山东省胶州市推行了卫生院、养老院"两院合一"的医养结合模式,乡镇卫生院托管养老院,设立医养中心,老人患病时转入治疗区,病情稳定后转入康养区,医疗、康护与养老深度融合、无缝对接。①

最后,农村老年人社会福利更加多样化。目前很多地区针对农村特殊老年群体推出了不同的社会福利政策,如一些地区设立了高龄老人津贴、独生子女父母奖励金等。各地兴建的农村幸福院也有助于丰富农村老年人的晚年生活以及提供日间照料。

(二)农村社会医疗保障体系综合性提升

党的十八大以来,我国农村社会医疗保障体系不断发展完善、多措并举、互为补充,不断创新医疗保障理念,助力深化医药卫生体制改革。

首先,城乡医疗保险制度整合促进了社会公平、提升了政策效率。"新农合"与城镇居民基本医疗保险合并成为城乡居民基本医疗保险,实现了覆盖范围、筹资政策、保障待遇、医保目录、定点管理和基金管理六个方面的统一运作,推进了城乡医疗保险体系的公平性建设,有利于提高社会医疗资源利用率、减少医疗保险运行成本。近年来,我国政府持续提高居民医保人均财政补贴标准,也逐步提升个人缴费标准,保证城乡居民基本医疗保险的支付能力可以与经济社会发展水平相适应。此外,统筹层次的不断提升、跨省异地就医直接结算的实现,也为农民和农民工群体获取便捷和优质医疗资源开通了方便之门。

其次,农村医疗保障体系的综合性不断提升。我国农村已经形成了基本医疗保险、大病医疗保险、重特大疾病医疗救助等制度相互衔接的综合保障体系,填补了政策空白地带,保障了广大农民,尤其是农村困难群众的医

---

① 顾仲阳:《让医养结合惠及更多农村老人》,《人民日报》2021年11月19日。

疗服务需求,防范和化解了因病致贫、因病返贫。截至2021年,各项医保制度累计惠及农村低收入人口就医1.23亿人次,减轻医疗费用负担近1224.1亿元。①

再次,多举措推动医疗资源下沉,满足农民医疗需求。党的十八大以来,我国医疗保障政策不断创新,开发多种资源输送渠道实现医疗资源下沉,有利于满足广大农民的医疗需求。2017年4月,国务院办公厅发布了《关于推进医疗联合体建设和发展的指导意见》,指出:"强基层是一项长期艰巨的任务,我国优质医疗资源总量不足、结构不合理、分布不均衡,特别是仍面临基层人才缺乏的短板,已成为保障人民健康和深化医改的重要制约。"为了提升乡村地区社会医疗保障的公平性和可及性,提出要重点探索县乡村三级联动的医疗服务体系。《国务院办公厅关于促进"互联网+医疗健康"发展的意见》指出,推动光纤宽带网络向农村医疗机构延伸,借助互联网等信息技术实现医疗资源下沉,为农村居民提供及时、优质的医疗服务。

最后,农村医疗保障机制建设取得进步。机制建设是社会政策常态化运行的重要保障。近年来农村医疗保障机制化建设取得如下进步:第一,同时抓紧药品采购和打包付费机制,从源头到支付杜绝产生资源浪费;第二,加强医保基金监管,严惩欺诈骗保行为,加强法治建设,善用智慧监管,保障医保基金安全。医保制度的机制建设维护了我国农村医疗保障体系的可持续性。

(三)农村社会救助体系建设统筹推进

党的十八大报告提出要为全面建成小康社会而奋斗;党的十九大报告明确指出要坚决打赢脱贫攻坚战,让贫困人口和贫困地区同全国一道进入全面小康社会是我们党的庄严承诺。要实现全面脱贫与建成小康社会的发展目标,需以完善的社会政策体系为依托。在我国社会保障体系中,让社会

① 孙秀艳、杨彦帆:《我国建成世界上规模最大的医疗保障体系 全民医保守护全民健康(谱写新篇章)》,《人民日报》2022年6月6日。

救助发挥出"兜底"作用,是打赢脱贫攻坚战的必然要求。十年来,我国城乡社会救助体系建设统筹推进,在全面建成小康社会的奋斗过程中发挥了十分关键的作用。

首先,我国城乡社会救助制度整合发展,形成了基本救助、专项救助、临时救助相互补充的综合体系。2014年,《社会救助暂行办法》明确了社会救助制度的8项基本内容,确立了社会救助制度的基本保障范畴。随后,又针对重特大疾病医疗救助制度、特困人员救助供养制度、自然灾害救助制度、残疾儿童康复救助制度等专项救助作出了细致规定,精准锁定救助对象,明确救助手段、确定救助标准、确保救助效果。临时救助则发挥出灵活性、精准性、及时性的优势,解救群众于危困之中。我国农村社会救助体系走出了一条中国特色之路、一条高质量发展之路。

其次,农村社会救助水平不断提升。近年来,我国不断提高社会救助资金投入,提升社会救助的支助标准,确保社会救助收到实效。据统计,中央财政困难群众救助补助资金从2012年的1063亿元增长到2021年的1476亿元,全国城市和农村低保平均标准分别从2012年的每人每月330元、每人每月172元,增长到2021年的每人每月711元、每人每月530元。2012—2021年,全国各级财政累计支出基本生活救助(低保、特困和临时救助)资金20389亿元,其中中央财政补助13118亿元。[1]

最后,农村最低生活保障制度在助力脱贫攻坚中发挥了重要作用。最低生活保障是指政府对于收入水平低于政府公告最低生活标准的公民,按照法定程序和标准提供的现金或实物救助,以保证该公民基本生活所需的社会救助制度。我国最低生活保障制度建立以来,不断扩大保障范围,并随经济发展逐步提高保障水平。脱贫攻坚战的号角吹响以来,最低生活保障

---

① 杨昊:《兜住兜牢基本民生保障底线》,《人民日报》2022年4月28日。

制度有效解决了农村贫困人口温饱问题,兜底保障被救助对象脱离绝对贫困,为全面建成小康社会作出了重要贡献。

第四节　我国农村社会保障体系建设未来展望

党的十八大以来,我国农村社会保障体系不断完善,城乡社会保障制度整合进程不断推进,城乡社会养老保险、城乡基本医疗保险、社会救助、社会福利等制度齐头并进、有序发展,一方面在社会政策建设进程中打下了较为坚实的基础,另一方面在今后的发展中还会面临一些问题,如农民收入较低,社会保险所能发挥的保障作用受限;农村医养结合仍处于探索阶段,农村低保边缘人员存在返贫风险等。今后农村社会保障体系的发展和完善还要找准痛点、抓住机遇、重点建设、整体推动。

2021 年是"十四五"开局之年,国务院办公厅发布了《国务院办公厅关于印发"十四五"全民医疗保障规划的通知》《国务院办公厅关于印发"十四五"国民健康规划的通知》《国务院办公厅关于印发"十四五"城乡社区服务体系建设规划的通知》《国务院办公厅关于印发"十四五"全民医疗保障规划的通知》等若干事关农村社会保障体系发展完善的重要文件,为今后我国农村社会保障体系建设指明了方向。

习近平总书记指出,要准确把握社会保障各个方面之间、社会保障领域和其他相关领域之间改革的联系,提高统筹谋划和协调推进能力,确保各项改革形成整体合力。① 展望未来,以习近平同志为核心的党中央定将持续推进农村社会保障体系的完善,进一步健全农村社会保险体系,提升农村社会保险保障水平,培育多元化主体参与农村公共服务供给,推动农村医养结

---

① 参见习近平:《促进我国社会保障事业高质量发展、可持续发展》,《求是》2022 年第 8 期。

合政策的建设和完善,农村的精准扶贫政策更加注重"造血"能力,进一步扩大农村社会救助的覆盖面。未来在农村社会政策建设方面还应推动从生产型社会政策到发展型社会政策的转变,激发农村社会保障建设的主动性、积极性,提升内驱力。

第四篇
城乡融合融通

第十章　重塑新型城乡关系

　　城乡关系是经济社会发展中的重要关系。正确处理城乡关系、推动城乡深度融合是加快实现农业农村现代化的重要一环。党的十八以来，以习近平同志为核心的党中央科学继承和发展马克思主义城乡关系理论，总结历代共产党人探索城乡关系的成就和经验，从我国的基本国情出发，科学把握城乡关系发展的内在逻辑及基本规律，不断深化工农城乡关系的体系内涵和价值外延，并以理论指导实践，在加快"以人为核心"的新型城镇化建设、促进城乡深度融合等方面持续发力，着力构建新型工农城乡关系，加快实现农业农村现代化。

第一节　构建新型工农城乡关系的理论分析

一、新型城乡关系的概念界定

　　2020 年 10 月，习近平总书记在党的十九届五中全会上提出："强化以工补农、以城带乡，推动形成工农互促、城乡互补、协调发展、共同繁荣的新型工农城乡关系，加快农业农村现代化。"①这是以习近平同志为核心的党

---

① 《中共十九届五中全会在京举行》，《人民日报》2020 年 10 月 30 日。

中央科学把握现代化建设规律,在新的历史方位、从新发展逻辑出发,对构建新时代工农城乡关系作出的重大战略部署。新型工农城乡关系基本内涵是以"工农互促""城乡互补"为重要抓手推进城乡"协调发展",最终实现城乡"共同繁荣",所包含的四个方面相互联系、层层递进,是一个既包括手段又包括目标的内容完备、系统完善的城乡利益分配关系和社会规范体系,是全面推进乡村振兴时期加快实现农业农村现代化的根本遵循。

(一)"工农互促"是构筑新型工农城乡关系的基础环节

"工农互促"从产业层面对城乡关系作出指导,主要是指在产业协同发展的过程中,农业与工业等其他非农产业相辅相成,通过互补互促实现共同发展。农业作为工业的基础,为工业发展提供原材料及原动力,工业现代化的高度发展可以支撑引领农业现代化的快速推进。发展"工农互促",应适时适度调整以往不平衡的工农关系,改变工农业实力悬殊的现状,推动工农业高质量协调发展。同时"工农互促"的实现与相关产业发展息息相关。我国正着力推进农村一二三产业融合发展的现代产业体系,推动传统农业改造升级为现代农业、实现工业与农业、城市与乡村在生产要素上的合理流动和优化组合是"工农互促"的另一关键。

(二)"城乡互补"是构筑新型工农城乡关系的重要手段

"城乡互补"主要是指城市和乡村合理有效地利用其资源禀赋,实现两者优势互补,为构建新型工农城乡关系提供重要手段。城市聚集了大量的人才、资金、技术等优质资源,乡村保有大量青山绿水、历史文化、闲置劳动力等待开发资源,在双方共同发展的过程中,立足城乡互为需求、平等互惠,发挥各自的优势,加强城乡发展的内生动力和外部驱动,激发资源、功能、产业、文化等之间的良性互动,城乡协同发展、并肩前进,形成"你中有我,我中有你"的发展格局,从而达到共同发展、城乡共赢的目的。

（三）"协调发展"是构筑新型工农城乡关系的重要组成部分

"协调发展"主要指把城市和农村作为一个社会有机体,统一规划、全面考虑,实现城乡要素双向自由流动、基本权益均等、产业贯通、空间融合,推动形成城乡良性互动、协调发展的良好局面,实现城乡"求同存异""互利共赢"。"全面融合"到"协调发展"的演变,是党和国家关于新型工农城乡关系的定义和要求的突出变化,体现了党和国家对新时代工农城乡关系的深刻把握。"融合"指的是具有差异的双方或多方通过互动达致融洽、趋同的过程和状态,"协调"则在于解决发展不平衡问题,强调发展的整体性、共享性。从"全面融合"到"协调发展",更进一步贴合了工农城乡健康发展的宗旨要求。其一,协调发展更关注整个发展过程中各主体的均衡性,科学解决系列不平衡、不协调、不可持续的突出问题;其二,协调发展更着重强调工农城乡中局部和全局、当前和长远、重点和非重点的关系;其三,协调发展更致力于以更加科学合理的评判标准来衡量工农城乡是否共享发展和高质量发展。"协调发展"是马克思恩格斯城乡发展理论在新时代的创新性运用,是坚持走中国特色社会主义乡村振兴道路的本质要求和现实需要,坚持协调发展对于构建和形成新型工农城乡关系来说,既是发展手段又是发展目标,是发展短板和潜力的统一。

（四）"共同繁荣"是构筑新型工农城乡关系的根本目标

"共同繁荣"是党的十九大以来新型工农城乡关系持久不变的主题,"共同繁荣"在构建和形成新型工农城乡关系的最终目的和价值导向方面处于重要位置。推动形成共同繁荣的新型工农城乡关系,是为了使城市与乡村和谐共进发展,让广大农民平等参与现代化进程、共同分享现代化成果,实现城乡全体人民的共同富裕,不断增强城乡居民的获得感、幸福感与安全感。从当前发展状况看,"共同繁荣"适应了脱贫攻坚战取得胜利后,开启"十四五"规划新时期的发展要求;从长远目标来看,"共同繁荣"体现了党中央从中华民族伟大复兴战略全局和世界百年未有之大变局的高度,围绕着建设社会主义现代化强国的长远规划致力于实现广大人民的共同富裕和全面发展。推动工农城乡的共同繁荣是实现全体人民共同富裕的必经之路和重要组成部分,既是走向国家现代化的必然历程,也是历史发展的必然成果。消除贫困、改善民生、逐步实现共同富裕,从本质上来说,就是不断处理好现代化过程中产生的各种关系,工农城乡关系作为现代化关系中的重点内容,其关系处理得好坏与否对现代化建设成效起着举足轻重的作用。农业农村现代化是国家现代化的重要基础和支撑,更是中国特色社会主义事业应变局、开新局的"压舱石"。换句话说,只有实现了工农城乡的共同繁荣才能实现共同富裕,工农城乡的共同繁荣既与全体人民的共同富裕协同推进,又保障全体人民的共同富裕充分实现。

二、构建新型城乡关系的理论基础

(一)马克思恩格斯工农城乡关系理论

19世纪中期,欧洲资本主义工业正处于急速上升的阶段,社会中的许多现实问题日益显现,城乡对立愈发严重。在此时代背景下,马克思恩格斯批判地吸收空想社会主义、古典政治经济学、近代自然科学等理论家关于城乡关系的观点,深入研究人类社会的发展历程,对城乡对立这一影响社会进步的问题进行深入研究,揭示了城乡关系演进的基本规律。

马克思恩格斯从辩证唯物主义和历史唯物主义出发,指出资本主义发展中城乡对立、工农业分离有其历史和现实成因。他们认为生产力的发展导致的社会分工是城乡分离和对立的最根本原因,马克思在《德意志意识形态》中指出:"一个民族内部的分工,首先引起工商业劳动同农业劳动的分离,从而也引起城乡的分离和城乡利益的对立。"①

---

① 《马克思恩格斯文集》第1卷,人民出版社2009年版,第520页。

　　马克思恩格斯对当时资本主义社会出现的城市快速发展与乡村衰败落后等状况进行了充分研究,指出城乡分离会给乡村发展和农业生产造成灾难性的后果,严重阻碍人的发展。一是城乡对立使得城乡差距逐渐拉大。"这个历史现象就是制造业(真正资产阶级的生产部门)比农业发展快。农业生产率提高了,但是比不上工业生产率提高的程度"①。二是造成了严重的阶级分化。英国工业生产在促成许多大城市的出现以及商业空前发展,占城市总人口很小部分的资产阶级占据着大部分社会财富,占城市总人口绝大部分的工人阶级,以及不断涌入城市的其他阶级,日益沦为只剩把自己出卖的无产阶级,他们与资产阶级的处境形成了鲜明的对比。随着生产力的爆炸式增长,城乡人口将屈从于城乡对立的社会分工中,从而使人失去基本的劳动选择自由,城市居民和农村居民都得不到全面可持续发展。恩格斯指出:"第一次大分工,即城市和乡村的分离,立即使农村居民陷于数千年的愚昧状况,使城市居民受到各自的、专门手艺的奴役。"②

　　马克思恩格斯从生产力和生产关系的矛盾运动的角度出发,科学论证城乡融合发展的历史必然性。他们认为,城乡对立矛盾发展到不可调和的地步必然会阻碍资本主义的发展。为了将生产力提升到更高的阶段,城乡之间的壁垒逐渐打破,城乡融合成为必然。1846年马克思在与别人的通信中指出:"城乡分离只是'一定生产方式的产物',必然会经历产生、发展和消亡。"③他们同时预想了城乡融合的可能路径,马克思恩格斯在《共产党宣言》中指出:"把农业和工业结合起来,促使城乡对立逐步消灭。"④

　　马克思恩格斯从社会发展实际和经验实践出发,总结出的工农城乡关

---

① 《马克思恩格斯全集》第34卷,人民出版社2008年版,第13页。
② 《马克思恩格斯文集》第9卷,人民出版社2009年版,第308页。
③ 《马克思恩格斯全集》第27卷,人民出版社1972年版,第480页。
④ 《马克思恩格斯文集》第2卷,人民出版社2009年版,第53页。

系理论是经过时代洗礼的智慧结晶,为党中央构筑新型工农城乡关系奠定了基础。

(二)中国化的马克思主义工农城乡关系理论

在把革命、建设、改革和复兴事业不断向前推进的过程中,历代中国共产党人始终着眼于"为中国人民谋幸福、为中华民族谋复兴",科学运用马克思主义工农城乡关系理论,立足不同时期的自身纲领和目标任务,辩证地处理每个阶段我国城乡发展所面临的问题,形成了对城乡关系的科学探索。

1. 以毛泽东同志为主要代表的中国共产党人工农城乡关系理论

一是巩固工农联盟。中国共产党成立之后,毛泽东同志重视农民在革命中的作用及正确处理城乡关系的重要性,在综合衡量农民人数占比、阶级革命性质以及人民发展需求的基础上,确定了土地革命和武装起义的方针,将无产阶级领导下的工农联盟视为革命胜利的关键。新中国成立后,毛泽东同志继续将工农联盟作为社会主义建设的重要力量,在引领全党工作重心由农村转向城市的过程中,充分考虑农民利益,一直不忘巩固工农联盟。二是工农并举。针对农业、轻工业、重工业的发展关系,毛泽东同志立足于中国实际,以苏联、东欧经验为借鉴,提出"工农业并举"的发展思想,毛泽东同志曾提出:"我国是一个大农业国,农村人口占全国人口的百分之八十以上,发展工业必须和发展农业同时并举。"[1]三是城乡统筹兼顾。在推进社会经济发展的过程中,毛泽东同志认为尽管要将经济发展重心转向城市,但也要注意统筹城乡发展,在发展城市的过程中也要考虑农村、兼顾农村。毛泽东同志在党的七届二中全会上提出:"城乡必须兼顾,必须使城市工作和乡村工作,使工人和农民,使工业和农业,紧密地联系起来。"[2]

---

[1] 《毛泽东文集》第七卷,人民出版社 1999 年版,第 241 页。
[2] 《毛泽东选集》第四卷,人民出版社 1991 年版,第 1427 页。

2. 以邓小平同志为主要代表的中国共产党人城乡关系理论

一是农业是根本。邓小平同志十分重视农业问题,提出农业是国民经济的根本,他认识到如果没有农业的基础性作用,便没有工业的发展和城市的稳定,多次强调过"农业是根本,不要忘掉"①。二是"工农互支"。邓小平同志在分析经济发展的总趋势的基础上,进一步发展和深化毛泽东工农业并举发展思想,提出"工农业相互支援"的思想,为此提出:"工业支援农业,促进农业现代化,是工业的重大任务。工业区、工业城市要带动附近农村,帮助农村发展小型工业,搞好农业生产,并且把这一点纳入自己的计划。"②

3. 以江泽民同志为主要代表的中国共产党人城乡关系理论

一是统筹城乡发展。江泽民同志从国民经济和社会发展全局出发,面对当时城乡建设中的"三农"发展相对滞后的状况,明确提出"统筹城乡发展"的理论。他在党的十六大报告中指出:"统筹城乡经济和社会发展,建设现代农业,发展农村经济,增加农民收入,是全面建设小康社会的重大任务"③。二是"以工补农、以工建农、以工带农"。改革开放的步伐不断加快,江泽民同志提出要构建与社会主义市场经济相适应的农村经济体制,逐步形成"以工补农""以工建农""以工带农"发展机制。针对这一发展机制,江泽民同志作出具体指导:"从全国范围来说,也应确定以工补农、以工建农的方针,而且要体现在我们的计划、投资、财政、金融等方面。"④

4. 以胡锦涛同志为主要代表的中国共产党人城乡关系理论

一是"两个趋向"。胡锦涛同志科学判断我国工业化所处的发展阶

① 《邓小平文选》第三卷,人民出版社 1993 年版,第 23 页。
② 《邓小平文选》第二卷,人民出版社 1994 年版,第 28 页。
③ 《江泽民文选》第三卷,人民出版社 2006 年版,第 546 页。
④ 江泽民:《论社会主义市场经济》,中央文献出版社 2006 年版,第 214 页。

段,为从全局高度看待和解决"三农"问题,作出了"两个趋向"的重要论断,即"在工业化初始阶段,农业支持工业、为工业提供积累是带有普遍性的趋向;但在工业化达到相当程度以后,工业反哺农业、城市支持农村,实现工业与农业、城市与农村协调发展,也是带有普遍性的趋向"①,为当时我国逐步形成工业反哺农业、城市支持农村的战略思维定下基调。二是统筹城乡发展。针对城乡之间的巨大反差对经济社会发展产生的巨大制约,胡锦涛同志在科学发展观的指导下,对城乡关系进行了进一步的理论创新,深化统筹城乡发展的深度和广度,并在党的十七大报告中为"统筹城乡发展,推进社会主义新农村建设"②提出发展要求、作出战略部署。

5. 以习近平同志为核心的党中央城乡关系理论

一是推进"以人为核心"的城镇化。党的十八大以来,以习近平同志为核心的党中央立足城乡统筹、城乡一体和谐发展目标,在更高站位、更新理念、更高要求上全面推进以人为核心的新型城镇化建设,为构建新型城乡关系提供了新思路。党中央在系列文件、会议中明确"以人为核心"的新型城镇化建设的指导思想、主要目标、基本原则、重点任务、政策举措等,为着力推动新型城镇化建设擘画了宏伟蓝图。二是城乡融合发展。党的十九大提出乡村振兴战略,并首次将"城乡融合发展"写入党的文献,标志着中国特色社会主义工农城乡关系进入新的历史时期。党中央制定了一系列以乡村振兴促进城乡融合发展的战略规划和政策措施,为促进城乡融合发展提供了坚强保证。

---

① 中共中央文献研究室编:《十六大以来重要文献选编》(中),中央文献出版社 2006 年版,第 311 页。

② 《高举中国特色社会主义伟大旗帜 为夺取全面建设小康社会新胜利而奋斗——胡锦涛同志代表第十六届中央委员会向大会作的报告摘登》,《人民日报》2007 年 10 月 16 日。

第二节　我国城乡关系的政策演进

　　党的十八大以来,以习近平同志为核心的党中央继承和发展马克思恩格斯城乡关系理论,把握我国的实际国情,以顺利实现"两个一百年"奋斗目标及中华民族伟大复兴中国梦的客观需要为导向,针对我国城乡发展的实际需要,坚持城乡关系的理论创新和思想指引,动态调整城乡发展的战略布局,为推动城乡资源要素双向流动、促进城乡融合发展、推动形成新型工农城乡关系、加快实现农业农村现代化作出了全面的战略指导、具体的规划引领及清晰的前景展望。

表 10-1　党的十八大以来中央工作会议以及文件中关于工农、城乡关系的论述

时间	会议/文件	关于工农、城乡关系的论述
2012 年	党的十八大	提出"推动城乡发展一体化,形成以工促农、以城带乡、工农互惠、城乡一体的新型工农、城乡关系"
2013 年	党的十八届三中全会	进一步强调工农、城乡关系要"以工促农、以城带乡、工农互惠、城乡一体"
2017 年	党的十九大	首次将"城乡融合发展"写入党的文献,标志着中国特色社会主义工农城乡关系进入新的历史时期
2018 年	《乡村振兴战略规划(2018—2022 年)》	提出"推动新型工业化、信息化、城镇化、农业现代化同步发展,加快形成工农互促、城乡互补、全面融合、共同繁荣的新型工农城乡关系"
2020 年	党的十九届五中全会	提出"推动形成工农互促、城乡互补、协调发展、共同繁荣的新型工农城乡关系"
2021 年	《中共中央　国务院关于全面推进乡村振兴加快农业农村现代化的意见》	提出"加快形成工农互促、城乡互补、协调发展、共同繁荣的新型工农城乡关系。促进农业高质高效、乡村宜居宜业、农民富裕富足"

一、从"推进城乡发展一体化"到"城乡融合发展"

党的十八大以来,党中央在立足乡村发展需要、认识乡村价值和功能、把握我国城乡关系特殊性的基础上,进一步丰富和深化城乡关系的理论体系与思想内涵,推动城乡关系从"城乡发展一体化"向"城乡融合"延伸,为中国特色社会主义工农城乡关系理论注入新活力。

党中央将"推动城乡一体化发展"作为解决"三农"问题的重要抓手,不断破除体制机制障碍,加快先进生产要素、优质公共资源向乡村集聚的步伐,推动城乡统筹协调和共同发展。2012 年 12 月,中央经济工作会议提出:"必须毫不放松抓好'三农'工作,推动城乡一体化发展。"[①]2013 年 11月,党的十八届三中全会审议通过《中共中央关于全面深化改革若干重大问题的决定》,"健全城乡发展一体化体制机制"[②]成为其中一项重要议题,从农业经营、农村发展、农民增收三条路径出发提升乡村发展,从创新人口管理、城市建设管理等方面出发完善城镇化健康发展,成为推进城乡发展一体化的建设性指导。2014 年 3 月,中共中央、国务院印发《国家新型城镇化规划(2014—2020 年)》,在第六篇中从完善城乡发展一体化体制机制、加快农业现代化进程,建设社会主义新农村三个方面提出"推动城乡发展一体化"的具体举措。2015 年 4 月,十八届中共中央政治局进行第二十二次集体学习,会议强调了城乡发展一体化在实现国家现代化中的重要地位,提出"健全城乡发展一体化体制机制,是一项关系全局、关系长远的重大任务"[③]等重要论断,作出"动员社会各方面力量加大对'三农'的支持力度,努力形

[①] 《中央经济工作会议在北京举行》,《人民日报》2012 年 12 月 17 日。
[②] 《中共中央关于全面深化改革若干重大问题的决定》,《人民日报》2013 年 11 月 16 日。
[③] 《健全城乡发展一体化体制机制 让广大农民共享改革发展成果》,《人民日报》2015 年 5 月 2 日。

成城乡发展一体化新格局"①的战略要求。

2017年10月,党的十九大报告创造性地提出了"建立健全城乡融合发展体制机制和政策体系"②的城乡发展理念,从"一体化"向"融合"的理念升华,是对城市和农村有机整体理念的强调,体现了新形势下党中央对国情农情的科学把握,为促进乡村振兴、实现农业农村现代化指明了方向。此后,国家将城乡融合作为推动和落实乡村振兴战略、重塑工农城乡关系的重要途径,并赋予城乡融合更多的理论内涵和时代蕴意。2017年12月,中央农村工作会议强调了"重塑城乡关系,走城乡融合发展之路"③对乡村振兴的重要支撑作用,并为中国特色社会主义乡村振兴道路提供方向性指引。2018年9月,党的十九届中央政治局第八次集体学习会议着重指出要加深对乡村振兴战略的理解,要认识到农业农村现代化的重要地位,提出"通过振兴乡村开启城乡融合发展和现代化建设新局面"④的发展要求和前进路径。2019年4月,中共中央、国务院印发《关于建立健全城乡融合发展体制机制和政策体系的意见》,提出建立健全城乡融合发展体制机制的展望目标,并在城乡要素合理配置、乡村经济多元化发展、促进农民收入持续增长、加强组织保障等六个方面对建立健全城乡融合发展体制机制和政策体系作出详细部署。2020年12月,中央农村工作会议再次重申在新发展阶段解决"三农"问题的重要性和紧迫性,从中华民族伟大复兴战略全局、世界百年未有之大变局的高度,阐述了解决"三农"问题、推动乡村全面振兴的重

---

① 《健全城乡发展一体化体制机制　让广大农民共享改革发展成果》,《人民日报》2015年5月2日。

② 习近平:《决胜全面建成小康社会　夺取新时代中国特色社会主义伟大胜利——在中国共产党第十九次全国代表大会上的报告》,《人民日报》2017年10月28日。

③ 《中央农村工作会议在北京举行》,《人民日报》2017年12月30日。

④ 《把乡村振兴战略作为新时代"三农"工作总抓手　促进农业全面升级农村全面进步农民全面发展》,《人民日报》2018年9月23日。

要性,把推动城乡融合发展见实效作为巩固和拓展脱贫攻坚成果、全面推进乡村振兴的治本之策。

进入"十四五"时期,我国经济发展内外部循环的传统逻辑发生深刻变化,畅通城乡经济循环对推动国民经济良性循环至关重要,助推国内国际双循环新发展格局健康发展。党中央将推动乡村资源与全国大市场对接作为健全城乡融合发展体制机制的一个重要目标点,多次强调实现县域区域内的城乡融合,以县域发展为"支点"撬动城乡齐头并进,为城乡融合发展迈出新步伐作出指导。

2021年12月,中央农村工作会议提出"加快县域内城乡融合发展,逐步使农村具备基本现代生活条件"[①]。2022年3月,习近平总书记在《求是》发表理论文章《坚持把解决好"三农"问题作为全党工作重中之重 举全党全社会之力推动乡村振兴》,指出"三农"工作在新征程上的极端重要性凸显,要把握工作开展的窗口期切实推动城乡融合发展见实效,同时重点提出"把县域作为城乡融合发展的重要切入点,推进空间布局、产业发展、基础设施等县域统筹"[②],为县域城乡融合发展奠定基调。2022年5月,中共中央办公厅、国务院办公厅共同印发《关于推进以县城为重要载体的城镇化建设的意见》,再次强调"县城是城乡融合发展的关键支撑",并针对县城分类发展、科学规划,提高县城辐射带动乡村能力提出指导性意见。

二、从"以工促农、以城带乡、工农互惠、城乡一体"到"工农互促、城乡互补、协调发展、共同繁荣"

党的十八大以来,农业农村农民发展面临新情况新变化,党中央积极调

---

① 《中央农村工作会议在京召开》,《人民日报》2021年12月27日。

② 习近平:《坚持把解决好"三农"问题作为全党工作重中之重 举全党全社会之力推动乡村振兴》,《求是》2022年第7期。

整工农城乡关系,加快重塑工农城乡关系的步伐,不断推动城乡关系理论在实践探索中进一步深化。

2013年11月,党的十八届三中全会审议通过《中共中央关于全面深化改革若干重大问题的决定》,提出在改革创新社会事业、健全城乡发展一体化体制机制等各方面为城乡发展提供全面支持,推动"形成以工促农、以城带乡、工农互惠、城乡一体的新型工农城乡关系"[1],破解城乡二元结构、构筑新型工农城乡关系成为全面深化改革的重要方面。2014年3月,中共中央、国务院印发《国家新型城镇化规划(2014—2020年)》再次重申加快形成新型工农城乡关系的重要性,并在统筹城乡关系的角度为新型城镇化建设作出指导。2015年4月,中共中央政治局就健全城乡发展一体化体制机制进行第二十二次集体学习,会议指出我国城乡发展不平衡不协调的矛盾依然比较突出,强调要努力在统筹城乡关系上取得重大突破,并点明了构筑新型工农城乡关系的着力点、目标,为新型工农城乡关系调整作出整体指导和方向路径。这一时期,以工业反哺农业、以城市支持农村、缩小城乡发展差距是构筑新型工农城乡关系的重点。

2017年10月,党的十九大报告提出实施乡村振兴战略,为新时期城乡关系发展指明了方向。此后,以习近平同志为核心的党中央从现实理论和发展实践出发对新型工农城乡关系作出全面调整,城乡之间的互补互促、融合前进、携手繁荣的画卷徐徐展开。

2017年12月,中央农村工作会议明确提出重塑城乡关系:"加快形成工农互促、城乡互补、全面融合、共同繁荣的新型工农城乡关系。"[2]这是党中央立足新发展阶段,顺应生产力发展要求,肩负解决好"三农"问题的重要使命,推动工农城乡关系从工业反哺农业、城市带动乡村转向工农协同发

---

[1] 《中共中央关于全面深化改革若干重大问题的决定》,《人民日报》2013年11月16日。

[2] 《中央农村工作会议在北京举行》,《人民日报》2017年12月30日。

展、城乡携手共进,体现了工农城乡关系从"资源赋予型"向"还权赋能型"的转变,是对工农城乡关系进一步提升和深化,为新时代工农城乡发展指明前进方向。2018 年 9 月,中共中央、国务院印发《乡村振兴战略规划(2018—2022 年)》,针对农业农村基础差、底子薄、发展滞后的现状,提出"迫切需要重塑城乡关系";顺应当前城乡融合发展趋势,"坚持乡村振兴和新型城镇化双轮驱动";明确了乡村在经济社会发展中的多重功能及其发展定位,为推动城乡融合、重塑工农城乡关系谋划前进路径及目标远景。2019 年 4 月,中共中央、国务院印发《关于建立健全城乡融合发展体制机制和政策体系的意见》,在城乡要素合理配置、基本公共服务普惠共享、基础设施一体化、经济多元化发展等体制机制构建方面提出新要求,同时明确指出加快形成新型工农城乡关系的抓手、目标、重点等重要参与要素,为进一步解决好"三农"问题提出深层举措。2020 年 10 月,党的十九届五中全会再次重申:"全面实施乡村振兴战略,强化以工补农、以城带乡,推动形成工农互促、城乡互补、协调发展、共同繁荣的新型工农城乡关系,加快农业农村现代化。"①明确指出了新时代构建新型工农城乡关系的基本原则、基本方针、总体布局与总体目标等重要内容,将新时代新型工农城乡关系的系统工程进行全方位、立体式、多层次的科学部署,使其构成一个战略目标明确、战略架构立体、战略举措统一的有机整体。"以工补农、以城带乡、工农互促、城乡互补、协调发展、共同繁荣"不仅是新时代"三农"工作的根本方针,更是强化新型工农城乡关系的核心内涵和具体体现。为全党全国把握新时代经济社会发展的阶段性特征,全面实施乡村振兴战略,正确处理工农城乡关系、统筹城乡发展、加快农业农村现代化提供了理论依据。

面对脱贫攻坚取得决定性胜利、顺势而上全面推进乡村振兴的新局面,

---

① 《中共十九届五中全会在京举行》,《人民日报》2020 年 10 月 30 日。

党中央站在世情国情党情的全局战略高度,从中国特色社会主义事业的发展全局出发,统筹考虑"十四五"规划与 2035 年远景目标,将协同推进乡村全面振兴和新型城镇化进程作为关键,推动新型工农城乡关系不断向协调和繁荣演进。

2021 年 2 月,中共中央、国务院发布中央一号文件,提出全面推进五大振兴、加快形成新型工农城乡关系、走中国特色社会主义乡村振兴道路等的总体要求和指导性意见,为夯实稳住农业基本盘、推进农业现代化进程提供有力指导。2022 年 3 月,习近平总书记在《求是》发表重要文章《坚持把解决好"三农"问题作为全党工作重中之重　举全党全社会之力推动乡村振兴》,提出要"把城乡关系摆布好处理好",强调做好新型工农城乡关系与城乡融合一体设计工作。

第三节　党的十八大以来我国城乡融合发展成效

党的十八大以来,以习近平同志为核心的党中央在实践层面对城乡关系作出调整、完善,出台关于城乡融合、新型城镇化建设的系列规划文件,在着力推进"以人为核心"的新型城镇化建设、优化国土空间布局、加快建立健全城乡融合发展体制机制和政策体系等方面真抓实干,城乡发展差距逐渐缩小、城乡结构进一步优化、城镇化质量明显提高、城乡要素双向自由流动更加顺畅,城市和乡村携手并进、深度融合的发展格局逐渐形成,城乡关系得到历史性改善,步入了"工农互促、城乡互补、协调发展、共同繁荣"的新阶段,迈向农业农村现代化的步伐更加稳健。

一、"以人为核心"的新型城镇化建设成果丰硕

党的十八大以来,党中央把握城镇化发展态势,高质量推进"以人为核

心"的新型城镇化建设,发布《国家新型城镇化规划(2014—2020年)》明确城镇化的发展路径、主要目标和战略任务,印发《国家新型城镇化综合试点方案》推出新型城镇化综合试点,并逐步在全国范围内推广试点地区的成功经验,印发《2022年新型城镇化和城乡融合发展重点任务》重在提高新型城镇化建设质量,我国新型城镇化建设逐步进入了以人为本、规模和质量并重的新阶段。在积极推动"以人为核心"的新型城镇化建设中,户籍、土地、财政、教育、就业、医保和住房等领域配套改革相继出台,户籍制度、城乡公共资源配置制度、土地制度等关系城乡二元体制的关键性制度改革取得历史性突破,农业转移人口市民化速度明显加快,城乡发展活力得到全面释放。

(一)持续深化户籍制度改革,农民市民化进程不断加快

党的十八大以来,党中央更加关注"人的城镇化",着力转变以"土地城镇化"为核心的粗放式发展道路,深入贯彻"以人为本"的发展理念,相继出台《关于进一步推进户籍制度改革的意见》《推动1亿非户籍人口在城市落户方案》等政策文件,加速破除城乡区域间户籍迁移壁垒,以农民工市民化为重点推动工作,不断推动农业转移人口在城镇安家落户。在人口流动速度和规模日益加剧的背景下,特大城市积分落户制、城区常住人口300万以下城市的落户限制基本取消、城区常住人口300万以上城市的落户条件有序放宽等户籍改革制度为农业转移人口落户城镇提供了新路径,户口迁移政策普遍放开放宽,城市落户门槛持续降低,农业转移人口进城落户更加便捷。目前,我国中西部地区和东北地区除部分省会城市外,其他城市落户限制基本取消,东部地区中小城市落户门槛基本取消。大城市、特大城市持续放宽落户限制,除个别超大城市外,具有一定学历和技能的人口基本实现"零门槛"落户。党的十八大以来,我国实现了常住人口城镇化率与户籍人口城镇化率的双提高,常住人口城镇化率从2012年的52.57%提高到2021

年的 64.72%,城镇常住人口由 2012 年的 7.1 亿人增加到 2021 年的 9.1 亿人,全国户籍人口城镇化率由 2012 年的 35.29%提高到 2021 年的 46.7%,2012 年以来全国超过 1.2 亿农业转移人口成为城镇居民。

(二)全面实施居住证制度,城镇基本公共服务能力不断提高

为了进一步保障城镇未落户常住人口享受均等的基本公共服务,2016 年我国开始实施《居住证暂行条例》,以淡化户籍制度、强化居住属性为核心的居住证,为流动人口享受居住地基本公共服务和便利提供了制度框架。截至 2021 年年底,全国共发放居住证超过 1.3 亿张,实现了居住证制度的全覆盖,以居住证为载体,各地不断创造条件叠加多种服务,与居住年限等条件相挂钩的基本公共服务提供机制不断完善,居住证附着的基本公共服务和办事便利项目不断增加。居住证上附着的"9 项基础公共服务、6 项便利"得到更多的实现,全国住院费用跨省直接结算定点医疗机构逐步增加,农民工参加城镇职工基本医疗和养老保险的比例稳步提高。随迁子女在常住地接受义务教育的要求全面落实,2021 年 90.9%的义务教育阶段随迁子女在流入地公办学校就读或享受政府购买学位服务,随迁子女在流入地接受中等职业教育免学费等国家资助政策稳步实施。

二、城乡发展水平持续提升

党的十八大以来,党中央积极部署城乡发展策略,规划城市发展模式及格局,研究制定乡村发展战略,激发了城乡发展的内生动力,城市建设和发展步入新阶段,乡村发展呈现新气象。

(一)农业农村发展呈现新局面

党的十八大以来,我国农业实现绿色发展、农村村容风貌全面提升、农民生活质量持续改善,"三农"领域焕然一新,"三农"发展不断取得新成就、收获新成效。农业内涵及功能发生了重要变化,传统农业转向现代农业的步伐不断加快。2020 年,全国农业及相关产业增加值 16.69 万亿元,占国内生产总值的比重为 16.47%,农业全产业链建设新格局加快形成,农业农村经济在国民经济中占有越来越重要的地位。美丽乡村建设工作逐步推开,农村人居环境整治深入推进,村庄清洁行动、农村"厕所革命"、生活垃圾治理、生活污水治理等重点任务得到全面落实,农村水电路网等基础设施水平全面提升,村庄面貌发生巨大变化,得到农民群众的高度认可。随着统筹推进城乡社会经济发展、民生兜底保障作用增强等相关举措的落实,农村居民收入水平稳步提高,恩格尔系数持续降低,居民消费信心有效增强,促进生活消费支出不断增长、生活质量逐步提升。从收入层面看,城乡居民人均可支配收入不断提高,2021 年,城镇居民人均可支配收入 47412 元,农村居民人均可支配收入 18931 元,比 2012 年分别提高 93%、139%(见图 10-1)。城乡居民收入差距逐年减小,城乡居民人均可支配收入比从 2012 年的 3.1∶1 稳步下降到 2021 年的 2.5∶1,城乡发展差距不断缩小。从消费层面看,农民消费持续增长,2020 年农村居民人均消费支出 13713.4 元,比 2012 年增长 7805.38 元。

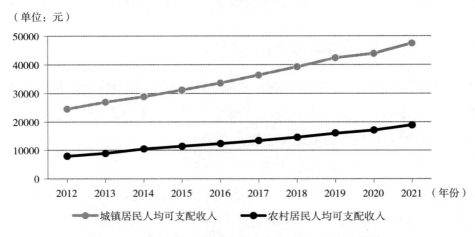

图 10-1　2012—2021 年城乡居民人均可支配收入变化情况

（二）城市发展取得长足进步

党的十八大以来,党中央从可持续发展与区域协调发展理念出发、从发挥各地区比较优势和缩小区域发展差距出发,积极规划、逐步完善城市发展体系,注重发挥城市群、都市圈、大城市的辐射功能,构建了以北京、上海、广州、深圳等特大城市为龙头,以城市群为主体的城镇化空间格局。城市群集聚效应日益凸显,19 个城市群承载了我国 75% 以上的城镇人口、国内生产总值占全国的 80% 以上,充分发挥了带动周边区域发展的作用,对经济社会发展形成重要支撑和引领作用。城市人口规模不断提高,截至 2020 年年底,我国地级以上城市人口达到 5.75 亿人,常住人口超过千万的城市有 18个。城市建成区面积大幅度扩展,由 2012 年的 45565.8 平方公里增加到 2020 年的 60721.3 平方公里,增加了 33.26%。城市聚集度不断提高,2021年超大、特大城市的个数达到 21 个,人口总量超过 2.9 亿人;城市经济持续发展,综合实力显著增强,城市经济发展潜力和活力进一步释放,2021 年 54个城市的 GDP 高于 5000 亿元,24 个城市生产总值达 1 万亿元以上。

（三）县域经济发展活力增强

县城是我国城镇体系的重要组成部分,更是城乡融合发展的关键纽带,对促进新型城镇化建设、构建新型工农城乡关系具有重要意义。党的十八大以来,县域发展和县域治理得到高度重视,县城建设日新月异,县域 GDP稳定增长,县域经济融入新发展格局迈出新步伐,经济结构和区域布局继续优化,2019 年中国县域经济总量已达 39.1 万亿元,约占全国的 41%。截至2021 年年底,我国共有 2843 个县级行政单元,其中县(包括自治县、旗、自治旗)1470 个。近年来,各地依托地理位置、资源条件等不同要素,创新产业模式,打造农业产业创新、商贸物流产业创新、制造业产业创新、科技产业创新、旅游产业创新等路径和模式,涌现出一批以山东寿光、江苏昆山、宁波余姚、浙江桐庐等为例的通过聚焦当地优势特色产业、形成相关产业集群的经济强县。2021 年,全国 GDP 突破千亿级别的县域达到 43 个,成为中国经济发展中最具活力的亮点,为加快推动中国工业化和城镇化进程注入强劲动力。

三、城乡融合发展取得历史性进展

党的十八大以来,党中央深刻把握城乡发展问题、扫清城乡发展障碍、积极探索城乡发展突破口,出台相关指导意见和政策规划,推出一系列重大改革举措,有序有力推进城乡融合发展,推动基本公共服务向农村延伸、社会事业向农村覆盖,构建城乡要素双向流动长效机制,构建城乡融合发展试验区,城乡融合发展展现出更多活力。

(一)城乡公共资源配置向普惠共享方向迈出一大步

党的十八大以来,党中央加强顶层设计,加大资金投入、完善体系建设,出台《关于建立统一的城乡居民基本养老保险制度的意见》《关于进一步完善城乡义务教育经费保障机制的通知》《关于整合城乡居民基本医疗保险制度的意见》等文件,指导在全国范围内建立起城乡统一的基本养老保险和医疗保险制度,城乡统一、重在农村的义务教育经费保障机制。城乡基本公共服务均等化全面推开,城乡基本公共服务标准统一、制度并轨、普惠共享的步伐更加坚实。城乡义务教育经费保障机制初步建立,绝大多数县实现县域义务教育基本均衡发展,城乡教育联合体建设初见成效。城乡居民更加公平地享有医疗保障权益,统一的城乡居民基本养老保险、基本医疗保险、大病保险制度逐步建立。截至 2021 年年底,城乡居民基本医疗保险覆盖 13.6 亿人、基本养老保险覆盖 10.3 亿人,城乡社会保障网全方位织密织牢。

(二)生产要素逐渐向乡村集聚

党的十八大以来,党中央以完善产权制度和要素市场化配置为重点,着力破除户籍、土地、资本、公共服务等体制机制弊端、清除要素流动障碍,促进城乡要素尤其是生产要素向乡村的自由流动,越来越多的生产要素资源向乡村倾斜。一是城乡统一的建设用地市场逐步建立。优化农村土地制度和土地要素市场配置,深化农用地、宅基地、集体经营性建设用地"三块地"改革,农村集体经营性建设用地直接入市全面推开,农村土地流转更为规范、途径更加通畅,土地经营权得到进一步放活,农村土地价值得到凸显,赋予了农民更多财产权。二是城市人才入乡激励机制探索成效初显。拓宽城市人才入乡渠道,支持和引导各类人才通过多种方式入乡返乡创业,允许符合条件的入乡就业创业人员在原籍地或就业创业地落户并依法享有相关权益,外出农民工及经商人员回乡创业兴业态势良好。截至 2022 年 3 月底,全国返乡入乡创业人数累计达到 1120 多万。其中,70%是返乡创业的农民工,创办项目中 80%以上是乡村一二三产融合项目。三是城市金融工商资金开始发挥反哺农村的作用。推动普惠金融深度服务农村,引导国家社会资本向乡村流动,农村抵质押物范围逐步拓宽,农村承包土地经营权抵押贷款全面推开,农村集体资产股权、农民住房财产权(含宅基地使用权)等抵押融资稳步探索,推进金融市场在城乡之间的融合发展进程。截至 2020 年 9 月,全国涉农贷款余额增至 38.7 万亿元,其中普惠型涉农贷款余额增至 7.5 万亿元。

(三)城乡融合纵深发展迈出新步伐

党的十八大以来,党中央不断加强规划部署,积极完善城乡融合发展体制机制,持续推动城乡融合进一步向纵深发展,城乡融合发展前景始终向好。为了进一步探索城乡融合高质量发展路径,2019 年 12 月,国家发展改革委、中央农村工作领导小组办公室等十八部门联合印发《国家城乡融合发展试验区改革方案》,公布了浙江嘉湖片区、福建福州东部片区、广东广清接合片区等 11 个国家城乡融合发展试验区名单,明确试验区的总体任务、试验原则及任务等,为探索形成一批可复制可推广的典型经验和体制机制改革措施提供方向指引。在方案的指导下,各城乡融合发展试验区深入推进城乡融合发展的改革试验工作,城乡融合发展的配套改革措施陆续出台,城乡融合发展工作机制更加健全。截至 2022 年 4 月,11 个国家城乡融合发展试验区全部制定实施方案,根据不同城乡融合发展试验区的禀赋特征,推动各试验区在完善农村资产抵押担保产权权能、建立科技成果入乡转化机制、搭建城乡产业协同发展平台、建立城乡基本公共服务均等化发展体制机制、建立城乡基础设施一体化发展体制机制等多个方面进行改革探索,率先取得突破,为城乡融合发展提供可推广可复制的成功模式与发展路径。

第四节　我国城乡关系未来展望

党的十八大以来,我国城乡关系发生显著变化,城乡融合迈入发展新阶段,但在"以人为核心"的新型城镇化建设、城乡发展均等化、城乡融合等方面仍存在一些问题,需要加以重视,并加强顶层设计、科学规划,精准施策,进一步推动实现农业农村现代化和城乡融合发展。

一、重点关注领域

一是拓宽农民增收渠道,缩小城乡居民收入差距。以发展现代农业、培育新产业、新业态为重点,完善"农业—企业"利益关联机制,实现农村经济多元化,农业全产业链发展,为农业和农村发展注入新动力。鼓励农民工异地就业、就地创业,改善农民工资性收入增长环境。进一步完善地方政府激励机制,创新财政支农模式,完善农业生产者补贴制度,探索完善农产品价格支持、直接补贴等政策体制机制,增加财政对农民生产的补贴。

二是推动城乡产业融合发展。培育以休闲农业、农村电商等新产业、新业态为引领的农业新兴产业,促进农业产业全面发展,为城乡融合发展奠定产业基础;充分发挥政府引导和市场调节作用,精准定位产业发展方向,因地制宜地发展富民产业,以产业发展带动人口集聚;优化产业空间布局,构建城乡要素互联、环境共享、联系稳定的良性互动机制,充分利用城市产业集聚所产生的扩散效应,辐射带动乡村产业发展,激活乡村振兴内生动力。

三是推动城乡要素双向流动通畅。在土地市场方面,充分发挥市场的调节作用,建立健全城乡一体化的土地资源要素市场。在人才市场方面,将农村劳动力特别是农村失地居民,纳入就业失业登记和就业援助范围,加大对农业转移劳动力的职业技能培训。在金融资本市场方面,继续深化农村信用社、农业银行等金融机构改革,强化支农惠农功能。不断创新农村信用担保和抵押方式,完善农村金融体系建设,促进城乡金融市场一体化发展。

四是高标准补齐农村基础设施和公共服务短板,实现城乡公共服务均等化。抢抓"新基建"机遇,加快农村基础设施体系完善和提挡升级,推动城市基础设施向农村延伸,实现城乡基础设施网络一体化发展。高标准补齐城乡公共服务短板,提升县城和乡镇医疗卫生、教育、公共文化服务水平,中央和地方政府要提高对相对贫困地区的基本医疗补助标准,按照统一标准,完善城乡统一的社会救助制度、基本养老保险制度等。推进城乡公共资源配置合理化,通过户籍制度改革推动新型城镇化建设,提升农民市民化水平。

二、加强顶层设计、科学规划

(一)坚持工农、城乡发展并重

工业与农业、城市与农村相互依存、不可分割,二者都是经济和社会发展领域的重要组成部分。构建新型工农城乡关系,必须兼顾工农,统筹城乡。农业和农村是制约中国经济社会发展的主要短板,当前和今后很长一段时间,必须优先发展农业和农村。因此,在推进新型工农城乡关系建设过程中,必须高度重视"以工补农、以城带乡",狠抓"工农互促、城乡互补"重点工程,推进工农城乡均衡协调发展。

(二)坚持"以人为本"

党的十九届五中全会提出,要构建新型的工农城乡关系,以实现城乡协调发展和人民的共同利益为目标。这是以人为本的发展理念和落实"三农"方针的必然要求和实践体现。构建新型城乡工农关系,必须以人为本,维护好农民的根本利益,改善工农群众福祉,科学把握工农群众的急、难、愁、盼问题,采取精准帮扶措施。

(三)坚持"制度完善"与"资源注入"并重

构建新型工农城乡关系,必须建立相应的有利于工农城乡协调发展的制度体系,包括城乡融合发展的市场经济体制、财政收支体系、金融信贷体系、社会保障体系、公共服务供给体系等。同时,针对农业农村发展的薄弱短板,创造有利于各种要素资源自愿流向农业农村的环境和机制,不断推进资金、技术、人才等资源要素集聚融入农业农村,增强农业农村发展动力。

三、发展建议

(一)加快推进以人为核心的新型城镇化

党的十九届五中全会提出,"推进以人为核心的新型城镇化",明确了新型城镇化目标任务和政策举措。"十四五"时期是推动新型城镇化实现更高质量发展的关键时期,推进以人为核心的新型城镇化,有利于优化经济发展空间格局、实现区域协调发展,更有利于带动乡村振兴、促进城乡融合发展。要立足发展基础,顺应发展趋势,坚持以人民为中心,坚持新发展理念,紧紧围绕以人为核心的城镇化,加强顶层设计,持续提升农业转移人口市民化质量,推动农业转移人口全面享有基本公共服务,推动城镇化空间布局和形态持续优化,推动城市发展更加注重安全、生态、健康,推动城市治理能力更加现代化,促进新型城镇化持续健康发展、城乡融合水平不断提升、人民群众获得感和幸福感持续增强。

(二)进一步深化改革畅通城乡要素双向流动梗阻

实现城乡工农经济要素互通,构建新型工农城乡关系,必须深化改革,建立和完善通畅的经济要素互通制度架构和政策体系。完善多元化投入保障机制,加大对农业农村基础设施建设投入,加快城乡基础设施互联互通,促进人才、土地等要素在城乡间双向流动。着力避免城市对农村优质资源的"虹吸效应",建立城市人才返乡激励机制,鼓励本地外出的各类人才返乡创业兴业,建立城乡人才合作交流机制,允许劳动力在城乡间有序流动,畅通城乡人口流动渠道,通过制度创新,激励更多城市资源、资本、人才等要素向农村流动。以完善产权制度和要素市场化配置为重点,坚决破除体制机制制约,促进城乡要素双向流动畅通和公共资源配置合理化。以县城和中心城镇为主阵地,将广大乡村分散人口向中心城镇聚居,在更高水平和更高质量上促进城镇化向纵深发展。

(三)大力推进县域经济高质量发展

县域是城乡融合发展的重要切入点,推进县城高质量发展,有助于打通县域经济的微循环,建立城乡融合的要素流动体系、动力传导体系和制度促进体系,实现城乡融合发展。因此,应加强顶层设计和统筹规划,统筹县域产业、基础设施建设、公共服务、基本农田、生态保护、城镇开发和村庄布局,增强县城综合服务能力,把乡镇建设成为服务农民的区域中心,实现县、乡、村功能衔接互补。坚持新型城镇化与乡村振兴双轮驱动,充分发挥县城龙头带动作用,打造高品质特色小镇,加快建设生态宜居美丽乡村,推动城乡融合发展和一二三产业融合发展。推进城乡基本公共服务均等化,切实保障和改善民生,推动在县域就业的农民工就地市民化,增加住房供给,提高城市发展质量,满足城市农民的刚性需求。

(四)建立健全有利于乡村经济多元化发展的体制机制

推动城市人才、资金、科技等融入乡村产业,构建以现代农业为基础、新产业新业态为补充的多元化乡村经济。完善农业支持保护制度,发展多种形式的农业适度规模经营,建立新产业新业态培育机制,发展智慧农业、绿色农业,建设农业现代化示范区,探索农产品个性化定制服务,拓展农业多元化功能,全面提升附加值。搭建城乡产业协同发展平台,优化提升特色小镇、农业园区等城乡产业载体,推进城乡要素跨界配置和产业有机融合,盘活用好乡村资源资产。

第十一章 全面深化农村改革

习近平总书记指出,全面推进乡村振兴,必须用好改革这一法宝。① 党的十八大以来,党中央、国务院围绕着农业农村重点领域和关键环节,开展了波澜壮阔的农村改革新历程,书写了中华民族伟大复兴的"三农"新篇章。

第一节 深化农村改革的理论分析

一、深化农村改革的主要内容

党的十八大以来,围绕着"巩固和完善农村基本经营制度""持续深化农村产权制度改革""健全农业支持保护制度"等农业农村重点领域和关键环节,党中央、国务院出台了《关于农村土地征收、集体经营性建设用地入市、宅基地制度改革试点工作的意见》《关于稳步推进农村集体产权制度改革的意见》《关于完善农村土地所有权承包权经营权分置办法的意见》《关于探索建立涉农资金统筹整合长效机制的意见》《粮食主产省农业大灾保险试点工作方案》等一系列政策文件,发布了《中华人民共和国土地管理

---

① 参见习近平:《坚持把解决好"三农"问题作为全党工作重中之重　举全党全社会之力推动乡村振兴》,《求是》2022 年第 7 期。

法》《中华人民共和国民法典》等一批成熟定型的法律制度,实施了"农村改革试验区""城乡融合发展试验区"等一批纵深突破的改革试点,推进农业农村现代化的制度框架和政策体系基本形成。

二、深化农村改革的理论基础

新制度经济学认为,制度在经济社会发展中起着决定性的作用。从本质上讲,改革就是制度变迁或者制度创新。从40多年我国农村改革的实践看,改革主要可以分为两种类型。一是效率更高新制度替换效率低的旧制度,典型的案例就是家庭联产承包责任制的推行,改革开放前"一大二公"的人民公社制度严重束缚了农民的生产积极性,成为农村生产力发展的重大阻碍,当时进行农村制度创新已经势在必行,而家庭联产承包责任制更有效率、更符合农民实际需求,于是家庭联产承包责任制替代人民公社制度已经成为历史发展的必然趋势。二是在原有制度的基础上,对不符合生产力发展的部分进行改革,典型的案例就是农村承包地的改革,在坚持农村承包地集体所有这一基本底线的条件下,将农村土地的所有权、承包经营权调整为所有权、承包权和经营权,从而赋予农民更加充分而有保障的土地承包经营权。

第二节　深化农村改革的政策演进

一、农村土地制度改革的演进

农民与土地之间的改革历来是我国农村改革的主线。党的十八大以来,以习近平同志为核心的党中央围绕着农村土地制度改革进行了一系列的制度创新,农村土地制度的"四梁八柱"基本构建。

（一）农村"三块地"制度改革的演进

1. 农村"三块地"制度改革的初步实施阶段

按照我国土地管理相关规定,农村土地大体可以划分为农村承包地、农村宅基地、农村集体经营性建设用地 3 个主要类型。在 2008 年 10 月党的十七届三中全会提出"逐步建立城乡统一的建设用地市场"的基础上,2013年 11 月党的十八届三中全会通过的《中共中央关于全面深化改革若干重大问题的决定》中提出"建立城乡统一的建设用地市场",删除了前置定语"逐步",充分体现了党中央、国务院决心建立"城乡统一的建设用地市场"的责任感和紧迫感,明确下一个阶段农村土地制度改革的整体方向和重点任务。从政策演进脉络看,党的十八届三中全会通过的《中共中央关于全面深化改革若干重大问题的决定》在农村集体性建设用地产权结构上进一步拓展了其权能,"允许农村集体经营性建设用地出让、租赁、入股,与国有土地同等入市、同权同价",农民的土地财产权利从制度上得到了保障,农村集体土地在市场交易过程中的弱势地位得到真正重视,真正构建起集体土地与国有土地的同等权利、两者享有同等的市场地位,农村集体建设用地的产权和权利得到了有效的加强,也标志着农村集体经营性建设用地入市改革已经被党中央、国务院正式提上日程。同时,农村宅基地制度改革也是十八届三中全会关于农业农村改革的亮点之一,从赋予农民更多财产性权利的实际需求和农村经济发展的现实需要角度,提出了要在全国选择若干试点实施农村宅基地制度改革,慎重稳妥推进农民住房财产权抵押、担保、转让,虽然此次全会只涉及农民住房财产权的改革,并没有真正触及农村宅基地本身,但是基本指明了推进农村宅基地制度改革的方向,"慎重稳妥"这 4 个字也奠定了下一步推进农村宅基地"三权"分置改革的总体基调。在 2013年 12 月中央政治局会议上,把土地制度改革提到事关我国经济社会发展全局的高度,要积极稳妥推进土地管理制度改革,在全面考虑土地问题复杂性的基础上,进行周密周全的制度和政策设计。①

2. 农村"三块地"制度改革的全面试点阶段

为了贯彻落实党的十八届三中全会决定关于农村土地制度改革的要求,2014年12月中央全面深化改革领导小组第七次会议上,审议通过了《关于农村土地征收、集体经营性建设用地入市、宅基地制度改革试点工作的意见》(以下简称《意见》),标志着我国新一轮全面深化农村土地制度改革的框架已经成型,并开始逐步进入改革深水区,在未来很长一段时间内成为农业农村改革的主战场和重点领域。2015年1月该《意见》被中共中央办公厅和国务院办公厅联合印发。2015年2月27日,山东省禹城市、安徽省金寨县、上海市松江区、浙江省义乌市、北京市大兴区、福建省晋江市、江苏省常州市武进区、浙江省德清县、江西省余江县等33个县(市、区)被授权开展农村土地征收、集体经营性建设用地入市、宅基地制度改革试点,每个试点县(市、区)只允许承担"三块地"改革任务中1项试点任务,分别各有15个县(市、区)承担农村集体经营性建设用地入市和宅基地制度改革试点,3个县(市、区)承担土地征收制度改革试点,授权期限截至2017年12月31日,并明晰划出新一轮土地制度改革的3条底线,即土地公有制性质不改变、耕地红线不突破、农民利益不受损,标志着我国新一轮农村土地制度试点改革开始步入实质性落地见效推进阶段。2016年9月,农村土地制度试点改革内容进一步拓展,33个试点县(市、区)均可试点农村集体经营性建设用地入市和农村土地征收制度改革。2017年11月,农村土地制度改革三项试点工作全面打通、联动探索,3个试点县(市、区)均可试点农村土地征收、农村集体经营性建设用地入市、农村宅基地制度改革。为了充分显化"三块地"改革的整体性、系统性、协同性和综合效益,全国人大常委会

---

① 参见《分析研究2014年经济工作　听取第二次全国土地调查情况汇报》,《人民日报》2013年12月4日。

于 2017 年 11 月和 2018 年 10 月先后两次将农村土地制度改革授权期限各延长 1 年,最终这一轮的农村土地制度改革于 2019 年 12 月 31 日结束。

3. 农村"三块地"制度改革的深化实施阶段

33 个县(市、区)近 4 年农村土地制度改革试点形成的制度性成果为《中华人民共和国土地管理法》的修订提供了重要依据。新修订的《中华人民共和国土地管理法》于 2020 年 1 月 1 日正式实施,以放权赋能为导向吸收了一大批农村"三块地"制度改革的经验、内容。首次将集体经营性建设用地入市写进法律,允许农村集体经营性建设用地可以通过出让、出租等方式交由单位或者个人使用,农村集体经营性建设用地获得了与国有建设用地同等的权利。尽管此次修订没有把农村宅基地"三权"分置改革列入新《中华人民共和国土地管理法》,但是也进一步完善了农村宅基地管理制度,如将宅基地"一户一宅"制度改成"一户一宅、户有所居",充实完善了"一户一宅"制度并进行了重大补充,允许进城落户的农村村民自愿有偿退出宅基地,将农村宅基地审批权限下放到乡镇政府等。

鉴于在"三块地"改革过程中,农村土地征收制度改革和农村集体经营性建设用地入市改革取得了较为明显的成效,而相比较而言农村宅基地改革却略显滞后,于是自 2018 年开始至今中央一号文件连续 5 年提出,要落实农村宅基地集体所有权、保障农户宅基地资格权、适度放活宅基地使用权的"三权"分置制度。按照 2020 年 6 月中央全面深化改革委员会第十四次会议审议通过的《深化农村宅基地制度改革试点方案》,2020 年 9 月在上海市松江区、浙江省德清县、山东省平度市、重庆市梁平区、云南省大理市、青海省湟源县等 104 个县(市、区)以及浙江省绍兴市、安徽省滁州市、四川省资阳市 3 个地级市启动实施新一轮农村宅基地制度改革试点。此轮农村宅基地制度改革试点的主要内容可以概括为"五探索、两完善、两健全",即探索农村宅基地农户资格权保障机制,重点是要完善宅基地分配制度,保证农村集体经济组织成员依法享有宅基地权益;探索农村宅基地使用权流转制度,重点是要探索宅基地使用权流转的制度安排和具体路径;探索农村宅基地使用权抵押制度,重点是要探索赋予农民住房财产权(含宅基地使用权)抵押融资功能,并稳妥探索宅基地使用权抵押的具体制度和措施;探索农村宅基地自愿有偿退出机制,重点是要落实允许进城落户农民依法自愿有偿退出宅基地的有关规定,探索退出宅基地的统筹利用政策;探索农村宅基地有偿使用制度,重点在对本集体经济组织成员符合规定标准的宅基地实行无偿使用的基础上,探索由村集体经济组织主导实施宅基地有偿使用制度。完善农村宅基地集体所有权行使机制,重点是要探索宅基地集体所有权的有效实现形式和行使方法路径;完善农村宅基地审批制度,重点是要改革宅基地审批管理方式,建立健全乡(镇)政府履行宅基地审批职责、提升承接审批权限下放能力的有效机制。健全农村宅基地收益分配机制,重点是要探索农民宅基地收益保障机制,规范集体宅基地收益管理和使用方式;健全农村宅基地监管机制,重点是要建立健全落实县(市、区)、乡(镇)政府属地管理责任、提升依法履行宅基地监管能力的有效机制。

（二）**农村土地"三权"分置改革的演进**

根据现代产权理论,产权是由所有权、使用权、收益权和让渡权等一组权利束构成,每一项大的权利束又可包含多项具体权利。随着 20 世纪 70 年代末家庭联产承包责任制在我国农村的普遍推行,我国农村集体经济由集体所有经营变成农村集体所有和家庭承包经营的统分结合的双层经营体制,这也是改革开放以后关于农村土地制度的第一次重大创新。随着我国城镇化进程的加快推进,农村劳动力大量向城镇转移,原本高度同质化的农村人口发生了职业变化,大批农村转移人口不再继续耕种土地,而是把承包地交给其他农户经营,于是就产生了承包权与经营权已经事实分离的现象。以习近平同志为核心的党中央敏锐地观察到这种农村土地产权关系的重大变化,2013 年 7 月 22 日,习近平总书记在湖北省武汉市调研时指出,"深化农村改革,完善农村基本经营制度,要好好研究农村土地所有权、承包权、经营权三者之间的关系"。这是习近平总书记首次在正式场合提出农户承包权、土地经营权这两个概念以及农地产权可以划分为"所有权、承包权和经营权"的观点,指出了农业生产关系变化的新趋势,表明习近平总书记对农村土地"三权"分置问题有着深刻的前瞻性思考。①

在 2013 年 12 月中央农村工作会议上,习近平总书记在深入分析改革开放前、家庭联产承包制改革时期和当前发展阶段农村承包地所有权、承包权和经营权演变趋势的基础上进一步指出,要"实现承包权和经营权分置并行""不断探索农村土地集体所有制的有效形式,落实集体所有权、稳定农户承包权、放活土地经营权"。② 习近平总书记关于农村承包地承包权和经营权分置并行的论述,指出了其制度创新的重大历史意义,指明了探索农村土地集体所有制的有效形式的基本方向。

2014 年 11 月,中共中央办公厅、国务院办公厅印发了《关于引导农村土地经营权有序流转发展农业适度规模经营的意见》,在深刻总结 2014 年前后农村土地流转总体趋势的基础上,对农村集体产权制度改革作出一系列详细论述,如要"实现所有权、承包权、经营权三权分置""稳步推进土地经营权抵押、担保试点""加快发展多种形式的土地经营权流转市场"等等,首次在中央文件中提出了农村土地"三权"分置改革的政策规定,赋予了土地经营权抵押、担保等新的权能内涵,是一份有关农村土地经营权流转的重要纲领性文件。

2015 年 11 月,中共中央办公厅、国务院办公厅印发《深化农村改革综

---

① 肖卫东、梁春梅:《农村土地"三权分置"的内涵、基本要义及权利关系》,《中国农村经济》2016 年第 11 期。

② 习近平:《论坚持全面深化改革》,中央文献出版社 2018 年版,第 72 页。

合性实施方案》,指出了农村土地制度改革要坚守"三条底线""防止犯颠覆性错误",正式将"实行三权分置,落实集体所有权,稳定农户承包权,放活土地经营权"确定为"深化农村土地制度改革的基本方向"。同时,该方案对农村土地"三权"分置改革的内容进行了详细的阐述,即落实集体所有权,要明确界定农民的集体成员权,明晰集体土地产权归属;稳定农户承包权,要将土地承包经营权落实到每个农户;放活土地经营权,允许土地经营权依法自愿配置给新型农业经营主体。

2016年10月,中共中央办公厅、国务院办公厅印发了《关于完善农村土地所有权承包权经营权分置办法的意见》,这是党中央、国务院出台的直接针对农村土地"三权"分置改革的重要文件,强调了农村土地"三权"分置改革的重大历史地位和重要作用,将其定位为"继家庭联产承包责任制后农村改革又一重大制度创新";第一次以中央文件形式深入探讨了如何探索农村土地集体所有制的有效实现形式,科学界定了农村土地"三权"的内涵、权利边界及相互关系,标志着我国关于农村土地"三权"分置改革的制度框架已经基本形成。

2018年12月29日,《关于修改〈中华人民共和国农村土地承包法〉的决定》获得十三届全国人大常委会第七次会议审议通过,并于2019年1月1日起施行。将农村土地"三权"分置制度法制化是此次修法的最重要内容和亮点之一,充分体现2016年10月印发的《关于完善农村土地所有权承包权经营权分置办法的意见》和2017年10月党的十九大报告要求"完善承包地'三权'分置制度"战略部署的精神要求,不仅有利于有效保护享有土地承包权农户的权益,而且给予了享有土地经营权的新型农业经营主体足够的权益保障,标志着农村土地"三权"分置制度在我国正式确立。

2020年5月,仅次于《中华人民共和国宪法》地位的《中华人民共和国民法典》正式被十三届全国人民代表大会第三次会议表决通过。《民法典》

充分吸收借鉴了近期我国农村土地制度改革的成果,正式引入"土地经营权"的概念,"土地承包经营权"作为单独一章被列入《民法典》物权编,全面释放了农村土地经营权的流动性,将农村土地"三权"分置制度以法律的形式固定下来,充分体现了对农村土地"三权"分置制度的认可。

二、农村集体产权制度改革的演进

继农村土地"三权"分置重大制度改革之后,党中央又推出农村集体产权制度改革这样一项"管全局、管长远、管根本"的重大制度创新。2013年中央一号文件就对农村集体产权制度改革进行了战略部署,指出要"建立归属清晰、权能完整、流转顺畅、保护严格的农村集体产权制度",清晰地指明了农村集体产权制度改革"四位一体"的总体目标,拉开了农村集体产权制度改革的大幕。其中"归属清晰"是指要对农村集体资产进行清产核资,确定每个集体经济组织的资产总额及其结构,并明确每项资产归谁所有;"权能完整"是指农村集体资产的占用、使用、收益、处分等权能要完整;"流转顺畅"是指农村集体资产能够较为便捷地进入市场交易;"保护严格"是指农村集体资产权益应该受到法律保护,不能被随意剥夺。

2014年11月,原农业部、中央农办和国家林业局联合印发了《积极发展农民股份合作赋予农民对集体资产股份权能改革试点方案》,该试点方案指出,要积极发展农民股份合作,积极鼓励农村集体资产股份的占有权、收益权等方面的制度创新,有条件的地方试点开展农村集体资产股份有偿退出和继承,慎重开展农村集体资产股份抵押和担保试点。随后,按照由点及面、压茬推进、梯次推进的方式,我国先后开展了5批农村集体产权制度改革试点,改革试点的内容日益丰富、逐步深化,改革试点的体制机制也在不断完善。

2015年5月,北京市大兴区、江苏省苏州吴中区、湖南省资兴市等29

个县(市、区)被赋予开展为期 3 年的农村集体资产股份权能改革试点工作,这是我国关于农村集体产权制度改革的第一批试点,也标志着我国农村集体产权制度改革试点正式启动。2016 年 12 月,习近平总书记听取了关于农村集体资产股份权能改革试点情况的汇报,对改革的方向、实施路径和实施成效给予充分肯定,支持试点改革要坚定不移地往前推。

2016 年 12 月,中共中央、国务院印发了《关于稳步推进农村集体产权制度改革的意见》,对农村集体产权制度改革工作进行了全面系统的部署,将建立"中国特色社会主义农村集体产权制度"作为改革的目标方向,将"清产核资""成员界定""股权量化""探索农村集体经济有效实现形式"等作为农村集体产权制度改革的重点任务,是指导我国农村集体产权制度改革的总纲领性文件,明确了我国农村集体产权制度改革的任务书、时间表和路线图,标志着我国农村集体产权制度改革整体框架全面建立。

2017 年 9 月,原农业部、中央农办确定在北京市海淀区、山东省肥城市、浙江省乐清市、江苏省江阴市等 100 个县(市、区)开展农村集体产权制度改革试点,试点内容除了第一批开展的农村集体资产股份权能改革外,还包括清产核资、集体成员身份确认、农村集体资产管理、发展壮大集体经济等内容,试点期限截至 2018 年年底,这是我国关于农村集体产权制度改革的第二批试点。

2018 年 7 月,按照农村改革"扩面、提速、集成"的要求,我国农村集体产权制度改革试点范围进一步扩大,山东省、吉林省、江苏省 3 个省被列入农村集体产权制度改革整省试点,河北省石家庄市、浙江省宁波市、福建省福州市等 50 个地市被列入农村集体产权制度改革市级试点,天津市武清区、黑龙江省克山县、湖南省韶山市等 150 个县(市、区)被列入农村集体产权制度改革县级试点,试点改革内容进一步丰富,农村集体经济组织登记等工作也被纳入试点改革内容中,整省试点期限截至 2020 年 10 月底,市级和县级试点期限截至 2019 年 10 月底,这是我国关于农村集体产权制度改革的第三批试点。

2019 年 12 月,河南省、天津市、福建省等 12 个省份开展农村集体产权制度改革整省试点,山西省晋中市、辽宁省沈阳市、四川省成都市等 39 个地市开展农村集体产权制度改革市级试点,湖北省阳新县、广东省饶平县、云南省石林县等 163 个县(市、区)开展农村集体产权制度改革县级试点,全部试点期限截至 2020 年 10 月底,这是我国关于农村集体产权制度改革的第四批试点。

2020 年 3 月,在深刻总结前面四批农村集体产权制度改革试点经验的基础上,农村集体产权制度试点改革在我国全国 31 个省(自治区、直辖市)全面推开,要求已完成改革的 15 个整省试点省份要做好检查验收,提高改革试点的整体质量,山西、海南、新疆等 13 个没有开展整省试点的省份要全面推开农村集体产权制度试点,全部试点期限截至 2021 年 10 月底,这是我国关于农村集体产权制度改革的第五批试点,此次改革全面推开标志着我国农村集体产权制度试点改革已经步入最后的攻坚阶段。

三、农业支持保护制度改革的演进

(一)不断完善农业支持保护政策

2014 年我国开始探索农产品价格形成机制,以新疆棉花、东北和内蒙古大豆为试点开展目标价格补贴改革,试点期限为期 3 年,目的是发挥市场在资源配置中决定性作用,将对棉花、大豆价格的间接"暗补"调整为对生产者的直接"明补",以切实保护农业生产者的利益。2017 年试点改革完成后,在新疆继续深化棉花目标价格补贴的同时,中央在东北三省将目标价格补贴调整为生产者补贴,并把玉米也引入生产者价格补贴试点中,以提高玉米、大豆生产者的积极性。2016 年,我国对自 2004 年开始实施、已经连续实施 12 年的粮食直补、良种补贴和农资综合直补政策作出重大调整,合并统称为"农业支持保护补贴",目标重点是保护耕地地力和促进粮食适度规模经营。农业支持保护补贴改革将原本受限的"黄箱政策"变为不受 WTO 农业协议限制的"绿箱政策",覆盖了全国近 13 亿亩耕地、2.2 亿个农户,平均每亩补贴 95 元,平均每户补贴 564 元,有效地支撑了现代农业发展和农民持续增收。

(二)涉农资金整合改革扎实推进

针对涉农资金长期存在的多头管理、重复投资、使用效率等突出问题,2017 年 12 月,国务院出台了《国务院关于探索建立涉农资金统筹整合长效机制的意见》,围绕着构建"大专项+任务清单"的管理方式,全国各省份按照国务院的文件精神,制定了符合本省实际的涉农资金整合政策,积极开展涉农资金整合试点。例如从 2018 年起山东省自上而下深化涉农资金管理改革,把资金管理使用决定权由职能部门交由市县级政府,将涉农资金划分为粮食和重要农产品供给保障资金、农业高质量发展投入资金、乡村建设行动投入资金、现代水网建设资金和衔接推进乡村振兴资金 5 大类,强化涉农资金"四到县"管理,2021 年全省共整合涉农资金规模高达 948 亿元,为打造乡村振兴齐鲁样板提供了重要资金支撑。

(三)推动农业保险改革"扩面、增品、提标"

2017 年 5 月,财政部印发了《关于在粮食主产省开展农业大灾保险试点的通知》,在辽宁省、江苏省、安徽省、河南省等 13 个粮食主产省的 200 个产粮大县,以三大主粮为重点开展农业大灾保险试点,农业大灾保险除了要覆盖种子、化肥、农药等直接物化成本外,更强调要把地租成本包含在内,切实满足规模农户的农业保险需求。2019—2021 年,农业大灾保险扩展到 13 个粮食主产省的 500 个产粮大县,2020 年实现 13 个粮食主产省的产粮大县全覆盖。2018 年,在内蒙古自治区、山东省、湖北省等 6 个粮食主产省 24 个粮食生产大县开展三大主粮完全成本保险和收入保险试点,除了直接物化成本和地租成本,再次将劳动力成本列入粮食生产全成本中。2019 年财政部在内蒙古自治区、湖南省、贵州省、新疆维吾尔自治区等 10 个省份开展中央财政对地方优势特色农产品保险奖补试点,2020 年在吉林省、湖北省、广西壮族自治区、宁夏回族自治区等 20 个省份扩大试点实施范围,试点保险标的或保险产品增加至 3 种。

第三节 党的十八大以来我国农村改革的重要成效

一、农村土地制度改革的成效

(一)农村宅基地制度改革试点取得积极进展

1. 农民宅基地权益得到有效保障

按照新修订的《中华人民共和国土地管理法》的规定,"一户一宅"和"户有所居"是试点改革中保障农民宅基地权益的两种主要实现方式。"一户一宅"意味着从法律上讲一个农户最多只能拥有一块宅基地,而"户有所居"针对人均土地较少,难以保障"一户一宅"的情况下,地方政府可以采取相应的有效措施来保障农民的居住权。山东省兰陵县在当地土地资源紧张、青年人宅基地需求难以得到有效满足的情况下,积极进行宅基地改革制度创新,出台了《兰陵县"青年小镇"建设实施意见》,将青年社区建设与农村宅基地改革试点深度结合、有效衔接,符合"一户一宅"为购房先决条件,填写《青年社区购房资格申请表》,有效实现了青年人员的"户有所居",保障了他们的宅基地资格权。兰陵县兰陵镇规划建设了 5 个青年社区,1000户青年的"户有所居"问题得到根本性解决,其居住权获得了有效保障,而且节约了 400 多亩的宅基地使用面积。

2. 闲置宅基地得到有效盘活利用

对于因历史原因造成的"一户多宅""超标准占用宅基地"等问题,各试点地区在充分尊重农民意愿的基础上,主要通过收取有偿使用费和农户自愿退出的方法来化解该问题。如四川泸县宅基地作为劳务输出大县,45%的农村人口常年外出打工,2015 年改革之前 4 万多户、3.2 万多亩农村宅基地闲置,占到全县宅基地总面积的 13.2%,30%左右的农户存在着"一户多宅"的现象。针对农村宅基地闲置浪费比较严重的问题,四川泸县双管齐下,一是对一户多宅的多宅部分和一宅的超出面积,根据不同的超占面积按照不同标准的收取费用;二是以每亩 12 万—14 万元有偿的方式鼓励农民退出宅基地,同时为了激励农户自愿退出多余空闲的宅基地,允许农户自主选择暂时退出、长期退出、部分退出或者整体退出,除长期退出且获得补偿的农户外,其他退出户均可重回农村,以有偿取得方式,再次获得宅基地。截至 2020 年年底,全县共有 3.39 万户、2.27 万亩闲置宅基地退出,占到全部闲置宅基地面积的 71%。闲置宅基地退出后,大部分复垦变为耕地,由此产生的建设用地指标或者实现了异地交易使用,或者就地用于当地产业发展,闲置宅基地得到了高效的盘活利用,实现了良好的经济效益。据估算,平均每个退出户户均收入 4.2 万元,平均每个村集体经济组织收入突破100 万元。安徽省金寨县、河南省长垣市、湖北省宜城市和福建省晋江市通过构建有效的农村宅基地退出机制,退出宅基地面积分别达到 48500 亩、9400 万亩、7200 亩和 7000 亩。

3. 宅基地审批监管制度逐步完善

大多数试点地区深入推进"放管服"改革,重新优化设计了农村宅基地审批流程,构建了"村级初审、乡级审批、县级监管"的宅基地审批程序,实施宅基地和农房建设联审联办制度。浙江省绍兴市加快推进农村宅基地数字化管理,积极构建农村宅基地数字化服务和交易系统,实现了宅基地相关审批业务的网上办理、掌上办理，提高了审批工作效率，方便了农民群众。为了强化农村宅基地的监督管理，许多试点地区健全宅基地监管工作体制机制，创新实施宅基地网格化监管模式，构建了宅基地协管员制度，加强对宅基地的日常巡查线下监管，对发现到的问题做到早发现、早控制、早查处。四川省85%左右的村庄都建立了宅基地协管员制度，明确要求村"两委"中至少1人担任宅基地协管员，切实加强宅基地的日常监督管理。

（二）农村土地征收制度试点取得积极成效

各试点地区围绕着农村土地征收过程中存在的突出问题，进行了一系列的重大制度创新，在缩小征地范围、限制地方政府征地权、规范土地征收程序、构建合理的土地增值收益分配取得了一批制度性成果。如在缩小征地范围方面，许多试点地区通过列举的形式对土地征收的公共利益进行了明确界定，普遍建立了土地征收目录，非公共利益方面的用地限制使用征地权。土地征收程序得到进一步规范，定州市"1234"的土地征收模式在全国范围被普遍推广，各试点地区加强了征地批准前的调研、评估工作，切实降低了土地征收的风险，确保了农民的参与权、知情权和土地权益；提高了被征地农民的补偿标准，将"保障被征地农民原有生活水平不降低，长远生计有保障"作为征地补偿的基本原则，充分考虑了被征地农民的长远利益，将农民住宅补偿、农村社会保障等纳入了征地补偿的范围。

（三）农村集体经营性建设用地直接入市试点稳妥推进

1. 形成了可复制可借鉴的直接入市的典型模式

围绕着农村集体经营性建设用地入市改革，大多数试点地区积极探索大胆创新，构建了较为完整的政策制度和运行机制，直接入市的条件和范围进一步明确，形成了具有较强借鉴意义的典型模式。如四川省成都市郫都区部分村庄建立了村集体资金管理公司，负责村集体建设用地的整理、抵押融资、开发利用、直接入市等工作；贵州省湄潭县为了有效破解集体经营性建设用地入市主体缺失、村干部代理入市主体所产生的收益分配不合理、村干部容易滋生腐败引发社会矛盾等问题,创新性提出以农村股份经济合作社为主体进行用地入市,在完成集体经济组织成员身份确认的基础上,构建了公平合理的土地增值收益分配机制,确定集体经济组织成员分配比例不低于土地增值净收益的50%,有效地化解了土地直接入市中的风险隐患。

2. 农村集体经营性建设用地得到有效盘活利用

据有关资料统计,截至2018年12月,全国33个试点地区已经有1万多宗、9万多亩的农村集体经营性建设用地没有通过政府征收而直接入市,土地总价款高达257亿元,228宗集体经营性建设用地获得金融部门的抵押贷款,总金额达到38.6亿元。农村集体经营性建设用地直接入市打破了土地入市只能通过政府征收这一条唯一的通道,真正实现了农村建设用地与国有建设用地同权同价同等入市,有效激活了农村闲散的建设用地,土地资源得到了优化配置,同时也产生了良好的经济效益,土地增值收益中较大一部分直接发放到农民手中,显著地增加了农民的财产性收入,也受到了广大农民群众的衷心拥护。

(四)农村土地"三权"分置改革的成效

1. 农民土地承包经营权得到切实保障

2013年中央一号文件提出:"用5年时间基本完成农村土地承包经营权确权登记颁证工作。"从2014年开始,全国农村土地承包经营权登记试点工作领导小组做好顶层制度设计,制定好工作流程和年度计划,农村土地承包经营权确权登记颁证工作在全国逐步推开。到2018年年底,涉及全国55万多个行政村、2亿多农户、15亿亩承包地的土地承包经营权确权登记颁证工作基本完成。2019年,通过开展"回头看"做好了确权登记颁证收尾工作,农民承包地面积不准确、四至边界范围不清、土地权益难以得到保障等历史遗留问题从根本上得到了解决。党的十九大报告明确"保持土地承包关系稳定并长久不变,第二轮土地承包到期后再延长三十年",第二轮土地承包到期后再延长三十年工作也在全国范围试点探索。当前,各项保障农民土地承包经营权的政策效果日益凸显,农民的土地承包经营权有了法定凭证,土地承包关系全面增强,农村基本经营制度进一步巩固,也有效地助推了承包地流转和抵押担保。

2. 土地经营权流转更加规范顺畅

为了推动农村土地有序流转,促进农业适度规模经营,我国连续印发了《关于引导农村土地经营权有序流转发展农业适度规模经营的意见》《关于加强对工商资本租赁农地监管和风险防范的意见》《农村土地经营权流转交易市场运行规范(试行)》以及《关于做好整村流转农户承包地风险防范工作的通知》等一系列政策文件,为土地流转提供良好服务,有效防范土地流转风险,取得了较好的成效。全国土地流转面积从 2012 年年底的 2.7 亿亩增长到 2020 年年底的 5.7 亿亩,土地流转率从 2012 年年底的 21.5%增长到 2020 年年底的 36.5%,家庭农场数量由 2012 年年底的 270 多万户增长到 2020 年年底的 380 多万户。

二、农村集体产权制度改革的成效

(一)全面摸清了农村集体家底

通过开展集体产权制度改革,全国各地对经营性资产、资源性资产、非经营性资产等村组集体经济组织各类资产进行了全面清理核查,重点清查核实未承包到户的资源性资产和集体统一经营的经营性资产、扶贫开发形成的未入账资产以及承包合同等,查清了农村集体资产的存量、价值、分布、结构,摸清了集体资产家底,解决确认了一批待界定资产、权属争议资产资源等,使资产资源发包更加科学合理、有章可循,为发展壮大村集体经济提供了支持。截至 2019 年年底,全国共清查农村集体资产 6.5 万亿元,其中,经营性资产3.1亿元,占47.69%;非经营性资产3.4亿元,占52.31%。清查集体资源性资产总面积65.5亿亩。

(二)明确了集体产权归属

按照尊重历史、兼顾现实、实事求是、依法依规的原则,全国各地将集体资产确权到村、组等集体经济组织成员,成立了农村股份经济合作社,村级进一步落实了重大事项民主决策的程序,保证了农民群众对集体资产运营管理的知情权、参与权和监督权,增进党群干群之间的信任与和谐,保障了集体和群众的合法权益,增加集体经济组织成员管护集体资产的责任,促进了集体资产保值增值,防止腐败现象的滋生。

(三)壮大了农村集体经济

1. 建立了农村集体经济组织

全国41万个村组进行了清产核资,成立了股份经济合作社或经济合作社,发放了股权证书,为党进一步发展壮大农村集体经济奠定了组织基础。如山东省以村股份经济合作社为组织基础,代表村集体入股党支部领办合作社,逐步形成"党支部主导、合作社运营、老百姓分红、村集体增收"的农村集体经济发展新机制。截至2021年年底,山东全省村党组织领办合作社达41851家,覆盖行政村39928个,入社户数437万户,增加了村集体经济收入17亿元,增加了社员群众收入90.4亿元。

2. 盘活了集体资产发展集体经济

全国各地积极盘活和优化利用村集体闲置的办公用房、农贸市场、厂房、仓库、大型农机具等设施设备,通过自主经营、出租、投资入股等形式增加集体收入。因地制宜挖掘村集体土地资源潜力,利用好清产核资成果,对集体闲散的果园、养殖水面和路边、田边、水边、房边"四边"等农用地、"四荒"地,以及闲置的工矿仓储用地、闲置的学校用地等建设用地规范管理,建立健全集体资源台账,通过发包、出租、股份合作等方式盘活经营,增加农村集体经济收入。截至 2019 年年底,全国农村集体经济组织年收入达到 4627 亿元,年经营收益超过 5 万元的村接近 30%。

三、农业支持保护制度改革的成效

(一)财政资金使用效益得到切实提升

通过实施涉农资金统筹整合改革,中央政府的主要任务由向省级政府 "下项目"变为"下任务",赋予省级政府充分的资金使用权,省级政府能够 有效统筹使用中央财政资金和自有资金,发挥出集中资金办大事的优势。 同时,省级政府也采取了与中央政府同样的改革策略,"抓两头放中间",前 期重点做好项目方案的制订,后期重点做好项目的实施绩效评价,将中间的 审批项目和管理使用资金的权限赋予市县级政府,于是省、市、县三级地方 政府的主动性和积极性就被充分激发出来。例如,广西壮族自治区要求 54 个脱贫县编制年度涉农资金整合方案,健全涉农资金整合季报制度,切实提 高涉农资金整合项目安排的精准度,充分发挥涉农资金整合的使用效益,将 整合的涉农资金精准投向重要领域、关键环节,大大提高了政策精准性、针 对性和实效性。2021 年,54 个脱贫县整合涉农资金 109. 81 亿元,重点产业 发展和促进农民就业增收等领域,推动巩固拓展脱贫攻坚成果同乡村振兴 有效衔接,产业辐射带动能力显著增强,贫困地区农民生活水平持续提升。

(二)农业保险服务持续升级

在全国各级政府积极的财政扶持下,农业保险实现了高质量的快速发 展,农业保险产品越来越多,农业保险体系日益健全,保险服务也在持续升 级,农业保险保障程度和水平进一步提升。三大主粮、油料作物、能繁母猪 等 16 个重要农作物获得中央财政的重点扶持,各级地方政府也积极开发具 有地方特色的农产品保险,农业各个生产领域都实现了保险全覆盖,全国农 业保险品种达到 270 多个。三大主粮农业保险覆盖面达到 70%,能繁母猪、育肥猪等保险基本实现全覆盖。2021 年,全国农业保险保费规模达到 965.18 亿元,比 2020 年的 815 亿元增长了 18.4%;其中,中央财政补贴农业保险资金高达 333.45 亿元,比 2020 年的 285.39 亿元增长了 16.8%,为全国 1.88 亿农户提供保额 4.78 万亿元,保险金额比 2020 年的 4.13 万亿元增长了 0.65 万亿元。从 2019 年试点推广开始,近 3 年三大主粮完全成本保险与收入保险共为 8 个省的 227 万户农户提供了 179 亿元的保险额,粮食生产者抵御自然灾害风险的能力显著增强,有效地保障了我国粮食安全。

第四节　我国深化农村改革未来展望

一、农村改革将全面步入"集成时代"

随着工业化、城镇化进程持续加快推进,我国农业农村已经发生一系列根本性、结构性、趋势性变化,城乡关系已发生深刻转型,乡村功能、产业形态、人口结构、村庄布局等全面调整。站在新的起点上,新时代农业农村改革已经进入"深水区",需要结合工作实际进行重要理论创新、实践创新、机制创新,全面深化农村改革任务更艰巨、涉及面更广泛、推进程度更深入,各领域各环节改革举措的关联性、互动性也显著增强,零敲碎打式的调整往往事倍功半,单兵突进式的改革更是常常举步维艰。习近平总书记 2021 年 1 月在主持中共中央政治局第二十七次集体学习时强调:"党的十八届三中全会以来,我国主要领域改革主体框架基本确立,前期重点是夯基垒台、立柱架梁,中期重点在全面推进、积厚成势,现在要把着力点放到围绕完整、准确、全面贯彻新发展理念,加强系统集成、精准施策上来。"[①]习近平总书记

---

① 习近平:《全党必须完整、准确、全面贯彻新发展理念》,《求是》2022 年第 16 期。

的讲话既对新时代全面深化改革赋予了新使命新要求,也明确了全面深化
改革的方向和主要发力点。因此,政策系统集成是全面深化农村改革的重
要特征,也是破解农业农村深层次矛盾的重要方法。要以全方位的"集成"
和"创新"意识推动农村改革深层次突破,避免单项改革的单兵推进,加强
前瞻性思考、全局性谋划、战略性布局、整体性推进,提出具有引领性、突破
性、支撑性的农村集成改革,确保农村改革试点既有点上的亮点和特色,也
有面上的集成和精品,更加具有系统性、整体性和协同性。

二、农村改革将全面步入"数字时代"

人类正从工业文明走向数字文明,数字经济也逐渐替代工业经济成为
主流经济形态,数字化程度每提高 10%,人均 GDP 能够增长 0.5%—
0.62%,数字经济已成为驱动全球经济社会发展和技术变革的主导力量,也
是衡量国家竞争力的核心指标。我国正大步迈入"数字时代",数字对农村
改革的引领作用在持续增强。数据是数字经济的核心生产要素和原材料,
具有开放共享、低边际成本、超融合性、累积溢出效应等特征,是催生数字经
济新产业、新业态、新模式发展的基础。数据的积累、保存、传输和计算要以
物联网、人工智能、"3S"等技术为支撑,在基础设施、管理平台等软硬件方
面需要达到较高的资本、技术、人才等投入水平,但是由于农村数字基础设
施投资大见效慢,小农户及小规模企业投资意愿不强,因此目前我国农村数
字经济发展面临数据获取成本较高、数字资源没有充分挖掘等困难。同时,
一些有价值的农村数据资源分散于涉农部门和涉农企业中,市场化的数据
确权、定价、交易机制尚未形成,数据参与收益分配、股权投资的相应制度尚
待建立,数据信息资源共享公开机制不健全,大量"沉睡"农村数据的价值
和潜力尚未得到充分释放,严重影响了数字经济对农村改革的引领支持作
用。因此,要统筹运用数字化技术、数字化思维、数字化认知,加强对农村数

字基础设施的投入力度,建立各级大数据交易平台,健全数据的产权制度、交易规则和定价机制,推进农村改革深层次系统性制度性重塑。

三、农村改革将全面步入"法治时代"

农村改革是一个多层次、多主体、多目标的系统工程,需要法治进行保障。近年来,我国围绕着农村改革出台了《中华人民共和国土地管理法》《中华人民共和国农村土地承包法》等一系列的法律文件,从我国整个经济社会改革的大趋势看,法治已经成为改革的重要保障,正在步入"法治时代",同样农村改革作为我国经济社会改革的重要组成部分,必将也迈入"法治时代"。

参考文献

［1］习近平：《论"三农"工作》，中央文献出版社 2022 年版。

［2］中共中央党史和文献研究院编：《习近平关于"三农"工作论述摘编》，中央文献出版社 2019 年版。

［3］中共中央文献研究室编：《习近平关于社会主义社会建设论述摘编》，中央文献出版社 2017 年版。

［4］《习近平谈治国理政》第三卷，外文出版社 2020 年版。

［5］中共中央文献研究室编：《十八大以来重要文献选编》（上），中央文献出版社 2014 年版。

［6］中共中央党史和文献研究院编：《十八大以来重要文献选编》（下），中央文献出版社 2018 年版。

［7］习近平：《论坚持全面深化改革》，中央文献出版社 2018 年版。

［8］习近平：《决胜全面建成小康社会　夺取新时代中国特色社会主义伟大胜利——在中国共产党第十九次全国代表大会上的报告》，人民出版社 2017 年版。

［9］中共中央文献研究室：《习近平总书记重要讲话文章选编》，中央文献出版社、党建读物出版社 2016 年版。

［10］中共中央党校（国家行政学院）：《习近平新时代中国特色社会主义思想基本问题》，人民出版社、中共中央党校出版社 2020 年版。

[11]袁红英:《新时代加快农业农村现代化的行动指南》,《经济日报》2021年12月8日。

[12]孔祥智、毛飞等:《中国农村改革之路》,中国人民大学出版社2014年版。

[13]周其仁:《产权与制度变迁——中国改革的经验研究》,社会科学文献出版社2002年版。

[14]郭强:《中国农村集体产权的形成、演变与发展展望》,《现代经济探讨》2014年第4期。

[15]王兴国主编:《惠农富农强农之策——改革开放以来涉农中央一号文件政策梳理与理论分析》,人民出版社2018年版。

[16]曹慧、郭永田、刘景景、谭智心:《现代农业产业体系建设路径研究》,《华中农业大学学报(社会科学版)》2017年第2期。

[17]曹利群:《现代农业产业体系的内涵与特征》,《宏观经济管理》2007年第9期。

[18]陈锡文:《实施乡村振兴战略,推进农业农村现代化》,《中国农业大学学报(社会科学版)》2018年第1期。

[19]樊祥成:《农业生产性服务供给研究——以山东省为例》,《乡村论丛》2022年第2期。

[20]樊祥成:《确保粮食安全,优化顶层设计"端稳饭碗"》,《济南日报》2022年3月14日。

[21]李炳坤:《加快构筑现代农业产业体系》,《农业经济问题》2007年第12期。

[22]刘成林:《现代农业产业体系特征及构建途径》,《农业现代化研究》2007年第4期。

[23]刘涛:《现代农业产业体系建设路径抉择——基于农业多功能性

的视角》,《现代经济探讨》2011 年第 1 期。

[24]罗必良:《论服务规模经营——从纵向分工到横向分工及连片专业化》,《中国农村经济》2017 年第 11 期。

[25]农业农村部畜牧兽医局:《2021 年奶业发展形势及 2022 年展望》,《中国畜牧业》2022 年第 3 期。

[26]乔金亮:《稳住农业基本盘》,《经济日报》2022 年 2 月 3 日。

[27]秦富、钟钰、张敏、王茜:《我国"一村一品"发展的若干思考》,《农业经济问题》2009 年第 8 期。

[28][英]亚当·斯密:《国富论》,杨敬年译,陕西人民出版社 2011 年版。

[29]杨学莹、张鹏:《山东预制菜如何端上全国餐桌》,《大众日报》2022 年 3 月 30 日。

[30]郁静娴:《乡村产业兴 增收路更宽》,《人民日报》2022 年 1 月 7 日。

[31]郁静娴:《有了"田保姆" 种地更划算》,《人民日报》2021 年 2 月 8 日。

[32]张楠楠、刘妮雅:《美国农业产业集群发展浅析》,《世界农业》2014 年第 3 期。

[33]魏礼群:《坚定不移推进社会治理现代化——新中国 70 年社会治理现代化历程、进程与启示》,《社会治理》2019 年第 9 期。

[34]马光川、林聚任:《从社会重构到社区培育:农村治理现代化的制度逻辑》,《南通大学学报(社会科学版)》2015 年第 1 期。

[35]罗必良:《农业共营制:新型农业经营体系的探索与启示》,《社会科学家》2015 年第 5 期。

[36]万宝瑞:《新形势下我国农业发展战略思考》,《农业经济问题》

2017 年第 1 期。

［37］罗万纯、陈怡然：《农村公共物品供给：研究综述》，《中国农村观察》2015 年第 6 期。

［38］王彦平：《我国农村公共产品供给存在的问题、成因及解决对策》，《理论探讨》2015 年第 6 期。

［39］汪世荣、褚宸舸：《"枫桥经验"：基层社会治理体系和能力现代化实证研究》，法律出版社 2018 年版。

［40］陈锡文主编：《走中国特色社会主义乡村振兴道路》，中国社会科学出版社 2019 年版。

［41］魏后凯、吴大华主编：《精准脱贫与乡村振兴的理论和实践》，社会科学文献出版社 2019 年版。

后　记

　　习近平总书记强调："没有农业农村现代化,就没有整个国家现代化","新时代'三农'工作必须围绕农业农村现代化这个总目标来推进"。党的十八大以来,在以习近平同志为核心的党中央坚强领导下,我国农业农村发展取得了历史性成就、发生了历史性变革。在党的二十大召开前夕,山东社会科学院组织精干力量,编撰出版《新时代农业农村现代化理论·实践·展望》一书,深入学习习近平总书记关于"三农"工作重要论述,全面总结党的十八大以来我国农业农村现代化取得的巨大成就,并对我国农业农村发展趋势进行展望,旨在为党的二十大胜利召开献礼。

　　本书是山东社会科学院创新工程重大项目,由山东社会科学院党委书记、院长袁红英研究员担任主编。袁红英负责本书的总体设计与审稿、定稿工作,徐光平、樊祥成、王新志负责组织协调和书稿的修改、复审、编辑工作,刘爱梅、曲海燕承担了部分章节的审核、校对工作。本书各章执笔人分别是:序,袁红英;总论,徐光平、陆兵;第一章,樊祥成;第二章,孙学涛;第三章,于婷;第四章,雷刚;第五章,刘爱梅;第六章,陶金钰;第七章,曲海燕;第八章,颜培霞;第九章,刘娜;第十章,袁爱芝、刘雪杨;第十一章,王新志。

　　山东社会科学院党委委员、副院长杨金卫研究员,山东社会科学院党委委员、副院长张凤莲研究员对本书的写作提出了宝贵意见,山东社会科学院科研管理部对本书出版提供了大力支持,人民出版社编辑孟雪老师为本书的出版付出了辛勤劳动,在此深表感谢。由于时间仓促、水平所限,书中难免有不当之处,敬请广大读者及专家学者批评指正。

编　者

2022 年 6 月

策划编辑:孟　雪

责任编辑:孟　雪

封面设计:刘　哲

责任校对:史伟伟

图书在版编目(CIP)数据

新时代农业农村现代化理论·实践·展望/袁红英 主编. —北京:人民出版社,
2023.1

ISBN 978－7－01－025093－9

Ⅰ.①新…　Ⅱ.①袁…　Ⅲ.①农业现代化-现代化建设-研究-中国②农村
现代化-现代化建设-研究-中国　Ⅳ.①F320

中国版本图书馆 CIP 数据核字(2022)第 176567 号

新时代农业农村现代化理论·实践·展望
XINSHIDAI NONGYE NONGCUN XIANDAIHUA LILUN SHIJIAN ZHANWANG

袁红英　主编

人民出版社 出版发行

(100706　北京市东城区隆福寺街 99 号)

北京盛通印刷股份有限公司印刷　新华书店经销

2023 年 1 月第 1 版　2023 年 1 月北京第 1 次印刷
开本:710 毫米×1000 毫米 1/16　印张:20
字数:280 千字

ISBN 978－7－01－025093－9　定价:78.00 元

邮购地址 100706　北京市东城区隆福寺街 99 号
人民东方图书销售中心　电话 (010)65250042　65289539